SOFRIMENTO PSÍQUICO

UM MOSAICO DAS CONTRIBUIÇÕES DA PSICOLOGIA ENQUANTO CIÊNCIA E PROFISSÃO

Catalogação na Fonte
Elaborado por: Josefina A. S. Guedes
Bibliotecária CRB 9/870

S681s
2023

Sofrimento psíquico : um mosaico das contribuições da psicologia enquanto ciência e profissão / Larissa Isaura Gomes, Luciana de Araújo Mendes Silva (orgs.). – 1 ed. – Curitiba : Appris, 2023.
205 p. ; 23 cm. – (Multidisciplinaridade em Saúde e Humanidades).

ISBN 978-65-250-2361-8

1. Psicologia. 2. Saúde mental. 3. Sofrimento – Aspectos psíquicos.
I. Gomes, Larissa Isaura II. Silva, Luciana de Araújo Mendes. III. Título.

CDD – 150

Livro de acordo com a normalização técnica da ABNT

Appris editora

Editora e Livraria Appris Ltda.
Av. Manoel Ribas, 2265 – Mercês
Curitiba/PR – CEP: 80810-002
Tel. (41) 3156 - 4731
www.editoraappris.com.br

Printed in Brazil
Impresso no Brasil

Larissa Isaura Gomes
Luciana de Araújo Mendes Silva
(org.)

SOFRIMENTO PSÍQUICO

UM MOSAICO DAS CONTRIBUIÇÕES DA PSICOLOGIA ENQUANTO CIÊNCIA E PROFISSÃO

FICHA TÉCNICA

A todos que lutam e acreditam, insistentemente, no potencial da ciência como instrumento de intervenção nas diferentes realidades.

AGRADECIMENTOS

A todas as subjetividades que, movidas pelo compromisso ético-profissional, empenharam-se para a construção do mosaico aqui compartilhado.

Aos discentes do curso de Psicologia da Faculdade Cidade de Coromandel (FCC), pela coragem, compromisso e interesse permanente na construção da Psicologia enquanto ciência e profissão.

À coordenação e ao corpo docente do curso de Psicologia da FCC, pela militância e defesa irrevogável da Psicologia enquanto ciência e profissão. O trabalho persistente de todos vocês possibilitou o alcance de resultados coletivos.

À Faculdade Cidade de Coromandel (FCC), berço intelectual dos encontros que possibilitaram a produção da obra.

À Prof.ª Dr.ª Maristela de Souza Pereira, pelo aceite em ler os capítulos do mosaico intelectual construído e pela disposição afetiva e cognitiva para tecer o prefácio da obra. Que o afeto depositado nessa parceria transcenda os espaços acadêmicos e transforme vidas.

A nós enquanto dupla de trabalho e organização desta obra, pela riqueza da interlocução, pelo afeto compartilhado e pelo esforço em meio a tantos desafios.

Juro, na qualidade de psicólogo, colocar minha profissão a serviço da sociedade brasileira, pautando meu trabalho nos princípios da qualidade técnica e do rigor ético. Por meio do meu exercício profissional, contribuirei para o desenvolvimento da Psicologia como ciência e profissão na direção das demandas da sociedade, promovendo saúde e qualidade de vida de cada sujeito e de todos os cidadãos e instituições.

(Juramento do Profissional da Psicologia)

PREFÁCIO

O exercício da escrita, a pesquisa e a formação em Psicologia

Manoel de Barros disse que gostaria de "avançar para o começo" e "chegar ao criançamento das palavras" (2013, p. 315). Nos textos reunidos neste livro, podemos fazer algo semelhante, ao chegarmos ao primeiro ensaio destes graduandos em Psicologia em se tornarem autores. Não se nasce autor. É um partejamento. Um processo em que podemos encontrar um início, mas não um fim, pois se constrói cotidianamente, a cada aproximação com o mundo escrito, a cada tentativa de (re)criá-lo.

A escrita, mais do que expressão de ideias, representa um momento fundamental de reflexão e de produção dessas ideias. A ideia não está pronta antes de ser escrita, ela se forma nesse processo, por meio do qual se forma também o escritor, o autor. Entendo que esse processo é também vital para a formação do psicólogo, profissional da palavra.

Pensar a formação do profissional de Psicologia significa necessariamente pensar sobre a quem seu serviço se destina. Por premissa, é impossível pensar a formação sem pensar sobre quem serão as pessoas que receberão os cuidados desses futuros psicólogos, e, por extensão, sobre qual é a sociedade na qual ambos estão inseridos e sobre como nossa atuação produzirá efeitos não somente sobre essas pessoas, mas também sobre essa sociedade. Para tanto, não basta considerar as temáticas que sejam mais relevantes do ponto de vista da coletividade, em um dado momento histórico. Há que se considerar também como tais temáticas serão abordadas: se em uma perspectiva adaptacionista, funcionalista, que situa os problemas nos sujeitos e busca um ajustamento destes ao contexto que certamente ensejou a manifestação de tais problemáticas; se em uma perspectiva de suposta neutralidade, que nega a dimensão política do nosso fazer, indissociável das nossas práticas, e assim ajuda a reproduzir opressões, visto que, se não trabalhamos ativamente para a transformação social, estamos promovendo passivamente a manutenção do *status quo*; ou se em uma perspectiva que assume como ponto de partida a necessidade de pensarmos sobre qual mundo queremos produzir e sobre como nossas práticas e intervenções profissionais podem contribuir nesse sentido, conforme já discutido pela autora em outro momento (PEREIRA *et al.*, 2018).

Refletir sobre o processo formativo é fundamental, pois a educação, se produzida a partir de uma premissa transformadora, produzirá também profissionais e práticas efetuadas por estes, alinhados/as à transformação social. Já no sentido inverso, poderá ser reprodutora das desigualdades já existentes e alimentar o imenso abismo social que separa grandes contingentes da nossa população de uma pequena minoria privilegiada.

Como já defendia Paulo Freire, devemos aprender e ensinar nossos discentes a lerem o mundo. Portanto, são elementos formativos a leitura, a escrita e também a vivência. Disso decorre que o exercício formativo não se dá apenas pelas atividades estritas de ensino. No âmbito das universidades, há o reconhecimento fundamental de dois outros pilares sobre os quais a formação se assenta, de forma indissociável: a extensão e a pesquisa. A extensão representa justamente o momento que visa promover "a interação transformadora entre as instituições de ensino superior e os outros setores da sociedade" (BRASIL, 2018), e, enquanto pilar acadêmico e formativo, reconhece que o saber que se produz nas Instituições de Ensino Superior (IES) deve necessariamente ter uma dimensão prática, sendo voltado para a sociedade e fomentado a partir da interação dialógica com ela. Há que se considerar, no entanto, que a prática deve necessariamente ser fonte de reflexão e de análise, aspectos que demarcam por princípio o terceiro pilar: a pesquisa. Ambos os processos são inseparáveis do ensino, posto que este se configura justamente na relação dialética entre a teoria, a prática e a reflexão sobre as relações fulcrais entre ambas.

Quando olhamos a realidade de IES no âmbito do ensino privado, é comum que haja uma evidente assimetria entre as partes desse tripé, com grande prioridade para o ensino, em detrimento da pesquisa e da extensão. A obra aqui apresentada representa um evidente esforço de superação nesse sentido, posto que busca transformar discentes em futuros pesquisadores e presentes autores, ao trazer a público seus trabalhos de conclusão de curso, realizados a partir de pesquisas de cunho bibliográfico. Cabe ressaltar que as pesquisas bibliográficas, como expressas nos capítulos que se seguem, são veículos de uma primeira aproximação com o exercício da investigação científica, em uma perspectiva teórica, sustentada nas produções científicas já existentes, podendo abrir caminhos para voos empíricos posteriores.

Ressalta-se também o trabalho dos professores orientadores, coautores de seus estudantes, também eles pesquisadores em formação, na condução desses discentes pela seara acadêmica e de investigação científica, bem como na busca por refletir, ainda que do ponto de vista teórico, sobre um importante elemento da prática: a atuação do profissional de Psicologia frente aos sujeitos que vivenciam as diferentes problemáticas abordadas em cada um dos capítulos. Tais problemáticas são variadas, passando pela violência em suas diversas expressões (obstétrica, doméstica, de gênero); por expressões de sofrimento mental, como a ansiedade e a síndrome de pânico; pela infância, adolescência e idade adulta; e por considerações sobre a saúde mental de categorias laborais específicas, como os policiais penais e os trabalhadores da saúde que atuaram na linha de frente da pandemia de Covid-19.

Essa variedade de temáticas também é abordada a partir de variados referenciais teóricos, como o Feminismo, a Psicanálise e a Terapia Cognitivo Comportamental, havendo variações na tomada de consideração sobre os aspectos sociais relacionados aos temas tratados, com maior ou menor ênfase sobre os determinantes sociais que conformam esses processos, e que podem assim modelar o tipo de intervenção requerida. Relembramos aqui o que já dissemos antes, no sentido de que "os processos educacionais e os processos sociais mais amplos são indissociáveis, e que tanto a educação como a atuação profissional devem oferecer ao sujeito possibilidades criativas e emancipatórias" (PEREIRA *et al.*, 2018, p. 219), para demarcar a necessidade de refletirmos sobre os guias teóricos que referenciam nossas análises sobre o mundo social. Devemos ainda levar em consideração que tanto nós como os sujeitos que receberão nossa atenção profissional somos forjados no contexto objetivo, assim como o são nossas práticas e instrumental técnico, que devem ser também objeto de nossas análises, de forma a produzirmos saberes sobre os saberes que adotamos, produzimos e reproduzimos.

Por fim, chama atenção a expressão que se espraia em diferentes capítulos, com o intuito de adjetivar o campo da Psicologia como "ciência e profissão". Ambos os aspectos são também indivisíveis, posto que conformam o âmbito teórico e prático desse campo de saber e de intervenção, que, como defendido aqui, não deve voltar-se apenas para os indivíduos, mas sobre a realidade social que os produz e é dialeticamente produzida por eles. Que a publicação desta obra possa demarcar o processo de formação de psicólogos, autores e orientadores sensíveis a essa questão e críticos a perspectivas que individualizam os problemas sociais, pois, ainda que estes sejam experienciados em nível individual, que produzam efeitos nas subjetividades e promovam sofrimento e adoecimento de pessoas singulares, possuem origem no confronto desses sujeitos com o mundo material e com as relações objetivas e simbólicas aí tecidas. E que a leitura deste livro possa também oportunizar a experiência dessas reflexões nos leitores e nos estudantes de Psicologia vindouros, que talvez se inspirem nesta iniciativa original trazida a público por Larissa Isaura, Charles e seus alunos e alunas.

Uberlândia, agosto de 2022.

Maristela de Souza Pereira
Doutora em Psicologia Social pela USP, com pós-doutorado pela UFMG. Diretora do Instituto de Psicologia e docente do Programa de Pós-Graduação em Psicologia (PPGpsi) e do Programa de Pós-Graduação em Saúde Ambiental e Saúde do Trabalhador (PPgat) da Universidade Federal de Uberlândia (UFU).

Referências

BARROS, M. de. **Poesia Completa**. São Paulo: LeYa, 2013.

BRASIL. **Resolução n. 7, de 18 de dezembro de 2018**. Estabelece as Diretrizes para a Extensão na Educação Superior Brasileira. Ministério da Educação/Conselho Nacional de Educação/Câmara de Educação Superior. 2018. Disponível em: https://www.in.gov.br/materia/-/asset_publisher/Kujrw0TZC2Mb/content/id/55877808. Acesso em: 17 abr. 2023.

PEREIRA, M. de S. *et al.* Estágio Profissionalizante e Formação em Psicologia: o Trabalho com Grupos como Dispositivo Formativo. **Psicologia: Ciência e Profissão** [on-line]. v. 38, n. 2, p. 218-232, 2018. Disponível em: https://doi.org/10.1590/1982-3703002752017. Acesso em: 17 abr. 2023.

SUMÁRIO

INTRODUÇÃO

A presente obra, na visão dos autores, compõe um mosaico, por ter sido organizada a partir de um conteúdo que inclui a combinação de estudos com diferentes autores e assuntos que de forma geral se aderem mutuamente formando um contexto único cujo plano de fundo aponta para a saúde mental e pública bem como para o papel da Psicologia enquanto ciência e profissão. Pretende levar aos leitores a cada capítulo uma reflexão acerca do sofrimento psíquico vivenciado pelos seres humanos nos seus diferentes papéis enquanto atores sociais que o são na sociedade atual e insere nessas realidades as questões teóricas e prática da Psicologia enquanto estratégia de intervenção.

O livro traz no bojo de seu conteúdo ponderações a respeito da violência à mulher tanto no tocante à modalidade doméstica como à obstétrica. Aponta suas repercussões na saúde individual e coletiva e em contrapartida destaca a importância da defesa dos direitos humanos e de estratégias de intervenção que alterem a configuração dessas realidades.

Descreve a obra diversas consequências de uma gravidez não planejada na adolescência, trazendo à tona a necessidade de atenção humanizada que incorpore uma assistência à adolescente nesse processo. Salienta ainda a relevância das ações relacionadas à tríade educação, saúde e sexualidade como formas tanto de prevenção como intervenção.

Um novo prisma na leitura desta obra será perceber a importância do brincar para as crianças no seu desenvolvimento cognitivo, afetivo e motor. Na sociedade atual, o brincar encontra-se por vezes desvalorizado e sua ausência pode contribuir negativamente para a constituição global dos futuros adultos. Atenta a essa demanda, a Psicologia também discute as contribuições do brincar que enriquecem o universo do infante com experiências amplas que contribuem para sua formação global.

Um outro capítulo coroa as discussões sobre a mulher, apresentando o protagonismo feminino como estratégia que propicia uma nova construção de projetos que sejam repletos de consequências positivas que culminam com o bem-estar não só físico, mas especialmente social e mental.

O sofrimento psíquico também é vislumbrado na seção do livro que discute sobre a ansiedade presente na vida de estudantes universitários. Discute-se sobre o estresse que acomete tais estudantes e a ansiedade consequente do estilo de vida assumida nessa fase das vidas das pessoas. E, de forma concreta, indica com primazia o papel ímpar que o atendimento psicológico tem na melhoria da qualidade de vida dos estudantes.

A Síndrome do Pânico, um transtorno de ansiedade com crises recorrentes e inesperadas com sinais físicos que denotam prejuízos psíquicos e funcionais, também é abordada na obra, sendo apresentada a efetividade das estratégias comportamentais de tratamento para as crises de pânico.

O câncer, além de muito presente na atualidade e caracterizado como problema de saúde pública, destacando-se ainda pelas suas consequências psíquicas tanto para o acometido quanto para seus familiares, também é mostrado na obra ora apresentada. Essa é uma demanda que carece de assistência psicológica de forma contínua por meio do acolhimento e de estratégias para amenizar o sofrimento e fortalecer o enfrentamento diário do paciente e dos envolvidos nesse processo.

O trabalho e suas implicações na saúde mental também é aqui contemplado por meio de dois capítulos que trazem à discussão a situação e a qualidade de vida de policiais penais e de trabalhadores da saúde na pandemia da Covid-19 no Brasil. O primeiro grupo de profissionais vivencia constantes situações em sua jornada de trabalho, de natureza tensa e insegura, que suscitam o estresse e o adoecimento mental. A eles é essencial o atendimento qualificado da Psicologia como forma de acolher e fornecer estratégias para a minimização do sofrimento, discussão de questões complexas e enfrentamento dos riscos como formas de melhorar a qualidade de vida. Já em relação aos trabalhadores de saúde que atuam diretamente no enfrentamento da pandemia, um assunto mais que atual e global, foram identificadas as repercussões psicológicas advindas desse processo e feito um mapeamento de ações que visem ao cuidado qualificado a quem cuida.

Apresentamos ainda uma crítica à sociedade capitalista pós-moderna, que por inúmeras vezes incentiva o consumismo exagerado e ignora a subjetividade humana. Esse estilo de vida hoje imposto gera grandes conflitos, pois o indivíduo tem sempre uma parte de si que não é notada. O modelo de sucesso e a pressão imposta para o alcançar também são fatores que adoecem o ser que vive a fundo a realidade do espetáculo. Essa parte da obra apresenta as novas formas de sofrimento psíquico e a preferência pela medicalização, que criam muitas vezes uma nova problemática, e não uma solução. Essa temática traz a urgência de novas reflexões sobre o sofrimento psíquico na ótica da Psicologia enquanto ciência e profissão e estimula a intervenção adequada promovida com excelência por essa profissão.

Diante do relatado, esperamos promover a todos os que apresentam gosto pela temática uma reflexão sobre o sofrimento psíquico humano e que possam saborear do conhecimento ora divulgado.

As organizadoras

1

REPERCUSSÕES PSÍQUICAS DA VIOLÊNCIA OBSTÉTRICA PARA A HISTÓRIA DE VIDA DAS MULHERES: UMA ANÁLISE A PARTIR DO SISTEMA ÚNICO DE SAÚDE (SUS)

Adrielly Marques Silva
Larissa Isaura Gomes

1.1 CONSIDERAÇÕES INICIAIS

A violência obstétrica constitui-se num problema de saúde pública e possui uma dinâmica multifacetada que envolve indicadores sociais, culturais, políticos, ideológicos, econômicos e raciais. Vieira e Apolinário (2017) afirmam que, apesar de ser considerado um tema recente, a violência obstétrica vem fortalecendo-se enquanto um campo de estudo e investigação que, atrelado aos movimentos sociais em prol do parto humanizado, encontra respaldo na saúde da mulher, num contexto em que humanizar o parto é dar voz e vez às mulheres, reafirmando o compromisso incondicional com a defesa dos direitos humanos, sendo as mulheres consideradas minorias nessa pauta.

Nascimento *et al.* (2017) destacam que o termo violência obstétrica pode ser descrito como qualquer ato violento direcionado à mulher gestante, parturiente e puérpera dentro das instituições de saúde, sendo expresso e legitimado, por vezes de modo velado, por médicos, enfermeiros, atendentes e demais profissionais da equipe. Ainda de acordo com os autores, a violência obstétrica é caracterizada por procedimentos invasivos desnecessários, apresentados por diversas faces, demonstrando uma enorme abrangência no cenário das instituições de saúde, o que sinaliza a necessidade de estudos, pesquisas e intervenções nesse sentido.

A violência obstétrica trata-se de um fenômeno que ocorre durante a gestação (pré-parto, parto e pós-parto), o qual viola o direito e o respeito pela vida e humanização e pode ser identificado de diversas formas, tais como: violência verbal, física, sexual, podendo ser realizada de maneira explícita ou velada. Essa última, em sua maioria, causada pelos profissionais de saúde que seriam os responsáveis pelo bem-estar e cuidados para com as pacientes, o que evidencia uma incompatibilidade com a função e a defesa do profissional da saúde.

De acordo com a Lei Estadual n. 17.097, 17 de janeiro de 2017 (SANTA CATARINA, 2017), entende-se como violência obstétrica todo ato praticado pelo médico, pela equipe do hospital ou clínica, por um familiar ou acompanhante que ofenda de forma verbal ou física as mulheres gestantes em trabalho de parto, ou ainda no período puerpério. Embora haja uma legislação específica para tipificar tal modalidade de violência, infere-se que a violência obstétrica existe com e apesar da legislação, o que refirma a necessidade de debates e discussões no intuito de se construir uma realidade pautada na assistência humanizada.

Lansky *et al.* (2019) contribuem para essa discussão ao mencionar a humanização como uma abordagem que é bastante relevante para as políticas públicas de saúde da mulher e da criança no Brasil e agregam a importância da formação continuada dos profissionais mediante a negligência das práticas assistenciais e do sistema de atenção ao parto e ao nascimento. Destacam ainda que atualmente é possível constatar que mulheres passam por inúmeras práticas desrespeitosas na assistência à saúde das gestantes. A exemplo tem-se a manobra de *Kristeller*, em que o médico empurra a barriga da parturiente; episiotomia, entendida como o corte entre a vagina e o períneo, supostamente para ajudar na saída do bebê; litomia, que é definida como a posição que não favorece o parto e pode gerar muita dor à mãe; ocitocina sintética, quando um hormônio é introduzido na veia para acelerar o trabalho de parto; fórceps obstétrico: um instrumento destinado a apreender a cabeça fetal e extraí-la através do canal do parto. Todas essas práticas estão em desacordo com a defesa e a integração da assistência à saúde da mulher.

Rodrigues *et al.* (2015) ressaltam a importância do processo de conhecimento em relação à gravidez, sobretudo dos serviços prestados à mulher, e também a necessidade de profissionais bem qualificados para uma assistência e um atendimento humanizado, promovendo saúde para a mãe e para o filho.

No Brasil e na América Latina, o termo violência obstétrica é o mais utilizado e tem configurado um sério problema de saúde pública, que de maneira silenciosa rompe com a singularidade do parto. Desse modo, a violência obstétrica revela-se como uma realidade do cotidiano com caráter de crueldade e materializa-se como violação do direito fundamental à saúde da mulher (HENRIQUES, 2021).

O artigo 3º da Lei Estadual n. 17.097/2017 (SANTA CATARINA, 2017) apresenta uma relação exemplificativa de condutas definidas como violência obstétrica. Recentemente, em 2018, a Organização Mundial da Saúde (OMS, 2000) recomendou novas diretrizes que reafirmam o direito da parturiente no que tange à escolha de um acompanhante, escolha da posição durante o parto, bem como do tipo de parto, com o intuito de garantir a saúde e a segurança da mulher nessa ocasião. O Brasil não possui uma lei federal específica que aborde a violência obstétrica. Apesar disso, o judiciário ampara-se nas legislações já vigentes. Nesse sentido, a violência obstétrica é regulada, mesmo que indiretamente, pela Constituição Federal, de acordo com a Lei Federal n. 11.108, de 7 de abril de 2005 (BRASIL, 2005), mais conhecida como a Lei do Acompanhante. Esta determina que os serviços de saúde do Sistema Único de Saúde (SUS) da rede própria ou conveniada são obrigados a permitirem à gestante o direito à presença de acompanhante durante todo o período de trabalho de parto, parto e pós-parto. É possível definir também os direitos obtidos por meio da Lei n. 11.634, de 27 de dezembro de 2007, que dispõe sobre o direito da gestante ao conhecimento e a vinculação à maternidade, onde receberá assistência no âmbito do SUS (BRASIL, 2007).

O reconhecimento e a inclusão desse tema nas agendas de debate e discussão da saúde pública fazem-se relevantes em três dimensões: a) individual: cada mulher gestante, ao ser atendida no SUS, a partir dos princípios da humanização em toda a assistência gestacional (pré-natal, parto e pós-parto), tende a preservar e manter a sua saúde psíquica, o que repercute diretamente no desenvolvimento integral do bebê; b) institucional: a instituição, em sua totalidade, beneficia-se com a adoção de práticas humanas na assistência gestacional. Há indicativos que evidenciam o adoecimento dos trabalhadores inseridos em contextos de reprodução e manutenção da violência obstétrica; c) social: toda a sociedade beneficia-se com a implantação de práticas humanizadas no SUS.

De natureza bibliográfica, esta pesquisa foi construída a partir de um levantamento bibliográfico em bases de dados eletrônicos, a saber: Scientific Eletronic Library Online (SciELO), Centro Latino Americano e do Caribe de Informações em Ciências da Saúde (Bireme), Biblioteca Virtual da Saúde

(BVS), Portal Domínio Público, Literatura Latino Americana em Ciências da Saúde (Lilacs), Medical Literature Analysis and Retrieval System (Medline) e em sites dos periódicos da área de universidades federais e na biblioteca virtual da Faculdade Cidade de Coromandel (FCC) a partir dos critérios de inclusão e exclusão previamente definidos.

Os critérios de inclusão foram: a) estar em Língua Portuguesa ou Inglesa; b) ter sido produzido nos últimos cinco anos, isto é, no período de 2017 a 2021, exceto para as obras clássicas; c) conter no título e nas palavras-chave ao menos um dos seguintes termos: violência obstétrica, direitos das parturientes, pré-natal psicológico, gestantes, parto humanizado, entre outros. Como critérios de exclusão, aplica-se o contrário do que aqui foi disposto.

Os artigos e as obras selecionadas pelo levantamento bibliográfico foram submetidos ao crivo da análise do resumo, a fim de avaliar a compatibilidade entre os objetivos e os resultados alcançados pelos autores e aqueles propostos por este estudo. Feito isso, foi realizada a leitura dos artigos e obras com a produção concomitante de fichamentos, resenhas e mapas conceituais, identificando as repercussões psíquicas da violência obstétrica para a história de vida de mulheres no SUS.

A presente pesquisa objetiva identificar os sentidos e os significados do processo de violência doméstica para a história de vida das mulheres a partir do arcabouço teórico-metodológico da Psicologia enquanto ciência e profissão, com a concomitante elaboração de propostas interventivas, com ênfase na reconfiguração dessa realidade. Está estruturado em três seções inter-relacionadas, a saber: a) histórico da violência obstétrica no SUS; b) repercussões psíquicas da violência obstétrica para a história de vida das mulheres; c) intervenções da Psicologia no âmbito da violência obstétrica.

1.2 HISTÓRICO DA VIOLÊNCIA OBSTÉTRICA NO SISTEMA ÚNICO DE SAÚDE (SUS)

A violência obstétrica é um fenômeno mundial construído a partir da interface de variáveis culturais, sociais, econômicas, políticas, raciais e étnicas, legitimada e engendrada por mecanismos velados, que contribuíram para que o processo se tornasse natural e naturalizado. As práticas relacionadas à violência contra a mulher no Brasil sempre estiveram em debate, apesar de necessidade permanente de aprofundamentos. Porém, somente entre 2007 a 2010 aderiu-se à expressão "violência obstétrica", associada a questões que envolvem pressupostos entre a assistência obstétrica e os serviços de saúde, nas mais diversas situações. De invisível a natural, os profissionais da saúde e as gestantes reconhecem o desafio como uma oportunidade de crescimento e fortalecimento das políticas públicas de atenção à saúde da mulher no SUS (SENA; TESSER, 2017).

Sanfelice *et al.* (2014) argumentam que no Brasil a medicalização do parto e o declínio das atividades das parteiras ocorreram no início do século XIX, com a criação das escolas de medicina. Brenes (1991) apresenta que, no início do século XIX, o parto era realizado por parteiras em contexto domiciliar, com apoio e auxílio de amigas, vizinhas e mulheres da família, assim como os cuidados com o recém-nascido. Nessa época o parto era caracterizado como intimista, discreto e feminino, respeitando as crenças, os valores e principalmente o corpo da mulher; dessa forma o parto ocorria de maneira natural e livre de intervenções.

As percepções e entendimentos acerca do parto e da gravidez foram alterados, com o passar do tempo e das culturas. Diniz (2015) afirma que o tema já fazia parte das políticas de saúde na década de 1980, quando foi implantado o Programa de Atenção Integrada à Saúde da Mulher (Paism), que tratava do reconhecimento relativo ao tratamento impessoal e muitas vezes agressivo da atenção à saúde das mulheres. Com o avanço da tecnologia, surgiram novas práticas que foram implantadas e começou a surgir uma confiança na medicina praticada por homens, com o declínio progressivo das parteiras.

Martins (2004) comenta que, com o engajamento das tecnologias dentro do ambiente hospitalar, o parto passou a ser considerado um evento patológico. Assim, a medicina torna-se um fator predominante sobre a vontade da mulher em relação ao parto, transformando os médicos em protagonistas das escolhas. A partir dessas mudanças, a institucionalização do parto e o número de cesarianas crescem e os partos vaginais diminuem, contribuindo para o aumento das taxas de morbimortalidade materno-infantil. Nota-se que após a institucionalização do parto surgiram várias consequências que afetaram as parturientes, pautadas em situações de desrespeito, realizadas de forma desumanizada, por meio de procedimentos desnecessários e invasivos.

Aguiar e D'Oliveira (2011) e Sanfelice *et al.* (2014) ressaltam que a institucionalização do parto teve vários impactos durante todo o processo e concluem que muitas mulheres, ao procurarem atendimento, queixam-se de atitudes desrespeitosas e de intervenções sem o devido consentimento. A partir desses questionamentos, muitas práticas começam a ser discutidas e é implantado um trabalho de humanização do parto e do nascimento, repensando os procedimentos realizados. Esse trabalho engloba conhecimentos, atitudes e práticas que priorizam os direitos da paciente.

Uma vez apresentados os marcadores históricos condizentes com a evolução do parto, de uma concepção natural para uma prática notoriamente permeada por interferências clínicas, discutir-se-ão, na próxima sessão, as repercussões psicológicas advindas do processo da violência obstétrica, centralidade para este estudo.

1.3 REPERCUSSÕES PSÍQUICAS DA VIOLÊNCIA OBSTÉTRICA: o limiar do sofrimento emocional

Em um contexto de crescente discussão e construção da assistência humanizada no SUS, a violência obstétrica vem, cada dia mais, ganhando visibilidade nos dias atuais. Esse reconhecimento perpassa por uma modificação do paradigma vigente de saúde, que considera e valoriza o fator humano na assistência à saúde. Identificar e reconhecer a violência obstétrica como um fenômeno passível de análise e intervenção já constitui um progresso para um cenário movido, cristalizado até então, para redimensionamentos dessa natureza. Em uma segunda instância, pensar a violência obstétrica em seus desdobramentos psíquicos representa um grande avanço para a saúde humanizada, que está em processo coletivo de construção. É nessa direção que esta seção está alicerçada.

De modo geral, em uma perspectiva do desenvolvimento humano, o período da gestação é frisado por fragilidades emocionais. O estado psíquico torna-se vulnerável frente às pressões sofridas nessa fase, o que pode resultar no aparecimento de transtornos psicológicos (DIAS; PACHECO, 2020). Entendido dessa forma, torna-se notável a atenção diferenciada que esse momento requer, o que implica considerar a mulher como um ser dotado de direitos, com voz e vez no processo decisório, o que fortalece a dinâmica familiar e, por conseguinte, a estrutura societal, haja vista menor incentivo às manifestações de angústia e sofrimento decorrentes dessa etapa do ciclo vital.

Para melhor compreensão sobre os aspectos emocionais referentes à temática, dar-se-á início com diálogos e discussões acerca do parto. Compreende-se que o trabalho de parto é um momento importante, que muitas vezes é marcado por acontecimentos traumáticos, em que a gestante pode estar exposta a agressões, ao desrespeito e à violência, justamente pelos que deveriam acolher e prestar assistência (CIELLO *et al.*, 2012). A condição da mulher nesse momento já contempla em si uma fragilidade e essa gestante precisa ser acolhida. Expor a mulher a uma situação fisicamente degradante é contribuir para que haja o desencadeamento de sofrimento e adoecimento emocional.

O parto é caracterizado não somente por aspectos relacionados à medicina. Ele está relacionado a questões da subjetividade do indivíduo, família, cultura e sociedade, constituindo, portanto, um evento biopsicossocial de grande representatividade para a formação de vínculos afetivos entre a mãe e o bebê (ROHDE, 2016). Acerca dessas possíveis repercussões desfavoráveis no processo de vinculação, Santos (2013) comenta que aspectos negativos durante o parto podem causar transtornos à saúde mental da mulher, sendo estes prejudiciais para a criação do vínculo mãe-filho, acarretando assim sentimentos de desamparo, frustração, visão negativa da mulher em relação ao cuidado, depressão pós-parto, assim como transtornos psicológicos. Afirma ainda que podem ser desencadeados sentimentos de inferioridade, vulnerabilidade, renúncia, instabilidade emocional, medo, incerteza, delírios, perda de integridade por meio de ameaças, mentiras, gozações, humilhações e omissões de informações em relação à situação vivenciada pela mulher. Tais fatores podem causar danos irreversíveis à saúde da mulher, gerando consequências para o comportamento, as crenças e as ações da mulher, inserida em um contexto de vulnerabilidade física e psíquica.

Reafirmando o que foi discutido até então, Muniz e Barbosa (2012) afirmam que, para a Psicologia, a violência obstétrica causa comprometimentos à saúde psíquica da mulher, identificando a possibilidade do surgimento de casos de tristeza ou até mesmo casos psicóticos, considerando que na fase do pós-parto ocorre um aumento na probabilidade do aparecimento de transtornos mentais.

Na fase do pós-parto, também se discute sobre as repercussões causadas pela violência obstétrica, pois nessa fase ocorre o primeiro contato entre a mãe e o bebê. Rosa *et al.* (2010) contribuem afirmando que o primeiro encontro da mãe com o bebê é essencial para o processo de criação de vínculos. É nesse instante que ocorre o processo de transição. O bebê que foi idealizado pela mãe torna-se real. A autora comenta que é um período delicado, pois pode surgir na mãe um sentimento de ambivalência, em que se integra um momento de alegria pela finalização do trabalho de parto, mas também um momento de tensão em relação aos momentos vivenciados, que muitas vezes é acarretada por atos de violência obstétrica. A mesma autora ainda ressalta sobre a ocorrência da separação entre a mãe e o bebê para algum procedimento médico desenvolvido de forma agressiva, o que pode desencadear repercussões emocionais para a mãe e para o próprio bebê. E afirma ainda que a proibição da primeira mamada, além de ser uma violação de direitos, prejudica a saúde emocional de ambos.

Isso evidencia que a violência obstétrica é caracterizada por um fenômeno ancorado por diversos fatores. Diante desse reconhecimento, é necessário promover um enfrentamento, sendo a Psicologia uma aliada indispensável para a reconfiguração desse cenário. Considerando toda essa demanda, torna-se necessário realizar medidas preventivas que englobem os direitos das gestantes, para se alcançar a diminuição da sensação e sentimentos de vulnerabilidade, bem como possibilitar a integridade mãe-filho (CASTRO, 2020).

Silvia *et al.* (2015) destacam que esses sentimentos podem ser minimizados quando os profissionais da saúde realizam uma comunicação assertiva e harmônica com a parturiente, gerando uma percepção positiva que influencia na saúde emocional, evitando complicações, construindo de fato uma saúde humanizada, conforme preconizado pelo SUS.

Pelo exposto, reafirma-se a existência de desdobramentos psicológicos em decorrência da violência obstétrica. Assim, torna-se imprescindível a atuação qualificada e sensível do profissional da Psicologia, com a finalidade de romper com a realidade pautada pela violência e desconsideração da mulher enquanto um sujeito de direitos e desejos. Na próxima seção, serão discutidas intervenções dentro do campo teórico-prático da Psicologia.

1.4 INTERVENÇÕES DA PSICOLOGIA NA VIOLÊNCIA OBSTÉTRICA: a (re)construção de políticas públicas em prol do parto humanizado

Para a Psicologia enquanto ciência e profissão, a violência obstétrica, independentemente da sua natureza, causa comprometimentos à saúde mental da mulher, pois o trauma reflete claramente no momento vivenciado pela gestante e pelo bebê, com desdobramentos por toda a vida.

A abordagem dos aspectos emocionais atrelados à violência obstétrica perpassa pela identificação e reconhecimento dessa modalidade de violência à mulher. Há ainda uma invisibilidade e um silenciamento presentes nesse cenário, que conclama reconfigurações a partir de um processo, sobretudo socioeducativo, constituído por redes de disseminação de informação e conhecimento, bem como de profissionalização das equipes que acolhem e lidam com as demandas atinentes ao parir e ao nascer. Embora vivenciada pela mulher e pelo bebê, a violência obstétrica nem sempre será entendida como tal. E o sentimento de responsabilização da mulher por tudo o que acontece cumpre mais uma vez o papel subserviente atribuído a ela, isto é, de tudo aceitar e entender como natural, o que não pode ser assim entendido.

Considerar esse primeiro desafio implica traçar estratégias eficazes para se lidar com essa realidade. Schraiber e Durand (2003, p. 2819) argumentam que "Há uma distância entre indicar a agressão sofrida, reconhecê-la e nominá-la como violência ou maus-tratos". Isso contribui para a subnotificação e para a negligência, relacionadas à violência obstétrica.

Araújo *et al.* (2012) afirmam que o nascimento é constituído por sonhos, sentimentos, desejos e transformações gerados pelo processo da gestação, envolvendo mudanças em relação à saúde.

Rocha *et al.* (2015) alegam que a Psicologia aparece com a finalidade de promover diálogo e uma escuta qualificada, pois a gestação é um momento de transição que vem permeado por medos e angústias devido às grandes mudanças que ocorrem na vida da mulher e também de toda a família. O psicólogo, a partir da especificidade de seu conhecimento e atuação, possui o papel de contribuir para a efetivação da humanização da assistência ao parto, com a reconfiguração das políticas públicas que consideram a subjetividade e a singularidade de cada sujeito.

Ribeiro (2015) pronuncia que o parto humanizado representa uma mudança no modelo assistencialista, uma vez que propicia a transformação e a ressignificação dos valores sociais, profissionais e culturais, com valorização da autonomia e do resgaste ao respeito pela vida. A Psicologia contribui na implantação das práticas humanizadas dentro dos hospitais, reafirmando que humanizar é respeitar a mulher, suas limitações e diferenças, é realizar os cuidados com afeto, é desenvolver a escuta qualificada e sensível dos desejos da gestante.

Brasil (2014) comenta que é imprescindível que a mulher torne-se protagonista da sua história no que se refere às decisões acerca do seu corpo e da sua história de vida, o que inclui o parto, para que ela consiga fazer valer sua voz e vez na sociedade. Reivindicar direitos e participar do processo de construção do cuidado e da qualidade do atendimento fortalece a mulher perante a vida e a sociedade, sendo os benefícios advindos desse processo amplos e necessários.

Vieira e Apolinário (2017) afirmam que a liberdade de escolha da mulher é fundamental para o desempenho da realização de uma assistência humanizada em relação ao parto e ao nascimento. A partir dessa concepção, nota-se se que dessa forma a mulher compreende seu papel de suma importância durante todo o trabalho de parto. Os autores destacam em seus estudos que os profissionais de saúde devem ser conhecedores do processo do parto. Relatam ainda que a divulgação das informações relevantes sobre a violência obstétrica e os atos violentos no momento do parto, bem como o incentivo e fortalecimento das políticas públicas devem sempre ser metas prioritárias dentro de uma sociedade. Assim, conscientizar as mulheres acerca dos seus direitos e desmistificar a violência obstétrica como algo possível são pautas irrevogáveis nesse campo. É dever das instituições de saúde e de seus respectivos profissionais zelar pela integridade física e psíquica da mulher, do bebê e de toda a família. Nessa perspectiva, a discussão sobre direitos humanos e política de humanização da gestação e do parto não pode representar ameaça a uma ordem posta, que precisa ser revista e desconstruída. Deve-se resguardar a garantia da parturiente e assegurar que a experiência seja a mais humanizada e segura possível, com respeito integral aos princípios dos direitos humanos.

Assis *et al.* (2021) acrescentam que os psicólogos cumprem o papel de auxiliar na prevenção contra a violência, intervindo também na comunicação entre o médico e a paciente, possibilitando um diálogo claro com a gestante e os familiares. É necessário que o profissional da Psicologia esteja informado sobre as diretrizes a respeito da violência obstétrica para amparar as mulheres de forma que elas conquistem autonomia sobre seu corpo e seus direitos.

É fundamental fomentar essa temática permanentemente, a fim de propiciar reflexões e reconfigurações necessárias. Intervenções efetivas e eficazes tornam-se imprescindíveis para que o contexto da violência obstétrica seja reconfigurado e outra realidade emerja dentro dos espaços, permeada pelo afeto, acolhimento, informação, diálogo, valorização e respeito aos direitos humanos.

1.5 CONSIDERAÇÕES FINAIS

Diante do exposto, conclui-se que a violência obstétrica constitui uma relevante demanda de saúde pública para o SUS, o que exige análises, discussões e intervenções. Assim, torna-se imprescindível a elaboração de estratégias interventivas que considerem a desmistificação de um processo tido como natural, porém perpetuado em práticas marcadas pela agressão, desrespeito e desconsideração da mulher enquanto um sujeito de direitos, com voz e vez nas decisões condizentes com a sua história de vida. A violência obstétrica desencadeia repercussões psicológicas para o desenvolvimento integral da mulher, do bebê, da família e de toda a sociedade. Assim, as consequências impactam o coletivo, sobretudo em histórias de vida que deixam de ser movidas pelo protagonismo e autonomia no condizente aos processos decisórios. Por fim, destaca-se a importância da Psicologia enquanto ciência e profissão para a reconfiguração desse cenário. A construção e a efetivação de práticas voltadas para a humanização da assistência à saúde requerem uma análise zelosa e comprometida dos fatos, para que eles saiam da naturalização cotidiana para assumirem o patamar desejado: o da transformação para um bem coletivo.

1.6 REFERÊNCIAS

AGUIAR, J. M.; D'OLIVEIRA, A. F. L. Violência institucional em maternidades públicas sob a ótica das usuárias. **Interface**: Comunic., Saúde, Educ., Botucatu, v. 15, n. 36, p. 79-91, jan./mar. 2011. Disponível em: https://www.scielo.br/j/icse/a/vvLz5TN8Hpzz9SXnKqth78j/?format=pdf. Acesso em: 10 ago. 2021.

ARAÚJO, N. M. *et al.* Corpo e sexualidade na gravidez. **Revista da Escola de Enfermagem da USP**, São Paulo, v. 46, n. 3, p. 552-558, jun. 2012. Disponível em: https://www.scielo.br/j/reeusp/a/FrQVr4g6Z9VCgL8zPgm3wzF/. Acesso em: 21 set. 2021.

ASSIS, K. G.; MEURER, F.; DELVAN, J. S. Repercussões emocionais em mulheres que sofreram violência obstétrica. **Rev. Psico Argum**, Curitiba, v. 39, n. 103, p. 135-157, mar. 2021. Disponível em: https://periodicos.pucpr.br/psicologiaargumento/article/view/27239/pdf. Acesso em: 6 out. 2021.

BRASIL. Ministério da Saúde. **Lei n. 11.108, de 7 de abril de 2005**. Altera a Lei n. 8.080 para garantir às parturientes o direito à presença de acompanhante durante o trabalho de parto, parto e pós-parto imediato, no âmbito do Sistema Único de Saúde – SUS. Brasília: Diário Oficial da União, 2005a. Disponível em: http://www.planalto.gov.br/ccivil_03/_ato2004-2006/2005/lei/l11108.htm. Acesso em: 10 jul. 2021.

BRASIL. Presidência da República. **Lei n. 11.634, de 27 de 2007**. Dispõe sobre o direito da gestante ao conhecimento e a vinculação à maternidade onde receberá assistência no âmbito do Sistema Único de Saúde. Brasília: DOU, 2007. Disponível em: http://www.planalto.gov.br/ccivil_03/_Ato2007-2010/2007/lei/l11634.htm. Acesso em: 20 nov. 2021.

BRENES, A. C. História da parturição no Brasil, século 19. **Cadernos de Saúde Pública**. Rio de Janeiro, n. 7, v. 2, p. 135-149, abr./jun. 1991. Disponível em: https://www.scielosp.org/pdf/csp/1991.v7n2/135-149/pt. Acesso em: 12 set. 2021.

CASTRO, T. D. V. Direito ao acompanhante, violência obstétrica e poder familiar. **Pensar**, Fortaleza, v. 25, n. 14, p. 1-12, jan./mar. 2020. Disponível em: https://periodicos.unifor.br/rpen/article/view/10093. Acesso em: 7 jun. 2021.

CIELLO, C. *et al.* Violência obstétrica "Parirás com dor". **Parto do Princípio** – Mulheres em Rede pela Maternidade Ativa, 2012. Disponível em: https://www.senado.gov.br/comissoes/documentos/SSCEPI/DOC%20VCM%20367.pdf. Acesso em: 28 set. 2021.

DIAS, S. L.; PACHECO, A. O. Marcas do parto: As consequências psicológicas da violência obstétrica. **Rev. Arquivos Científicos**, Amapá, v. 3, n. 1 p. 4-13, jun. 2020. Disponível em: https://arqcientificosimmes.emnuvens.com.br/abi/article/view/232. Acesso em: 8 out. 2021.

DINIZ, S. *et al.* Violência obstétrica como questão para a saúde pública no Brasil: origens, definições, tipologia, impactos sobre a saúde materna, e propostas para sua prevenção. **Jornal of Human Growth and Development**, n. 25, v. 3, p. 377-384, out. 2015. http://dx.doi.org/10.7322/jhgd.106080 Disponível em: http://pepsic.bvsalud.org/scielo.php?pid=s0104-12822015000300019&script=sci_arttext&tlng=pt. Acesso em: 21 nov. 2021.

HENRIQUES, T. Violência obstétrica: um desafio para saúde pública no Brasil. **Página Grená**, Rio de Janeiro, fev. 2021. Disponível em: https://www.ims.uerj.br/wp-content/uploads/2021/02/violencia-obstetrica_tatiana_henriques_pagina_grena_fev2021.pdf. Acesso em: 20 out. 2021.

LANSKY, S. et al. Violência obstétrica: influência da exposição sentidos do nascer na vivência das gestantes. **Ciência & Saúde Coletiva**, Rio de Janeiro, v. 24, n. 8, p. 11-23, maio 2019. Disponível em: https://www.scielo.br/j/csc/a/66HQ4XT7qFN36JqPKNCPrjj/?format=pdf. Acesso em: 20 set. 2021.

MARTINS, A. P. V. A ciência obstétrica. *In*: MARTINS, A. P. V. **Visões do feminino**: a medicina da mulher nos séculos XIX e XX. Rio de Janeiro: Editora Fiocruz, 2004. Cap. 2, p. 63-106. (História e Saúde collection). Disponível em: https://pt.scribd.com/document/364253139/A-Ciencia-Obstetrica. Acesso em: 20 jan. 2021.

MUNIZ, B. M. V.; BARBOSA, R. M. Problematizando o atendimento ao parto: cuidado ou violência? *In*: MEMORIAS CONVENCIÓN INTERNACIONAL DE SALUD PÚBLICA. Havana, 2012. **Anais** [...] Havana, 2012. p. 1-15. Disponível em: https://www.defensoria.sp.gov.br/dpesp/Repositorio/41/Documentos/artigo%20parto.pdf. Acesso em: 25 set. 2021.

NASCIMENTO. L. C. *et al.* Relato de puérperas acerca da violência obstétrica nos serviços públicos. **J Nurs UFPE on line**, Recife, v. 11, n. 5. p. 2014-2024, maio 2017. Disponível em: https://periodicos.ufpe.br/revistas/revistaenfermagem/article/view/23355. Acesso em: 10 out. 2021.

ORGANIZAÇÃO MUNDIAL DA SAÚDE. **Assistência ao parto normal**: um guia prático. Genebra, 2000.

REDE PARTO DO PRINCÍPIO. (2012). **Violência Obstétrica "Parirás com dor"**: Dossiê da Violência doméstica. Brasília: Senado Federal. Disponível em: https://www.senado.gov.br/ comissoes/documentos/SSCEPI/DOC%20VCM%20367.pdf. Acesso em: 2 ago. 2021.

RODRIGUES, D. P. *et al.* A Violência obstétrica como prática no cuidado na saúde da mulher no processo parturitivo: análise reflexiva. **J Nurs UFPE on line**, Recife, v. 9, n. 5, p. 8461-8467, jun. 2015. Disponível em: https://periodicos.ufpe.br/revistas/revistaenfermagem/article/view/10613. Acesso em: 23 set. 2021.

SANFELICE. C. F. O. *et al.* Do parto institucionalizado ao parto domiciliar. **Rev Rene.**, Campinas, v. 15, n. 2, p. 362-370, mar. 2014. Disponível em: http://www.periodicos.ufc.br/rene/article/view/3170/2433. Acesso em: 14 out. 2021.

SANTA CATARINA. **Lei n. 17.097, de 17 de janeiro de 2017**. Dispõe sobre a implantação de medidas de informação e proteção à gestante e parturiente contra a violência obstétrica no Estado de Santa Catarina. Florianópolis, 2017. Disponível em: http://leis.alesc.sc.gov.br/html/2017/17097_2017_lei.html. Acesso em: 15 out. 2021.

SANTOS, W. **A depressão pós-parto influencia o cuidado à saúde infantil?** 2013. 96 f. Dissertação (Mestrado em Ciências da Saúde) – Universidade de Brasília, Brasília, Brasília, 2013. Disponível em: https://repositorio.unb.br/bitstream/10482/13236/1/2013_WallaceSantos.pdf. Acesso em: 15 maio 2021.

SENA, L. M.; TESSER, C. D. Violência obstétrica no Brasil e o ciberativismo de mulheres mães: relato de duas experiências. **Interface**: Comunicação, Saúde, Educação, Botucatu, v. 21, n. 60, p. 209-220, mar. 2017. DOI: 10.1590/1807-57622015.0896 Disponível em: https://www.scielo.br/j/icse/a/5yYdGTkjmkR-qRXnFJX6xfpk/?format=pdf&lang=pt. Acesso em: 15 out. 2021.

SCHRAIBER, L. *et al.* Violência vivida: a dor que não tem nome. **Interface**: Comunicação, Saúde, Educação, Botucatu, v. 6, n. 10, p. 41-54, 2003. Disponível em: https://www.scielosp.org/pdf/icse/2003.v7n12/41-54/pt. Acesso em: 12 out. 2021.

SILVA, J. K. *et al.* Violência Obstétrica no ambiente hospitalar: relato de experiência sobre incoerências e controvérsias. **J Nurs UFPE** [on-line], Recife, v. 9, n. 12, p. 1345-1351, dez. 2015. Disponível em: https://periodicos.ufpe.br/revistas/revistaenfermagem/article/view/10843. Acesso em: 25 out. 2021.

VIEIRA, D. R.; APOLINÁRIO, J. A. **A violência obstétrica na compreensão de mulheres usuárias da rede pública de saúde do município de Lins**. 2017. 94 f. Tese (Doutorado em Psicologia) – Centro Universitário Católico Salesiano Auxilium, São Paulo, 2017. Disponível em: http://www.unisalesiano.edu.br/biblioteca/monografias/61050.pdf. Acesso em: 22 maio 2021.

RIBEIRO, P. L. M. Humanização do Parto: Política Pública, realidade obstétrica e Psicologia. *In*: POLEJACK, L. *et al.* (org.). **Psicologia e Políticas Públicas na Saúde**: experiências, reflexões, interfaces e desafios. Porto Alegre: Rede Unida, 2015. Cap. 14. p. 257-266.

ROCHA, B. S. *et al.* Psicologia e a Política Nacional de Humanização: uma proposta de intervenção. *In*: POLEJACK, L. *et al.* **Psicologia e Políticas Públicas na Saúde**: experiências, reflexões, interfaces e desafios. Porto Alegre: Rede Unida, 2015. Cap. 15. p. 267-280.

ROHDE, A. M. B. **A outra dor do parto**: gênero, relações de poder e violência obstétrica na assistência hospitalar ao parto. 2016. 106 f. Dissertação (Mestrado em Estudos Sobre As Mulheres) – Faculdade de Ciências Sociais e Humanas (FCSH), Universidade Nova de Lisboa, Lisboa, 2016. Disponível em: https://run.unl.pt/handle/10362/20395. Acesso em: 13 maio 2021.

ROSA, R. *et al.* Mãe e filho: os primeiros laços de aproximação. **Esc. Anna Nery**, Rio de Janeiro, v. 14 n. 1, p. 105-112, mar. 2010. Disponível em: https://www.scielo.br/j/ean/a/BJW3LfQGmSSS6nhCtdSLFwz/. Acesso em: 9 out. 2021.

2

SÍNDROME DO PÂNICO: O MEDO DE VIVER EM ADULTOS

Daniela Cândida Teixeira dos Santos
Charles Magalhães de Araújo

2.1 CONSIDERAÇÕES INICIAIS

A Síndrome do Pânico se caracteriza como um distúrbio de ansiedade descrito literalmente por crises de pânico que aparecem com frequência e de maneira súbita, compreendida por sensações de mal-estar, agonia e medo da morte.

Uma síndrome de tamanha obscuridade deve ser satisfatoriamente entendida com um embasamento teórico que integre vasto conhecimento de distintas linhas de raciocínio. Não se sabe ao certo a causa da Síndrome do Pânico, porém, a existência a uma tendência natural estabelecida é bastante possível.

Supõe-se que a Síndrome do Pânico acontece por motivos biológicos e psicológicos. As circunstâncias básicas a respeito da fisiopatologia da Síndrome têm sua estrutura fundamentada na ação dos neuromoduladores e neurotransmissores no Sistema Nervoso Central (RANGÉ, 2001).

Freitas (2005) salienta que os momentos de pânico acontecem pelo fato de ocorrer um cruzamento de pensamentos e sentimentos. Ao passo que o indivíduo começa a ter crises, a sensação de aflição e pavor de ter novamente aquela sensação causa muito tormento.

Ballone (2005) corrobora Menezes (2005) destacando que o pânico necessita ser distinto dos demais transtornos psiquiátricos, como, por exemplo, a ansiedade (na qual o pânico pode estar relacionado). Quando a ansiedade está em um nível muito elevado e aparece de forma súbita, é provocada a Síndrome do Pânico. De acordo com a autora, o transtorno que resulta no pânico acontece devido a uma ansiedade muito aguda.

Menezes (2005) menciona ainda que a palavra pânico é propagada para a população por meio da psiquiatria com uso de dois termos, sendo "Síndrome do Pânico" e "Transtorno do Pânico". Tanto na área da psiquiatria quanto na psicanálise, tal disseminação contribuiu de maneira significativa para a obtenção de estudos para ajudar no diagnóstico e tratamento da sensação relatada.

Quando o pânico passa a ser definido como patológico, passa também a ser considerado como um transtorno. Esse evento ocorre de forma automática, podendo ter ou não um gatilho, mas sempre trazendo ao indivíduo a sensação de estar em constante perigo (GRAEFF, 2004).

Montiel *et al.* (2014) afirmam que o maior predomínio de sintomas das crises de pânico pode ser considerado como um estado emocional com elementos tanto da mente quanto do corpo, indicando vivências parciais precipitadas, pavor ou angústia correlacionada com altos níveis de agitação e resposta independente.

A Síndrome do Pânico relaciona-se com o medo, sendo que o último se faz necessário para a sobrevivência da pessoa. Porém, quando esse elemento é sentido de maneira profunda, ocasiona desordem, complicações pessoais e sociais como crises de ansiedade e sintomas físicos.

O presente trabalho foi organizado da seguinte forma: na primeira seção, conceituar-se-á teoricamente o que é a Síndrome do Pânico; na segunda seção, serão descritos quais os possíveis problemas acarretadores do pânico no cotidiano dos indivíduos, além de identificar os principais fatores que desencadeiam o transtorno; e, na terceira seção, abordar-se-á como é realizado o tratamento do pânico com a terapia cognitivo-comportamental.

Este estudo tem como motivação despertar uma reflexão a respeito do tema, haja vista que é um assunto atual, de extrema importância e que cada vez mais vem se tornando comum entre as pessoas. Sabe-se que grande parte da população apresenta crises de ansiedade que levam, infelizmente, ao pânico. A realização da pesquisa é de grande relevância para obtenção de conhecimentos que serão fundamentais para a formação acadêmica da pesquisadora, sendo que esta já tem experiência própria por já ter vivenciado o transtorno do pânico. O objetivo é ampliar o nosso olhar sobre as situações angustiantes que os indivíduos com síndrome do pânico experienciam e entender qual a melhor forma de trabalhá-las.

2.2 CONCEITO DE SÍNDROME DO PÂNICO

Nardi (2006) cita que a palavra "pânico" surgiu na Grécia, na figura do deus dos animais de pequeno porte, que era uma figura de aparência diferente e que amedrontava muito as pessoas. Em meados do século XIX, o termo "pânico" foi mencionado pela primeira vez, no ano de 1879, pelo psiquiatra Henry, sendo denominado por ele como pânico melancólico (NARDI, 2004).

Segundo Freud (1989), o pânico era denominado como uma aflição neuropática, ocasionada pela perda de vínculos afetivos que ligam uma pessoa a um representante e a um conjunto de indivíduos, trazendo pavor absurdo. Apesar de ser considerado como uma doença psicológica apenas de 1980 em diante, existem narrações de pessoas com o transtorno a partir da Guerra Civil Americana (SILVA, 2014).

Segundo Menezes (2005), a Síndrome do Pânico é caracterizada pela Organização Mundial da Saúde (OMS) como uma classe dos Transtornos Mentais na Classificação Internacional de Doenças (CID 10) e encontra-se no Manual Diagnóstico e Estatístico de Transtornos Mentais (DSM). De acordo com Rodrigues (2006), em 1980 a Síndrome do Pânico foi validada legalmente no grupo de sinais e sintomas.

A Síndrome do Pânico é descrita por crises de pânico rotineiras que levam o indivíduo a sentir medo ou indisposição profunda, com sintomas físicos e mentais que começam de maneira súbita e atingem intensidade maior em até 10 minutos (SALUM; BLAYA; MANFRO, 2009).

Conforme Gabbard, Beck e Holmes (2007), a Síndrome do Pânico é conceituada por episódios de medo e terror intenso, por momentos compostos por sensações corporais que levam o indivíduo a pensar que está, de fato, morrendo.

A Síndrome do Pânico é definida por situações em que acontecem as crises de medo de forma repentina e com frequência, surgindo sem motivo aparente (FREITAS, 2005). Katon (1984) afirma que as crises de pânico são ocasionadas por situações de terror e desespero, acompanhadas pelo pavor de um novo episódio e também por variações no modo de se comportar, apresentando, em consequência, sinais de esquiva.

Conforme Mezzasalma *et al.* (2004), a Síndrome do Pânico é descrita por episódios repentinos de pânico, com pavor e indisposição, que apresentem no mínimo quatro dos seguintes aspectos: coração acelerado, tremedeiras, agitação, falta de ar, transpiração excessiva, medo de morrer, falta de domínio do que está acontecendo, entre outros.

Para ser identificada como Síndrome do Pânico, é fundamental que se tenha quatro ou mais sintomas, sendo preciso que eles apareçam com frequência e que no mínimo um deles aconteça de forma automática (SILVA, 2014).

Holmes (2001) aponta que a Síndrome do Pânico é definida por curtos momentos de ansiedade espontânea fora do comum e de maneira acentuada, sendo descrita pelos indivíduos que a enfrentam como uma situação onde há a sensação de estar morrendo.

A Síndrome do Pânico é uma espécie de demonstração enganosa de pavor, concebendo particularidades em ataques repentinos e frequentes, e que supostamente surgem sem nenhum motivo aparente (PONDÉ, 2012).

Hettema, Neale e Kendler (2001) salientam que a base do Transtorno do Pânico é a resposta de uma associação de elementos e aspectos genéticos e ambientais. No que se refere às condições de hereditariedade, pesquisas com pessoas gêmeas aferem que os irmãos têm 43% de chances de desenvolver o pânico.

A Síndrome do Pânico pode ocorrer por modificações biológicas, havendo indícios de que em adultos o pânico acontece pelo fato de o indivíduo apresentar fragilidade constitucional não manifestada ou diátese para aflição, recebida por hereditariedade e revelada de maneira mutável no decorrer da vida (KNAPP, 2004).

Baker (2000) cita que a Síndrome do Pânico pode ser desencadeada após a pessoa passar por situações tensas, por contrariedades e dificuldades ocorridas há algum tempo em que a crise ocorreu. O autor aborda ainda que em momento algum o indivíduo consegue discernir sobre alguma situação que tenha despertado a crise; ele sempre acha que o ocorrido é decorrente de alguma doença física, como um ataque cardíaco, um tumor, entre outros aspectos que estejam acometendo a pessoa naquele momento.

A Síndrome do Pânico possui uma base diversa, relacionada a aspectos psicológicos e sociais. Assim sendo, esses elementos são de grande relevância tanto para estimulação e tratamento, quanto para os gatilhos do pânico (SAVOIA, 2000).

De acordo com Kircanski *et al.* (2009), o Transtorno do Pânico passou por transformações muito modestas na perspectiva de observação das causas de doença. A partir da edição do DSM-III, é que surgiram indícios que possibilitaram configurá-lo também como transtorno.

Na atualidade, a razão para o elevado índice de indivíduos com a Síndrome do Pânico está associada ao crescimento exacerbado da ansiedade. A oscilação na forma dos neurotransmissores faz com que certos locais do cérebro propaguem comandos errados (BELLONE, 2005).

Conforme Kay e Tasman (2002), o pânico estabelece um sinal psicofisiológico distinto dos demais tipos de ansiedade. Relatam também que um simples lapso na estrutura que tem a função de equilibrar faz com que aconteça uma falha no retorno do sinal natural.

Kinrys e Wygant (2005) mencionam que a maior ocorrência de Síndrome do Pânico se dá em pessoas do sexo feminino, com idade de 30 anos. Sabendo-se que as crises podem ter início em qualquer fase da vida, justifica-se a citação dessa idade pelo fato de ser um período produtivo em que as mulheres obtêm maiores exigências de rendimento tanto na vida pessoal quanto na vida profissional.

Dib (2006) aponta que a Síndrome do Pânico é um estado crônico, que deixa a pessoa bastante abalada. Com episódios que se manifestam regularmente, acaba gerando impactos assoladores no cotidiano dos indivíduos. A autora afirma ainda que os episódios de pânico acontecem na maioria das vezes de forma súbita, ou seja, não há motivo aparente para ter ocorrido tal momento de pavor intenso. Esses instantes geram muito medo e ansiedade, e a pessoa começa a fugir das situações em que tem receio de passar por novas crises.

Pinheiro (2004) salienta que o Transtorno de Pânico aparece diante da mistura de pensamentos e emoções. Ao passo que o indivíduo tem um primeiro episódio de pânico, ele já vai sentir pavor de vivenciar outra crise.

As crises de pânico não se originam da decorrência de funções orgânicas do corpo ou por determinada circunstância clínica. São caracterizadas mediante um momento peculiar, em que tem início uma repentina inquietação e contínua sensação de que algo ruim está prestes a acontecer (ARISMENDI, 2007).

2.3 CAUSAS, SINAIS E SINTOMAS DAS CRISES DE PÂNICO

Segundo Bernik (2014), com o desenvolvimento progressivo dos seres humanos, o cérebro do homem ampliou os sistemas essenciais para reagir às situações de riscos. Já o pânico origina-se do descontrole do conjunto de elementos que compõem o cérebro.

O pânico tem início com uma ansiedade acentuada, assim como com manifestações como batimentos cardíacos acelerados, transpiração excessiva, sensação de sufocamento, tonteiras, mal-estar, tremedeiras, incômodos no abdômen, formigamentos, ondas de frio e/ou calor, entre outras sensações (BELLEI, 2008).

Para Bernik (2014), o indivíduo que sofre com a Síndrome do Pânico tem muitos danos no decorrer da crise e uma piora gradativa no espaço entre o momento de início e término da nova crise. Isso ocorre devido à apreensão de não saber qual será o momento em que uma nova crise iniciará.

De acordo com Blaya e Manfro (2006), o pânico acomete, em sua maioria, pessoas do sexo feminino com idade entre 30 a 40 anos e é uma preocupante situação na saúde pública, de desenvolvimento crônico e que atinge uma grande parcela da sociedade.

A respiração e seu recurso de comando desempenham uma função essencial na evolução dos transtornos de ansiedade, especialmente no transtorno do pânico. Um ataque de pânico geralmente começa com um horror súbito e inesperado, associado a vários sintomas independentes, estando o sistema circulatório e o sistema respiratório intimamente ligados (SARDINHA *et al.*, 2009).

Os autores apontam ainda que o transtorno de pânico está relacionado à hiperventilação leve e a outros esquemas respiratórios irregulares, podendo então ser apontados como causas de uma crise. Em decorrência dessa respiração acelerada, pode ocorrer tremedeira, barulho no ouvido, sudorese da palma, tontura, perda de consciência, distúrbio visual, dor de cabeça e dor no peito.

De acordo com Lunoyekman (2000), em uma crise de pânico, o equilíbrio dinâmico da pessoa entra em colapso, desencadeando experiências que causam distúrbios ou sentimentos ameaçadores, gerando maior dificuldade para conseguir passar por esse momento. Essa mudança na homeostase é acompanhada por reações orgânicas de várias partes do sistema nervoso, como o sistema nervoso somático. Este aumenta o tônus muscular por meio da atividade dos neurônios motores (sistema nervoso autônomo), enquanto o sistema nervoso autônomo aumenta a atividade do nervo simpático, fornecendo mais fluxo sanguíneo para o sistema nervoso.

Para Knolow (2007), a atenção e a concentração dos indivíduos com Síndrome do Pânico podem ser comprometidas, uma vez que o transtorno pode causar efeitos negativos na aquisição de conhecimento, na redução dos estímulos de concentração, na elaboração e dificuldade de convívio.

As crises de pânico acontecem de forma repentina, não existindo, obrigatoriamente, um gatilho que cause os episódios, resultantes em batimentos cardíacos acelerados, suor excessivo, tremores, falta de ar, dor ou desconforto no peito, náusea, tontura, calafrios ou ondas de calor, sensação anormal, medo de perder o controle ou enlouquecer e, sobretudo, medo de estar tendo um ataque cardíaco ou estar morrendo (NOGUEIRA *et al.*, 2018).

Salum, Blaya e Manfro (2009) mencionam que, quanto à causa, estudos têm demonstrado que a Síndrome do Pânico possui elementos biológicos e psicológicos, que podem envolver certa fragilidade genética. Pessoas com o transtorno possuem dificuldade em suportar os resultados fisiológicos e psicológicos normais ao estresse. As mudanças no mecanismo de adaptação podem sujeitar pessoas suscetíveis a pressões repetidas e, eventualmente, levar ao pânico.

Os sintomas das crises de pânico englobam pressentimento de morte, aperto no peito que ocasiona a dificuldade de respirar, batimentos cardíacos acelerados e um sentimento de que irá acontecer algo muito ruim. As pessoas também estão preocupadas com o fato de que as crises possam continuar a ocorrer, tornando-as cada vez mais frequentes (FREITAS, 2009).

Klein (1993) aponta que os ataques de pânico são causados pelo relaxamento do sistema de alerta filogenético, que é usado diretamente para monitorar sinais de asfixia. O sistema de alarme é evolutivamente programado para ser ativado quando houver sinais de perigo e morte.

Um ataque de pânico é acompanhado por uma sensação de perigo ou desastre imediato e um desejo forte de escapar. O desconforto físico é sentido de maneira avassaladora e o forte medo não é ajustado, assim, o indivíduo passa a ter pavor constante, além da sensação de estar morrendo ou desmaiando (GENTIL, 1997).

Conforme Pereira (2003), nas crises de pânico, os sintomas físicos são ativos e colaboram para que a pessoa tenha o sentimento de que algo ruim está acontecendo, manifestando uma agitação psicomotora acentuada e geralmente em vão, tendo uma angustiante sensação de estar morrendo e perdendo o controle de si mesmo.

Os ataques de pânico originam-se de um entendimento trágico e desequilibrado de alguns sintomas físicos. Essa hipótese se concentra no processamento insuficiente de informações de estímulos externos, como o ruído ou luz, por exemplo; e de estímulos internos como a taquicardia, a sudorese e a tontura. Essa explicação é um risco do que está prestes a acontecer, pois libera ou fortalece as sensações físicas, ratificando a "ameaça", ocasionando mais explicações catastróficas e aflições de forma acelerada e progressiva (SALUM; BLAYA; MANFRO, 2009).

Torres *et al.* (2001) citam que as crises de pânico ocorrem de forma repentina e intensa, tendo muitos sintomas físicos e psicológicos, como coração acelerado, dor no peito, sudorese, falta de ar, tremor, tontura, náusea, sensação de frio ou de calor, entre outros.

Indivíduos com a Síndrome do Pânico apresentam uma série de sintomas, sendo eles: dificuldade de repousar, insegurança, preocupação excessiva de que algo ruim irá acontecer, sensação de sufocamento, mãos trêmulas, receio de morrer ou não conseguir ter domínio de si mesmo, tremores nas pernas, vertigem, sensação de tontura, taquicardia e falta de ar (MONTIEL *et al.*, 2014).

Bear, Connors e Paradiso (2002) mencionam que os sinais de pânico abrangem distorções cognitivas, fazendo com que a pessoa tenha um medo demasiado, um pavor de não ter controle do que vai acontecer; dessa forma há um comprometimento da parte física, tal como formigamentos, ondas de calor etc.

2.3.1 Principais fatores que desencadeiam o Transtorno do Pânico

De acordo com Freitas (2005), a natureza da experiência emocional desagradável nas crises de pânico define o progresso imediato do transtorno. Fatores sociais e culturais podem levar o sujeito a estabelecer uma relação de medo aos estímulos ambientais, constituindo assim uma estrutura que conduz ao pânico.

Não são todos os indivíduos que vivenciam os mesmos eventos que apresentam a Síndrome do Pânico: é importante tentar encontrar as variáveis que predispõem à fragilidade psicológica. Logo, aspectos de personalidade (passividade, dependência, ansiedade de separação, dificuldade em lidar com as emoções) e métodos particulares de analisar as sensações físicas podem ajudar a aumentar os efeitos de um ataque e interferir nas preocupações de longo prazo sobre novas crises (SHINOHARA, 2005).

Para Gabbard (1998), os ataques podem ser "onipresentes", sem gatilhos ambientais ou mentais. Muitas pessoas com pânico sofrem com essas crises com aspectos diversos e é por essa razão que a psicodinâmica e o trabalho do psicológo podem ressignificar o comportamento do indivíduo, possibilitando lidar com as intervenções psicológicas.

O Transtorno do Pânico pode ser mais propenso em determinadas famílias, sendo ocasionado por fatores genéticos, que são os responsáveis por uma parte importante na determinação que passa a ter a síndrome. Independentemente desse entendimento, muitos indivíduos podem passar a ter crises sem existência de histórico na família (PEROZZO; MAHL, 2010).

Um fator que gera sintomas de crises de pânico acontece quando o indivíduo começa a ter sensações fisiológicas normais, que emergem do corpo, mas as associa logo a um sintoma de doença grave ou à morte; fazendo essa interpretação de maneira errada, a pessoa passa a ter tal referência cognitiva (KING *et al.*, 2007). Segundo Heldt (2006), estudos comprovam que há indícios de que o estresse esteja associado ao primeiro ataque de pânico. Acontecimentos ruins como a perda de um ente querido, o aparecimento de alguma doença grave, conflitos familiares intensos e oscilações endócrinas podem gerar o transtorno. Esses episódios são citados nas queixas de indivíduos ao serem abordados sobre os possíveis fatores que antecederam a crise.

2.4 TRATAMENTO DO PÂNICO COM A TERAPIA COGNITIVO-COMPORTAMENTAL

Segundo Knapp e Beck (2008), a Teoria Cognitivo-Comportamental (TCC) é uma terapia que utiliza técnicas que irão auxiliar o paciente a enfrentar suas dificuldades, sendo que no decorrer das sessões ele aprende a ser o seu próprio psicólogo.

A TCC engloba a conceituação e o método fundamental das abordagens cognitiva e comportamental, em que são utilizados alguns recursos. As técnicas comportamentais são usadas para substituir comportamentos desajustados alusivos ao transtorno psiquiátrico, cujo objetivo de tratamento é a transformação no pensamento disfuncional (MELLO, 2011).

Manfro *et al.* (2008) citam que a TCC é um tratamento que apresenta resultados favoráveis aos principais sintomas do pânico. Pesquisas vêm reiterando que essa abordagem é capaz de modificar o desenvolvimento da Síndrome do Pânico, não apenas para evitar a recorrência, mas também para estender o intervalo entre as crises.

A TCC é uma abordagem elaborada, objetiva e colaborativa, com um elemento didático intenso. Engloba o modelo cognitivo e um grupo de métodos e esquemas de tratamento que tenham embasamentos específicos e que possibilitem pesquisas baseadas nas experiências, buscando a comprovação da sua efetividade (CASTRO, 2016).

Barlow e Cerny (1999) mencionam que o modelo cognitivo de psicopatologia fundamenta-se na possibilidade da fragilidade cognitiva como padrão de transtorno emocional. A vulnerabilidade cognitiva atribui predisposição aos indivíduos de executar distorções sistemáticas ao verificar conhecimentos e distorções que antecedem a perturbação mental.

A teoria mencionada pode ser trabalhada em qualquer estágio da terapia, desde a prevenção primária até com indivíduos que não obtiveram bons resultados em outras intervenções. Tendo possibilidade de ser trabalhada em associação com fármacos, a TCC faz uso de ferramentas como as técnicas: psicoeducação, confrontação da ansiedade técnica (relaxamento muscular e respiração abdominal ou diafragmática), remodelação cognitiva, exposição sensorial interna e interna gradativa exposição (MANFRO *et al.*, 2008).

Segundo Rangé (2008), a TCC é uma abordagem eficaz para trabalhar a Síndrome do Pânico, pois sua aplicabilidade está entre 74% e 95%. A eficácia das intervenções fundamentadas na referida abordagem é notória e a eliminação gradativa das crises, é uma evidência disso. Na TCC, o tratamento tem uma temporalidade delimitada com metas precisas a serem alcançadas, estruturadas entre o período de 10 a 20 sessões. Possui como finalidade corrigir explicações catastróficas e medos eventuais de sentimento físico e de esquiva. Mesmo sendo um tratamento breve, informações atuais indicam que os pacientes com Transtorno do Pânico respondem melhor à TCC do que a outras abordagens terapêuticas (MANFRO *et al.*, 2008).

Conforme Beck e Clark (2012), a Terapia Cognitivo-Comportamental tem formulado um entendimento a respeito da Síndrome do Pânico que ajuda o psicólogo na conceituação do caso, na organização e na elaboração do tratamento, uma vez que a ansiedade não é gerada por acontecimentos, mas pelas cognições dos indivíduos.

O tratamento da Síndrome do Pânico com o uso da abordagem da TCC é realizado em consultório ou ambulatório, com a psicoterapia e a psicoeducação. Tendo como propósito amenizar os sintomas agudos e reduzir a periodicidade e a frequência das crises (CASTRO, 2016).

Nas demandas de Crise de Pânico, a Terapia Comportamental apresenta como princípio fundamental o descondicionamento das sensações no corpo e do pavor, aplicando os conceitos do processo de aprender para diminuir os comportamentos desadaptativos (CASTRO, 2016).

A TCC desconsidera decisivamente o pressuposto de que o comportamento mal-adaptado é essencialmente uma incumbência de determinada doença em relação independente e exageradamente inacessível. Ao mencionar sobre a ação de evitar permeada por ansiedade ou autoverbalizações que originaram o comportamento mal-adaptado, fala-se do comportamento manifestado como resultado de outro acontecimento (RIMM; MASTERS, 1983).

Conforme Brandão (2004), o psicólogo da abordagem cognitivo-comportamental precisa conhecer o seu paciente de forma holística para que seja possível realizar um estudo prático. É imprescindível conhecer o paciente além da queixa apresentada, podendo fazer uso de diversas ferramentas. Para isso, o profissional deve utilizar todos os tipos de recurso, como entrevistas, diários, e observação do comportamento verbal e não verbal do paciente no vínculo terapêutico.

A abordagem cognitiva é capaz de transformar o encadeamento do pânico, seja ele breve ou prolongado; além de impedir as recaídas, ajuda na prorrogação do espaço de tempo entre uma crise e outra (OTTO; WHITTAL, 1995).

Segundo Otto e Deckersbach (1998), o modelo cognitivo-comportamental no tratamento da Síndrome do Pânico tem a finalidade concentrada no medo, na sensibilidade do corpo, na percepção do desastre e no que conduz a continuidade da crise. Considerando que indivíduos com esse transtorno têm predisposição a ter pensamentos de situações ruins e de sempre estar em situação de alerta, intensificando a ansiedade e as chances de novas crises.

Além dos atendimentos individuais, a terapia em grupo pode ajudar consideravelmente os pacientes, tendo em vista que gera a oportunidade de partilhar e aprender sobre o transtorno. A troca de experiência viabiliza ao paciente conquistar um pensamento diferente e entender melhor que o processo que está vivenciando também faz parte da vida de muitas outras pessoas (ZIMMERMAN, 1998).

2. 5 CONSIDERAÇÕES FINAIS

Após a realização deste estudo, foi possível verificar que na Síndrome do Pânico certas experiências fazem com que o indivíduo tenha vivências que podem ser relacionadas a ameaças e perigos maiores. Dessa forma, quando a instabilidade psicológica está ligada à fragilidade biológica e emocional, há um reforço maior para que ocorram as crises. O pânico não está relacionado a um fato específico, e dessa forma, não é necessário que ocorra algo concreto para a ocorrência da crise.

Recomenda-se a realização de novas pesquisas com a finalidade de ponderar e argumentar a respeito das formas de enfrentamento do indivíduo perante as situações-gatilhos que podem gerar novas crises de pânico, principalmente depois do tratamento na abordagem cognitivo-comportamental.

Portanto, é fato que a Síndrome do Pânico está relacionada ao medo, sentimento que faz parte da vida dos indivíduos e que é necessário para a existência. Porém, a sensação de medo sentida de forma exagerada causa intenso sofrimento psíquico com modificações importantes do comportamento e da vida de forma geral.

2.6 REFERÊNCIAS

ARISMENDI, C. G. **Transtorno de Pânico**: contribuições acerca da etiologia, da sintomatologia e do tratamento combinado. 2007. 47 f. TCC (Graduação em Psicologia) – Centro de Ciências da Saúde, Universidade do Vale do Itajaí, Itajaí, 2007. Disponível em: http://siaibib01.univali.br/pdf/Cristina%20Garcia%20Arismendi.pdf. Acesso em: 18 fev. 2021.

BAKER, R. **Ataques de Pânico e Medo**. Rio de Janeiro: Vozes, 2000.

BALLONE G. J. Tratamento da Síndrome do Pânico. **PsiqWeb**. [*s. l.*], [20--?]. Disponível em: www.psiqweb.med.br. Acesso em: 10 jan. 2021.

BARLOW, D. H.; CERNY, J. A. **Tratamento psicológico do pânico**. Porto Alegre: Artmed, 1999.

BEAR, M. F.; CONNORS, B. W.; PARADISO, M. A. **Neurociências**: desvendando o sistema nervoso. 2. ed. Porto Alegre: Artmed, 2002.

BECK, A. T.; CLARK, D. A. **Terapia cognitiva para os transtornos de ansiedade**. São Paulo: Artmed, 2012.

BELLEI, G. C. **Resultados percebidos por sujeitos diagnosticados com transtorno de pânico que fazem uso de tratamento medicamentoso e por aqueles que fazem uso de tratamento medicamentoso associado à psicoterapia individual acerca dos resultados dos tratamentos realizados**. 2008. 112 f. TCC (Graduação em Psicologia) – Universidade do Sul de Santa Catarina, Palhoça, 2008. Disponível em: https://www.riuni.unisul.br/bitstream/handle/12345/1561/95060_Giana.pdf?sequence=1&isAllowed=y. Acesso em: 1 abr. 2021.

BERNIK, M. **Médico psiquiatra e coordenador do Ambulatório de Ansiedade do Hospital das Clínicas do Instituto de Psiquiatria da Universidade de São Paulo**. [*s. l.*], 2014. Disponível em: http://drauziovarella.com.br/entrevistas-2/sindromedo-panico/. Acesso em: 12 jan. 2021.

BERNIK, M. A.; MELLO, L. V. F. Transtorno de Pânico. *In*: KAPCZINSKI, F.; QUEVEDO, J. L.; IZQUIERDO, I. (org.). **Bases biológicas dos transtornos psiquiátricos**. 2. ed. Porto Alegre: Artmed, 2004. Cap. 15, p. 205-220.

BLAYA, C.; MANFRO, G. G. Transtorno do pânico: diagnóstico e tratamento. **Revista Brasileira de Psiquiatria**, Rio Grande do Sul, v. 28, n. 1, p. 86-86, mar. 2006. http://dx.doi.org/10.1590/s1516-44462006000100023. Disponível em: https://www.researchgate.net/publication/26427576_Transtorno_do_panico_diagnostico_e_tratamento. Acesso em: 3 fev. 2021.

BRANDÃO, M. Z. (org.). **Análise Funcional do Transtorno do Pânico**: sobre comportamento e cognição, v. 13. São Paulo: ESETec Editores Associados, 2004.

CASTRO, C. R. **Contribuições da terapia cognitivo-comportamental para o tratamento do transtorno de pânico**. 2016. 37 f. Monografia (Especialização em Terapia Cognitivo Comportamental) – Centro de Estudos em Terapia Cognitivo Comportamental, São Paulo, 2016. Disponível em: https://cetcconline.com.br/wp-content/uploads/2018/09/2016-38-CARINA-RODRIGUES-DE-CASTRO.pdf. Acesso em: 11 jun. 2021.

DIB, P. O. Vínculos afetivos e Transtorno do Pânico: um estudo psicanalítico. **Psic. Rev**, São Paulo, v. 1, n. 15, p. 21-43, maio 2006. Disponível em: https://revistas.pucsp.br/index.php/psicorevista/article/download/18094/13450. Acesso em: 18 fev. 2021.

FREITAS, C. M. **Transtorno do Pânico**: uma análise comportamental. 2005. 62 f. TCC (Graduação em Psicologia) – Centro Universitário de Brasília, Faculdade de Ciências da Saúde, Brasília, 2005. Disponível em: https://repositorio.uniceub.br/jspui/bitstream/123456789/2968/2/20260964.pdf. Acesso em: 20 mar. 2021.

FREITAS, P. C. S. **Stress no trabalho**: causas, consequências e prevenções. 2009. 53 f. TCC (Graduação em Administração) – Fundação Educacional do Município de Assis, Assis, 2009. Disponível em: https://cepein.femanet.com.br/BDigital/arqTccs/0611260025.pdf. Acesso em: 11 mar. 2021.

FREUD, S. **Edição standard brasileira das obras psicológicas completas de Sigmund Freud**. Rio de Janeiro: Imago, 1989.

GABBARD, G. O. **Psiquiatria psicodinâmica**. 2. ed. Porto Alegre: Artes Médicas, 1998.

GABBARD, G. O.; BECK, J. S.; HOLMES, J. **Compêndio da psicoterapia de Oxford**. Porto Alegre: Artmed, 2007.

GENTIL, V. *et al.* **Pânico, fobias e obsessões**: a experiência do projeto AMBAM. 3. ed. São Paulo: Editora da Universidade de São Paulo, 1997.

GRAEFF, F. G. Bases Biológicas da Ansiedade. *In*: KAPCZINSKI, F.; QUEVEDO, J. L.; IZQUIERDO, I. **Bases biológicas dos transtornos psiquiátricos**. 2. ed. Porto Alegre: Artmed, 2004. Cap. 14, p. 194-203.

HELDT, E. P. S. **Terapia cognitivo-comportamental em grupo para pacientes com transtorno do pânico resistente à medicação**: preditores de resposta em até cinco anos de seguimento. 2006. 152 f. Tese (Doutorado em Psiquiatria) – Universidade Federal do Rio Grande do Sul, Porto Alegre, 2006. Disponível em: https://lume.ufrgs.br/bitstream/handle/10183/8540/000579567.pdf?sequence=1&isAllowed=y. Acesso em: 17 abr. 2021.

HETTEMA, J. M.; NEALE, M. C.; KENDLER, K. S. A Review and Meta-Analysis of the Genetic Epidemiology of Anxiety Disorders. **American Journal Of Psychiatry**, Rockville, v. 158, n. 10, p. 1568-1578, out. 2001. http://dx.doi.org/10.1176/appi.ajp. 158.10.1568. Disponível em: https://pubmed.ncbi.nlm.nih.gov/11578982/. Acesso em: 16 fev. 2021.

HOLMES, D. S. **Psicologia dos Transtornos Mentais**. 2. ed. Porto Alegre: Artmed, 2001.

KATON, W. Panic disorder and somatization. **The American Journal Of Medicine**, Rockville, v. 77, n. 1, p. 101-106, jul. 1984.http://dx.doi.org/10.1016/0002-9343(84)90443-1. Disponível em: https://pubmed.ncbi.nlm.nih.gov/6377887/. Acesso em: 17 fev. 2021.

KAY, J.; TASMAN, A. **Psiquiatria**: ciência comportamental e fundamentos clínicos. São Paulo: Manole, 2002.

KING, A. L. S. *et al.* A importância do foco da terapia cognitivo-comportamental direcionado às sensações corporais no transtorno do pânico: relato de caso. **Rev. Psiquiatr. Clín.**, São Paulo, v. 34, n. 4, p. 191-195, mar. 2007.DOI: https://doi.org/10.1590/S0101-60832007000400005. Disponível em: https://www.scielo.br/pdf/rpc/v34n4/a05v34n4.pdf. Acesso em: 17 abr. 2021.

KINRYS, G.; WYGANT, L. Transtornos de ansiedade em mulheres: gênero influência o tratamento?. **Revista Brasileira de Psiquiatria**, São Paulo, v. 27, n. 2, p. 43-50, out. 2005. DOI: https://doi.org/10.1590/S1516-44462005000600003. Disponível em: https://www.scielo.br/pdf/rbp/v27s2/pt_a03v27s2.pdf. Acesso em: 16 fev. 2021.

KIRCANSKI, K. *et al.* Subtypes of panic attacks: a critical review of the empirical literature. **Depression And Anxiety**, Rockville, v. 26, n. 10, p. 878-887, 11 set. 2009. DOI: http://dx.doi.org/10.1002/da.20603. Disponível em: https://pubmed.ncbi.nlm.nih.gov/19750553/. Acesso em: 16 fev. 2021.

KLEIN, Donald F. False Suffocation Alarms, Spontaneous Panics, and Related Conditions. **Archives Of General Psychiatry**, Nova York, v. 50, n. 4, p. 306-317, 1 abr. 1993. American Medical Association (AMA). DOI: http://dx.doi.org/10.1001/archpsyc.1993.01820160076009. Disponível em: https://pubmed.ncbi.nlm.nih.gov/8466392/. Acesso em: 12 mar. 2021.

KNAPP, P. **Terapia Cognitivo-Comportamental na Prática Psiquiátrica**. Porto Alegre: Artmed, 2004.

KNAPP, P.; BECK, A. T. Fundamentos, modelos conceituais, aplicações e pesquisa da terapia cognitiva. **Revista Brasileira de Psiquiatria**, São Paulo, v. 30, n. 2, p. 54-64, out. 2008. DOI: http://dx.doi.org/10.1590/s1516-44462008000600002. Disponível em: https://www.scielo.br/j/rbp/a/HLpWbYk4bJHY39sfJfRJwtn/?lang=pt. Acesso em: 8 jun. 2021.

KNOLOW, I. T. A. **Dificuldades de aprendizagem ocasionadas pelo transtorno por oposição e síndrome do pânico**. 2007. 33 f. Monografia (Especialização em Educação Especial) – Universidade Federal de Santa Maria, São Borja, 2007. Disponível em: https://repositorio.ufsm.br/bitstream/handle/1/2247/Knolow_Ivone_Teresinha_Amaro.pdf?sequence=1&isAllowed=y. Acesso em: 1 abr. 2021.

LUNOYEKMAN, L. **Neurociência**: fundamentos para a reabilitação. Rio de Janeiro: Guanabara Koogan, 2000.

MANFRO, G. G., et al. Terapia cognitivo-comportamental no transtorno de pânico. **Revista Brasileira de Psiquiatria**, Porto Alegre, v. 30, n. 2, p. 81-87, out. 2008. DOI: https://doi.org/10.1590/S1516-44462008000600005. Disponível em: https://www.scielo.br/j/rbp/a/KtnLKCSvtGS95dsLytgTSNz/?lang=pt. Acesso em: 3 jun. 2021.

MELLO, P. G. **Avaliação de efeito da psicoterapia cognitivo-comportamental em cognições e sintomas pós-traumáticos**. 2011. 85 f. Dissertação (Mestrado em Psicologia) – Pontifícia Universidade Católica do Rio Grande do Sul, Porto Alegre, 2011. Disponível em: http://tede2.pucrs.br/tede2/handle/tede/739. Acesso em: 4 jun. 2021.

MENEZES, L. S. Pânico e desamparo na atualidade. **Ágora**, Rio de Janeiro, v. 8, n. 2, p. 193-206, dez. 2005. Disponível em: http://www.scielo.br/scielo.php?script=sci_arttext&pid=S151614982005000200003&Ing=pt&nrm=iso. Acesso em: 10 ago. 2020.

MEZZASALMA, M. A. *et al.* A história dos ataques de pânico. **Ciência Hoje**, Rio de Janeiro, v. 34, n. 202, p. 71-73, mar. 2004. Disponível em: https://www.espiritismo.net/sites/default/files/pages/a_historia_dos_ataques_de_panico.pdf. Acesso em: 18 fev. 2021.

MEZZASALMA, M. A. Neuroanatomia do Transtorno de Pânico. **Revista Brasileira de Psiquiatria**, São Paulo, v. 3, n. 26, p. 202-206, set. 2004. DOI: https://doi.org/10.1590/S1516-44462004000300010. Disponível em: https://www.scielo.br/pdf/rbp/v26n3/a10v26n3. Acesso em: 11 jan. 2021.

MONTIEL, J. M. *et al.* Caracterização dos sintomas de ansiedade em pacientes com transtorno de pânico. **Boletim Academia Paulista de Psicologia**, São Paulo, v. 34, n. 86, p. 171-185, jun. 2014. Disponível em: https://www.redalyc.org/pdf/946/94632921012.pdf. Acesso em: 18 mar. 2021.

NARDI, A. E. Algumas notas sobre uma perspectiva histórica do transtorno de pânico. **J BrasPsiquiat**, Rio de Janeiro, v. 55, n. 2, p. 154-160, jun. 2006. Disponível em: https://www.scielo.br/pdf/jbpsiq/v55n2/v55n2a10. Acesso em: 16 fev. 2021.

NOGUEIRA, J. F. O. *et al.* Transtorno do pânico: cardiologia e psicologia em ação. **Revista da Sociedade de Cardiologia do Estado de São Paulo**, São Paulo, v. 28, n. 3, p. 353-360, 1 set. 2018. Disponível em: http://socesp.org.br/revista/assets/upload/revista/10348299721539116701pdfptTRANSTORNO%20DO%20P%C3%82NICO%20-%20CARDIOLOGIA%20E%20PSICOLOGIA%20EM%20A%C3%87%C3%83O_SUPLEMENTO%20DA%20REVISTA%20SOCESP%20V28%20N3.pdf. Acesso em: 22 fev. 2021.

OTTO, M. W.; DECKERSBACH, T. Cognitive-behavior therapy for panic disorder. *In*: ROSENBAUM, J. F.; POLLACK, M. H. **Panic disorder and its treatment**. New York: Marcel Dekker, p. 181-203, 1998.

OTTO, M. W.; WHITTAL, M. L. Cognitive-Behavior Therapy and longitudinal course of Panic Disorder. **PsychiatrClin North Am**, v. 18, n. 4, p. 803-820, dec. 1995. Disponível em: https://www.sciencedirect.com/science/article/pii/S0193953X18300248. Acesso em: 17 abr. 2021.

PEROZZO, D. B.; MAHL, A. C. Perfil biológico, psicológico e social de pessoas que apresentam Transtorno do Pânico. **Unoesc & Ciência**, Joaçaba, v. 1, n. 2, p. 191-200, dez. 2010. Disponível em: https://portalperiodicos.unoesc.edu.br/achs/article/download/26/pdf_64/. Acesso em: 17 abr. 2021.

PINHEIRO, M. A Clínica da Síndrome do Pânico. **Instituto de Gestalt-Terapia e Atendimento Familiar**, São Paulo, v. 1, n. 1, p. 1-15, ago. 2004. Disponível em: https://www.igt.psc.br/ArtigosIGT/ A_Clinica_da_Sindrome_do_Panico.htm. Acesso em: 18 set. 2021.

PONDÉ, D. Z. F. **O conceito de medo em Winnicott**. 2012. 165 f. Dissertação (Mestrado em Filosofia) – Instituto de Filosofia e Ciências Humanas, Universidade Estadual de Campinas, Campinas, 2012. Disponível em: http://www.repositorio.unicamp.br/handle/REPOSIP/279526. Acesso em: 16 fev. 2021.

RANGÉ, B. (org.). **Psicoterapias cognitivo-comportamentais**: um diálogo com a psiquiatria. Porto Alegre: Artmed, 2001.

RANGÉ, Bernard. Tratamento cognitivo-comportamental para o transtorno de pânico e agorafobia: uma história de 35 anos. **Estudos de Psicologia**, Campinas, v. 4, n. 25, p. 477-486, dez. 2008. Disponível em: https://www.scielo.br/j/estpsi/a/v8dbmtF6hjdkRSPDxyZbxmP/?format=pdf&lang=pt. Acesso em: 11 jun. 2021.

RIMM, D. C.; MASTERS, J. C. **Terapia Comportamental**: técnicas e resultados experimentais. São Paulo: Manole, 1983.

RODRIGUES, J. T. **Terror, medo, pânico**: manifestações da angústia no contemporâneo. Rio de Janeiro: 7 letras, 2006.

SALUM, G.; BLAYA, C.; MANFRO, G. G. Transtorno do Pânico. **Rev. Psiquiatr.**, Porto Alegre, v. 31, n. 2, p. 86-94, mar. 2009. DOI: https://doi.org/10.1590/S0101-81082009000200002. Disponível em: https://www.scielo.br/scielo.php?script=_arttext&pid=S018108200900020002&Ing=pt&nrm=iso. Acesso em: 4 jan. 2021.

SALUM, G. Transtorno do pânico. **Revista de Psiquiatria do Rio Grande do Sul**, Porto Alegre, v. 31, n. 2, p. 86-94, 2009. DOI: http://dx.doi.org/10.1590/s0101-81082009000200002. Disponível em: https://www.scielo.br/j/rprs/a/VgdKjMfjhGfGcFTdBgYCq6G/?lang=pt. Acesso em: 13 jun. 2021.

SARDINHA, A. *et al.* Respiratory manifestations of panic disorder: causes, consequences and therapeutic implications. **Jornal Brasileiro de Pneumologia**, Brasília, v. 35, n. 7, p. 698-708, jul. 2009. DOI: https://doi.org/10.1590/S1806-37132009000700012. Disponível em: https://www.scielo.br/scielo.php?script=sci_arttext&pid=S180637132009000700012&lng=pt&nrm=iso&tlng=pt. Acesso em: 21 fev. 2021.

SAVOIA, M. G. **Transtorno do pânico**: desencadeantes psicossociais. São Paulo: ESETec, 2000.

SHINOHARA, H. Transtorno de pânico: da teoria à prática. **Revista Brasileira de Terapias Cognitivas**, Rio de Janeiro, v. 1, n. 2, p. 115-122, dez. 2005. Disponível em: http://pepsic.bvsalud.org/scielo.php?script=sci_arttext&pid=S1808-56872005000200012. Acesso em: 17 abr. 2021.

SILVA, C. T. B. **Marcadores inflamatórios e função endotelial em pacientes com transtorno do pânico refratários e responsivos ao tratamento**. 2014. 135 f. Tese (Doutorado em Psiquiatria) – Universidade Federal do Rio Grande do Sul, Porto Alegre, 2014. Disponível em: http://www.ufrgs.br/ufrgs/eventos/tese-ppgpsiqui. Acesso em: 17 fev. 2021.

TORRES, A. R.; LIMA, M. C. P.; RAMOS-CERQUEIRA, A. T. A. Tratamento do transtorno de pânico com terapia psicodramática de grupo. **Revista Brasileira de Psiquiatria**, Botucatu, v. 23, n. 3, p. 141-148, set. 2001. DOI: http://dx.doi.org/10.1590/s1516-44462001000300006. Disponível em: https://www.scielo.br/scielo.php?pid=S1516-44462001000300006&script=sci_arttext. Acesso em: 14 mar. 2021.

ZIMMERMAN, D. E. Psicoterapia de Grupo. *In*: CORDIOLI, A. V. **Psicoterapias**: abordagens atuais. Porto Alegre: Artes Médicas, 1998, p. 225-239.

3

VIOLÊNCIA DOMÉSTICA CONTRA A MULHER: DO SILENCIAMENTO À CONSTRUÇÃO DE PROJETOS DE VIDA SAUDÁVEIS

Eduarda Dornelas da Silva
Larissa Isaura Gomes

3.1 CONSIDERAÇÕES INICIAIS

A violência doméstica é um fenômeno muito complexo que independe da classe social, da raça e/ou da idade. Trata-se da violência que mata, agride ou lesa a mulher. Esse tipo de violência pode ser cometido por qualquer pessoa que tenha uma relação familiar ou afetiva com a vítima. Faz parte do imaginário social que as mulheres[1] evitam denunciar seus agressores por terem uma grande dependência emocional em relação a eles. É possível notar que as vítimas não compreendem a real situação vivida e o que o ciclo de violência traz para suas vidas, acarretando então uma vulnerabilidade social (FONSECA; RIBEIRO; LEAL, 2012).

O enfrentamento de cada uma dessas situações é único, pois cada mulher encara essa vivência de uma forma diferente. Segundo Saffioti (2004, p. 17), a violência caracteriza-se pela "[...] ruptura de qualquer forma de integridade da vítima: integridade física, psíquica, sexual e moral". Há, portanto, componentes da subjetividade e da personalidade da mulher correlacionados a essa questão.

Segundo o Ministério da Mulher, da Família e dos Direitos Humanos (BRASIL, 2021), a violência doméstica é considerada aquela violência que é executada no meio familiar, tornando-se uma das mais desumanas, já que é realizada dentro do vínculo social da vítima, considerado um local de acolhimento e conforto, passando a ser um ambiente hostil e perigoso, o que resulta em um estado de medo e ansiedade. A violência doméstica

[1] No presente trabalho, utilizar-se-á a designação "mulher" para referir-se às pessoas que se identificam com o gênero feminino, independentemente do sexo biológico designado.

ocorre entre pessoas que têm uma vinculação afetiva, envolvendo assim outras pessoas que convivem no mesmo meio que o agressor, podendo ser agregados e empregados. Destaca-se ainda que a delimitação do adjetivo "doméstico" não significa particularmente que a violência aconteça em apenas um espaço físico determinado.

O presente trabalho abordará a atuação do psicólogo no cuidado de mulheres que sofrem violência doméstica em seu meio familiar. Nesses casos, é notória a ocorrência vinda de seus maridos, namorados e até mesmo ex-cônjuges. De acordo com o Instituto Maria da Penha (IMP, 2018b), no art. 5°, a violência doméstica pode ser considerada qualquer ato ou omissão causado à mulher, que tenha como fins morte, lesões, sofrimento físico, sexual ou psicológico e danos materiais e patrimoniais, podendo ser ou não seguidos de ameaças, coerção ou privação de liberdade.

Diante desse contexto, objetiva-se com esta pesquisa rediscutir sobre a violência doméstica contra a mulher, o papel do psicólogo nessas situações e as intervenções que podem auxiliar nos prejuízos psicológicos causados, a partir do arcabouço teórico-prático da Psicologia, enquanto ciência e profissão. É necessário abordar esse tema com o propósito de promover uma maior propagação do assunto, para que os profissionais atuantes na área estejam preparados para as intervenções necessárias, em prol dessas mulheres fragilizadas, pois a cada dia aumenta o índice de mulheres que são afetadas.

Qual seria então o papel do psicólogo na promoção e prevenção da saúde de mulheres que sofrem violência doméstica? Quais as possibilidades para a intervenção psicológica com essas mulheres? Supõe-se que a atuação do psicólogo com mulheres que sofrem violência doméstica poderia oferecer subsídios para que elas consigam identificar suas vivências como tal, buscando redes de apoio e proteção e orientações psicológicas para a elaboração da experiência vivida.

Foi realizada uma revisão narrativa de bibliografia nas bases de dados: Periódicos Eletrônicos de Psicologia (Pepsic), Scientific Electronic Library Online (SciELO) e Qualis, Qualis-Periódicos ou Qualis/Capes (Coordenação de Aperfeiçoamento de Pessoal de Nível Superior), utilizando as seguintes palavras-chave: violência doméstica, Psicologia, tipos de violência, mulher; que visa a analisar e apresentar o estado de conhecimento do tema proposto, possibilitando a síntese dos estudos de artigos publicados. Foram encontrados cerca de 900 artigos, sendo descartados os de outras áreas acadêmicas e os de outros idiomas, que não fazem parte da Língua Portuguesa, sendo utilizados 16 artigos. A pesquisa foi feita com materiais do período de 2005 a 2021, para que seja possível analisar o desenvolvimento da violência contra a mulher ao longo dos anos e se ter uma visão mais atual sobre a forma como o tema é discutido na atualidade. Os materiais utilizados foram todos escritos em Língua Portuguesa, tendo como critério de inclusão todos os materiais relacionados ao direito da mulher e à Psicologia.

A pesquisa está estruturada em três seções, a saber: achados teórico-conceituais sobre a violência doméstica, a correlação entre a violência contra a mulher e as repercussões para a saúde; e as intervenções do psicólogo, visando à reconfiguração dessa realidade.

3.2 A VIOLÊNCIA DOMÉSTICA

Na presente sociedade, é comum relatos de violência serem noticiados, podendo esta ser notada em diversos campos sociais. Segundo Odália (2012), ao se analisar a trajetória da violência doméstica, percebe-se que ela sempre esteve presente nas relações, tendo em cada contexto suas particularidades. A violência doméstica tornou-se um dos graves assuntos da sociedade contemporânea, que se efetiva frente à visível face de desigualdade de gênero.

O termo violência doméstica denomina o mesmo sentido dado ao termo violência familiar ou ainda intrafamiliar e é nomeado assim devido a situações de maus-tratos direcionadas a alguém do âmbito familiar (CABRAL, 2008). Entende-se por violência doméstica uma violência subjetiva, interpessoal, com abuso de poder disciplinador, ocasionando um processo de vitimização, impondo maus-tratos ao outro (DAY *et al.*, 2003).

Quando se fala da violência doméstica, destacam-se três papéis importantes: da vítima, do autor e da testemunha. Esse fenômeno torna-se uma prática que fere a dignidade de alguém. O autor é aquele que invade a intimidade do outro, utiliza-se da persuasão e do controle para manter e manipular o outro, colocando-se na posição de dominador. A vítima, por sua vez, encontra-se em uma posição difícil de ser identificada, que sofre, mas tem dificuldades de encontrar alternativas para conseguir ajuda, tanto por medo das ameaças sofridas quanto pela falta de uma rede de apoio (DAY *et al.*, 2003).

Segundo Zancan, Wassermann e Lima (2013), pode-se notar uma maior relevância do assunto nos últimos tempos; a violência doméstica passa a ser mais identificada dentro dos lares de algumas mulheres, sendo possível enxergar comportamentos e atitudes abusivas e relações de poder.

A violência doméstica que atinge várias mulheres pode manifestar-se de diversas maneiras e em diversas ocasiões. Há destaque para aquelas que são acometidas em seus meios familiares. Assim, compreende-se que a violência doméstica refere-se às diversas formas de comportamentos dominantes, podendo ser psicológica, física e sexual (SANTI; NAKANO; LETTIERE, 2010). A violência doméstica pode ser exercida de diversas maneiras, sendo então atitudes crescentes, tanto de frequência e intensidade quanto de gravidade (MANITA; RIBEIRO; PEIXOTO, 2009).

Existem algumas tipologias para se diferenciar o tipo de violência sofrido por cada mulher. A violência emocional ou psicológica trata-se do desprezar, diminuir, humilhar o outro, podendo vandalizar objetos pessoais que tenham valor afetivo para a vítima e/ou criticar seu corpo, roupas, ameaçá-la de ser infiel, levá-la a acreditar que pode fazer mal a pessoas queridas, tentando diminuir todas as suas características. Esses comportamentos podem ser realizados tanto no privado quanto em público (MANITA; RIBEIRO; PEIXOTO, 2009).

A intimidação ou ameaça consiste no ato de o agressor ameaçar a vítima, mantendo-a sempre com medo, usando pessoas próximas como fonte para ameaças, e até mesmo coagir a mulher, podendo ameaçar fazer algo contra elas. O agressor recorre a diversas formas para chamar a atenção da vítima sem que os outros percebam: um olhar fixo, tossir, mostrar objetos intimidatórios, entre outras formas, para que ela sempre se lembre das ameaças. Outra situação muito comum é a coerção para a realização de práticas ilícitas, para que assim mantenha a vítima sob domínio dele (MANITA; RIBEIRO; PEIXOTO, 2009). Já a violência física consiste no uso brutal da força, que pode gerar lesões graves e hematomas, que podem levar à incapacidade e até mesmo à morte da vítima (MANITA; RIBEIRO; PEIXOTO, 2009).

O isolamento social são formas que o agressor encontra para bloquear o contato da vítima com familiares e suas redes sociais, pois uma vítima isolada, sem o convívio com os outros, é mais fácil de ser manipulada e controlada (MANITA; RIBEIRO; PEIXOTO, 2009).

Por fim, o abuso econômico é quando o agressor priva a mulher de usar seus bens materiais e dinheiro, podendo, às vezes, até privá-la de itens básicos de higiene pessoal e de sobrevivência, e também ocorre o abuso sexual, que é toda forma de imposição de práticas de cunho sexual contra a vontade da vítima (MANITA; RIBEIRO; PEIXOTO, 2009).

Esse tipo de violência tem ganhado um destaque maior entre as preocupações dos profissionais de saúde, pois tais agressões são consideradas um problema de saúde pública. Esses tipos de comportamentos agressivos provocados por pessoas do próprio convívio da vítima tornam-se mundialmente conhecidos como a forma mais comum e predominante de violência (DEEKE *et al.*, 2009). Sendo assim, torna-se comum a exibição de notícias em que as mulheres são agredidas mais comumente por parceiros íntimos do que por qualquer outra pessoa.

Assim, pode-se identificar certas situações no cotidiano das pessoas, porém muitas vezes tais atitudes agressivas e opressoras são silenciadas pela sociedade (SANTI; NAKANO; LETTIERE, 2010). Gomes, Minayo e Silva (2005) apontam a violência contra a mulher como uma violação dos direitos humanos e estima-se que esse tipo de violência cause mais mortes às mulheres de 15 a 44 anos que o câncer, a malária, os acidentes de trânsito e as guerras.

De acordo com Silva, Coelho e Caponi (2007), é possível observar que a violência doméstica tem tido agravamentos, tanto em termos de qualidade como de quantidade; com isso compreende-se que as vítimas sofrem mais agressões e consequentemente estas são mais severas, complicando ainda mais a situação delas. Assim, entende-se a ideia de que os atos violentos que acontecem no meio familiar podem até ter uma taxa de homicídio significante, porém o prejuízo individual, familiar e social chega a ser catastrófico.

A Lei Maria da Penha, criada em agosto de 2006, assegura às vítimas de violência doméstica que seus direitos sejam respeitados, surgindo assim estratégias para reprimir tais atos sofridos por mulheres. Segundo o Instituto Maria da Penha (IMP, 2018a), existe um ciclo pelo qual todas as mulheres vítimas de violência passam, sendo ele: o aumento da pressão, quando a mulher sente-se coagida diante das explosões de raiva do parceiro, resultando em uma angústia muito grande, ansiedade e medo, porém ela se convence de que aquele comportamento seja resultado de um dia ruim dele, não aceitando a real situação vivida, escondendo os fatos, negando para si mesma que aquilo está acontecendo. A próxima fase caracteriza-se pelo ato violento em si, quando o agressor mostra a falta de controle e tem um poder destrutivo sobre a vítima, gerando sentimentos de vergonha, medo, ansiedade, fadiga e perda de peso, podendo também tomar decisões.

De acordo com o Ministério da Mulher, da Família e dos Direitos Humanos (BRASIL, 2021), a fase de arrependimento é muito comum, conhecida também como "lua de mel", quando o agressor mostra-se arrependido e espera a reconciliação com a vítima, levando a mulher a sentir-se confusa quanto ao seu relacionamento. Geralmente a fase de arrependimento traz um período relativamente calmo, fazendo-a pensar em tudo que viveram, sendo mais tocante quando há filhos na relação. Porém, logo se inicia novamente o ciclo de violência, que perpassa por todas as fases. Com o tempo, os intervalos entre os ciclos ficam cada vez menores, fazendo com que a violência mostre-se em todas as situações, podendo acabar em feminicídio.

3.3 A VIOLÊNCIA CONTRA A MULHER E AS CONSEQUÊNCIAS PARA A SAÚDE

A violência doméstica caracteriza-se pela violência acometida a uma mulher por um homem, conforme a condição de gênero e a relação de poder, determinando assim aspectos de vulnerabilidade à mulher, que são construídas socialmente. Isto é, legitimadas pelas estruturas sociais que consolidam a superioridade masculina em detrimento da vivência coletiva dos direitos humanos. Várias agressões levam essas mulheres ao óbito, enquanto outras levam ao aparecimento de patologias crônicas. Alguns dos acontecimentos não são fatais, mesmo sendo, em grande parte das vezes, de alta gravidade, com caráter sistêmico e repetitivo (PORTO, 2006).

Essas violências provocam nessas mulheres consequências físicas e mentais, alteram seu senso de segurança e aumentam a busca incessante dos serviços de saúde e ajuda médica. Com isso, identifica-se uma alteração na qualidade de vidas dessas mulheres. A saúde de um ser humano depende da sua condição física, mental e social; com isso acredita-se que o bem-estar de mulheres violentadas seja inferior ao das demais (CRUZ; IRFFI, 2019).

Reconhece-se que a violência gera efeitos diversos para a vida da mulher, que independe de sua idade e classe social, podendo gerar sequelas físicas e traumas psicológicos. Sendo que mulheres agredidas tendem a sofrer com baixa autoestima e problemas de saúde, que fazem com que seja impossível desenvolver até mesmo atividades rotineiras (CRUZ; IRFFI, 2019).

Apesar de todo o sofrimento psicológico sofrido por essas mulheres, ainda existem as sequelas físicas, resultantes de todos os tempos de agressão. De acordo com Netto *et al.* (2014), muitas mulheres chegam à emergência dos hospitais com hematomas, escoriações e lacerações, que são resultados da brutalidade cometida. Há também mulheres que sentem dores pelo corpo, obesidade, síndrome do pânico, crise de gastrite e úlceras, desenvolvendo até mesmo dificuldades ligadas à sexualidade e complicações obstétricas, estando relacionadas à gravidez indesejada, aborto inseguro e disfunções sexuais.

Além disso, considera-se que o cuidado da mulher violentada é de grande dificuldade, decorrente dos diversos fatores relacionados à violência doméstica, como, por exemplo, a dificuldade de comunicação, falta de compreensão sobre o assunto e o medo de retaliação por parte do agressor. Outro fato a se destacar é a consequência da violência para a saúde mental da vítima, interferindo em suas crenças de competências, suas habilidades para realizarem adequadamente seus recursos para o cumprimento de suas tarefas. A habilidade de se comunicar, de se relacionar com outras pessoas do seu meio social também é afetada, além de se desenvolver sentimentos de insegurança. Essas alterações psíquicas podem surgir decorrentes dos traumas causados pelas agressões. As marcas físicas podem ser claramente percebidas, mas acabam por desaparecer com o tempo, enquanto as ofensas e humilhações deixam marcas para a vida toda (CIDREIRA, 2017).

Para essas mulheres, suportar a realidade torna-se uma atividade muito cansativa; sendo assim, precisam abdicar de seus sentimentos e de suas vontades. Com isso passam a desenvolver uma percepção de incapacidade, inutilidade e baixa autoestima, deixando de se valorizar e de ter amor-próprio (FONSECA; LUCAS, 2006).

Esse assunto é de grande gravidade, pois fere os direitos de um ser humano e muitas vezes tais fatos ocorrem baseados em uma cultura machista, enraizada e de difícil batalha, e se mantêm por diversas razões, como vergonha sentida pela mulher violentada, dependência que esta tem do agressor, entre outros, tornando de grande valia políticas públicas que protejam essas mulheres e incentivem-nas a procurarem ajuda e a denunciarem o agressor.

3.4 A ATUAÇÃO DO PSICÓLOGO NAS SITUAÇÕES DE VIOLÊNCIA: intervenções para um cuidado qualificado

No contexto de violência doméstica, a Psicologia é de fato muito importante para o acolhimento dessa mulher violentada, independentemente da abordagem ou da técnica utilizada para o atendimento. Faz-se necessário um vínculo entre terapeuta e vítima, fazendo com que seja possível criar uma segurança e confiança, para que assim se tenha um ponto de partida para compreensão da situação vivida (SIMIANO; D'AVILA, 2019).

Com isso, identifica-se a necessidade de um acompanhamento psicológico para se criar estratégias psicológicas que as ajudem a superar traumas da violência vivida, alterando sua realidade, conseguindo resgatar seus desejos e vontades. O profissional tem como objetivo, por meio de uma escuta ativa, mostrar outras formas vivenciais a partir de um olhar crítico de se proteger e conseguir retomar sua autonomia e identidade (SIMIANO; D'AVILA, 2019).

É de se esperar que esse trabalho realizado caminhe de forma lenta, de modo que se alcancem altos e baixos; é preciso modificar a ideia de que o ocorrido era uma situação natural. Com orientação e acolhimento, o profissional mostra a essa mulher que a culpa da violência não pode ser depositada nela, e tampouco os motivos que levaram o agressor a cometer o ato (SIMIANO; D'AVILA, 2019).

Devido às consequências geradas a partir da violência doméstica acometida à mulher, identifica-se a necessidade de ações que trabalhem questões relacionadas aos setores das áreas de saúde, do judiciário, policial e psicossocial, campos que dão assistência, acompanhando a denúncia e a elaboração de novas ideações de vida para essas mulheres. O serviço ofertado tem como objetivo oferecer a essas mulheres ajuda, a partir de meios de detectar, precaver ou até mesmo reduzir danos causados pela violência. As intervenções têm o intuito de realizar esse suporte de identificação do problema e encaminhamento para serviços de redução de danos causados pela agressão, diminuindo as consequências geradas na vida dessas mulheres, bem como de seus filhos. Essas intervenções podem ter caráter preventivo de futuros episódios da violência doméstica (MACHADO; LOURENÇO; BHONA, 2020).

Por meio de intervenções realizadas a partir das distintas áreas que têm o objetivo de amenizar danos na saúde dessas mulheres violentadas, torna-se possível classificar as intervenções de forma primária, secundária e terciária. As intervenções primárias associam-se às estratégias de prevenção; as secundárias têm em vista impedir a repetição da violência e na terciária aplicam-se as consequências geradas (MACHADO; LOURENÇO; BHONA, 2020).

É possível identificar que quanto mais agentes tomem atitudes para realizar algo, melhores resultados a sociedade terá sobre questões referentes à violência doméstica, mesmo que se identifiquem predominantes aspectos sociais e culturais que circundam as vítimas, a subjetividade deve ser mais bem entendida (PORTO, 2008).

Segundo os autores, algumas práticas podem auxiliar no acolhimento dessas mulheres vítimas das diversas formas de violência. É possível citar neste artigo algumas intervenções que se fazem úteis para o acolhimento, como as intervenções grupais, os plantões psicológicos e as intervenções inter e multidisciplinares (SILVA; ATAÍDE; MOREIRA, 2021).

A partir do diálogo aberto, as componentes dos grupos conseguem aprender e ensinar ao mesmo tempo, elaborando um olhar crítico sobre as vivências e encontrando formas de transformá-las, permitindo a ressignificação das experiências por meio da partilha de acontecimentos entre elas, tornando-se eficaz para compartilhar sentimentos e desenvolver estratégias de forma coletiva, para superar aquela situação que foi vivenciada (SILVA; ATAÍDE; MOREIRA, 2021).

O plantão psicológico consiste em um serviço realizado no momento de necessidade daquela vítima, sendo uma forma de acolhimento dos sentimentos e das emoções que perpassam a vítima naquela circunstância de violência e como uma forma de reorganização psíquica.

O atendimento realizado com vítimas de violência doméstica pode dar-se por equipe inter ou multidisciplinar. A equipe multidisciplinar deve abarcar profissionais que realizem um atendimento na área jurídica, psicossocial e na área da saúde, para que seja possível realizar orientações necessárias naquele processo de sofrimento que está instalado, de modo que intervenham na perspectiva social daquela mulher que sofre, promovendo a autoestima e autonomia, sendo que esse tipo de violência é um produto de construção social que vem ocorrendo no decorrer dos anos e que deve ser modificado (SILVA; ATAÍDE; MOREIRA, 2021).

A Psicologia, enquanto ciência e profissão, precisa comprometer-se com a causa da atenção qualificada às mulheres vítimas de violência, tanto na perspectiva do acolhimento, da escuta, como do incentivo ao protagonismo. A ênfase que é conferida às vítimas precisa contemplar também os agressores, tendo em vista a finalidade de minimizar a reincidência dos comportamentos adoecidos e adoecedores.

3.5 CONSIDERAÇÕES FINAIS

A violência doméstica vivenciada por muitas mulheres tornou-se um problema social que tem resultados negativos na sociedade e ainda mais nas vidas das vítimas e de seus familiares, que têm seus direitos violados. A Psicologia apresenta um papel importante nesse contexto crítico, que tem como principal objetivo acolher e compreender a realidade dessas mulheres, auxiliando na melhoria da saúde mental e na inserção delas novamente na sociedade, de modo saudável e compatível com seus projetos de vida.

O presente trabalho teve como objetivo identificar os tipos de violência doméstica e como essa brutalidade afeta de forma negativa a vida de milhares de mulheres no Brasil e no mundo, evidenciando algumas intervenções possíveis para a Psicologia, que vem tornando-se agente fundamental, na tentativa de melhoria de vida dessas vítimas, a partir de uma dimensão terapêutica que potencialize o olhar amplo e compatível com a complexidade da situação vivenciada.

De acordo com os resultados encontrados, foi possível identificar a importância de se divulgar e mostrar cada vez mais às mulheres que a violência não se resume apenas em hematomas e na morte de algumas vítimas. A violência pode começar singela e ir, aos poucos, se intensificando a partir de cada episódio. Faz-se necessário mostrar que existe uma realidade a ser vivida fora daquele ciclo de violência e que é possível reconstruir a autonomia e a integridade daquelas vítimas, com a ajuda de uma rede de apoio e com o cuidado de profissionais capacitados.

A Psicologia, enquanto ciência e profissão, precisa compor essa história com o compromisso de reconfigurar a realidade posta, no intuito de desmistificar a naturalidade e a culpabilização da mulher pelos fatos. Romper com histórias cíclicas a partir do cuidado individualizado que produza resultados no âmbito da construção de histórias de vida saudáveis. Isso reitera o papel militante dessa profissão, na reafirmação dos direitos humanos das minorias e na reconfiguração do que parece imutável.

3.6 REFERÊNCIAS

BRASIL, Governo do Brasil. **Denunciar e buscar ajuda a vítimas de violência contra mulheres (Ligue 180)**: Central de Atendimento à Mulher – Ligue 180, "Lei Maria da Penha". Brasília, 2021. Disponível em: https://www.gov.br/pt-br/servicos/denunciar-e-buscar-ajuda-a-vitimas-de-violencia-contra-mulheres. Acesso em: 8 ago. 2021.

CABRAL, A. A. **Violência doméstica**: aspectos destacados da lei 11.340/06. 2008. 86 f. Monografia (Especialização em Direito) – Universidade do Vale do Itajaí, Tijucas, 2008. Disponível em: http://siaibib01.univali.br/pdf/Alessandra%20Alves%20Cabral.pdf. Acesso em: 14 abr. 2021.

CIDREIRA, M. C. C. B. Cicatrizes da dor: as consequências da violência doméstica na saúde física da mulher. *In*: JORNADA INTERNACIONAL DE POLÍTICAS PÚBLICAS: um século de reforma e revolução, 8, 2017, São Luís. **Anais** [...] São Luís: UFMA, 2017. p. 1-12. Disponível em: http://www.joinpp.ufma.br/jornadas/joinpp2017/pdfs/eixo6/cicatrizesdadorasconsequenciasdaviolenciadomesticana-saudefisicadamulher.pdf. Acesso em: 3 jul. 2021.

CRUZ, M. S.; IRFFI, G. Qual o efeito da violência contra a mulher brasileira na autopercepção da saúde? **Ciência & Saúde Coletiva**, Rio de Janeiro, v. 24, n. 7, p. 2531-2542, jul. 2019. DOI: http://dx.doi.org/10.1590/1413-81232018247.23162017. Disponível em: https://www.scielosp.org/pdf/csc/2019.v24n7/2531-2542/pt. Acesso em: 2 jul. 2021.

DAY, V. P. *et al.* Violência doméstica e suas diferentes manifestações. **R. Psiquiatria**, Porto Alegre, v. 25, supl. 1, p. 9-21, abr. 2003. Disponível em: https://www.scielo.br/j/rprs/a/5SdJkYSszKYNdzcftfbbRTL/?format=pdf&lang=pt. Acesso em: 8 ago. 2021.

DEEKE, L. P. *et al.* A dinâmica da violência doméstica: uma análise a partir dos discursos da mulher agredida e de seu parceiro. **Saúde e Sociedade**, São Paulo, v. 18, n. 2, p. 248-258, jun. 2009. Disponível em: https://www.scielo.br/scielo.php?-pid=S0104-12902009000200008&script=sci_arttext. Acesso em: 12 mar. 2021.

FONSECA, D. H. da; RIBEIRO, C. G.; LEAL, N. S. B. Violência doméstica contra a mulher: realidades e representações sociais. **Psicologia & Sociedade**, João Pessoa, v. 2, n. 24, p. 307-314, 30 abr. 2012. Disponível em: https://www.scielo.br/pdf/psoc/v24n2/07.pdf. Acesso em: 15 fev. 2021.

FONSECA, P. M. da; LUCAS, T. N. S. **Violência doméstica contra a mulher e suas consequências psicológicas**. 2006. 24 f. TCC (Graduação em Psicologia) – Escola Bahiana de Medicina e Saúde Pública, Salvador, 2006. Disponível em: http://newpsi.bvs-psi.org.br/tcc/152.pdf. Acesso em: 3 jul. 2021.

GOMES, R.; MINAYO, C. de S.; SILVA, C. F. R. da. **Violência contra a mulher**: uma questão transnacional e transcultural das relações de gênero. Brasília: 2005. (Série B: Textos Básicos de Saúde). Disponível em: https://www.nescon.medicina.ufmg.br/biblioteca/imagem/0199.pdf. Acesso em: 8 ago. 2021.

INSTITUTO MARIA DA PENHA – IMP. **Ciclo da violência**: saiba identificar as três principais fases do ciclo e entenda como ele funciona. Recife, 2018a. Disponível em: https://www.institutomariadapenha.org.br/violencia-domestica/ciclo-da-violencia.html. Acesso em: 14 abr. 2021.

INSTITUTO MARIA DA PENHA – IMP. **O que é violência doméstica**. Recife, 2018b. Disponível em: https://www.institutomariadapenha.org.br/violencia-domestica/o-que-e-violencia-domestica.html. Acesso em: 20 dez. 2020.

MACHADO, A. S. M.; LOURENÇO, L. M.; BHONA, F. M. de C. Intervenção com mulheres vítimas de violência doméstica: uma revisão bibliométrica. **Pesquisas e Práticas Psicossociais**, São João del Rei, v. 15, n. 1, p. 1-12, mar. 2020. Disponível em: http://pepsic.bvsalud.org/pdf/ppp/v15n1/13.pdf. Acesso em: 19 out. 2021.

MANITA, C.; RIBEIRO, C.; PEIXOTO, C. **Violência doméstica**: compreender para intervir, guia de boas práticas para profissionais de saúde. Lisboa: Comissão para a cidadania e igualdade de gênero; Presidência do Conselho de Ministros. 2009. 65 p. (Colecção Violência de Género). Disponível em: https://repositorio.ucp.pt/bitstream/10400.14/13450/1/VD4_GBP_PROFISSIONAIS_SAUDE.pdf. Acesso em: 18 mar. 2021.

NETTO, L. de A. *et al.* Violência contra a mulher e suas consequências. **Acta Paul Enfermagem**, Rio de Janeiro, v. 5, n. 27, p. 458-464, jun. 2014. Disponível em: https://www.scielo.br/j/ape/a/yhwcb73nQ8hHvgJGXHhzw8P/?format=pdf&lang=pt. Acesso em: 8 ago. 2021.

ODÁLIA, N. **O que é violência**. 6. ed. São Paulo: Brasiliense, 2012.

PORTO, M. Intervenção psicológica em abrigo para mulheres em situação de violência: uma experiência. **Psicologia**: teoria e pesquisa, Brasília, v. 24, n. 3, p. 369-374, set. 2008. DOI: http://dx.doi.org/10.1590/s0102-37722008000300014. Disponível em: https://www.scielo.br/j/ptp/a/vLpQgYNkYVhFXbhjvZtgDDN/?format=pdf&lang=pt. Acesso em: 19 out. 2021.

PORTO, M. Violência contra a mulher e atendimento psicológico: o que pensam os/as gestores/as municipais do SUS. **Psicologia**: Ciência e Profissão, Brasília, v. 26, n. 3, p. 426-439, set. 2006. DOI: http://dx.doi.org/10.1590/s1414-98932006000300007. Disponível em: https://www.scielo.br/j/pcp/a/bFwrhK5bWyYZ6xLqv9mpHzk/?format=pdf&lang=pt. Acesso em: 2 jun. 2021.

SAFFIOTI, H. I. B. **Gênero, patriarcado, violência**. São Paulo: Fundação Perseu Abramo, 2004. Disponível em: https://www.mpba.mp.br/sites/default/files/biblioteca/direitos-humanos/direitos-das-mulheres/obras-digitalizadas/questoes_de_genero/safiotti_heleieth_-_genero_patriarcado_e_violencia_1.pdf. Acesso em: 10 fev. 2021.

SANTI, L. N. de; NAKANO, A. M. S.; LETTIERE, A. Percepção de mulheres em situação de violência sobre o suporte e apoio recebido em seu contexto social. **Texto**

& Contexto – Enfermagem, Florianópolis, v. 19, n. 3, p. 417-424, set. 2010. DOI: http://dx.doi.org/10.1590/s0104-07072010000300002. Disponível em: https://www.scielo.br/scielo.php?pid=S0104-07072010000300002&script=sci_arttext. Acesso em: 12 mar. 2021.

SILVA, H. C. S.; ATAÍDE, M. F. B. de; MOREIRA, T. D. S. Atenção psicológica à mulher em situação de violência doméstica no Brasil: uma revisão integrativa. **Textura, Governador Mangabeira**, v. 14, n. 2, p. 95-102, 13 maio 2021. DOI: http://dx.doi.org/10.22479/texturav14n2p95_102. Disponível em: https://textura.famam.com.br/textura/article/view/423/333. Acesso em: 19 out. 2021.

SILVA, L. L. da; COELHO, E. B. S.; CAPONI, S. N. C. de. Violência silenciosa: violência psicológica como condição da violência física doméstica. **Interface**: Comunicação, Saúde, Educação, Florianópolis, v. 11, n. 21, p. 93-103, abr. 2007. Disponível em: https://www.scielosp.org/pdf/icse/2007.v11n21/93-103/pt. Acesso em: 14 abr. 2021.

SIMIANO, R.; D'AVILA, L. da S. O papel do psicólogo no atendimento a mulheres vítimas de violência doméstica. **Ciências da Saúde**, Florianópolis, v. 1, n. 1, p. 1-10, mar. 2019. Disponível em: http://www.uniedu.sed.sc.gov.br/index.php/pos-graduacao/trabalhos-de-conclusao-de-bolsistas/trabalhos-de-conclusao-de-bolsistas-a-partir-de-2018/ciencias-da-saude/especializacao-2/932-o-papel-do-psicologo-no-atendimento-a-mulheres-vitimas-de-violencia-domestica/file. Acesso em: 27 ago. 2021.

ZANCAN, N.; WASSERMANN, V.; LIMA, G. Q. de. A violência doméstica a partir do discurso de mulheres agredidas. **Pensando Família**, Porto Alegre, v. 17, n. 1, p. 63-76, jul. 2013. Disponível em: http://pepsic.bvsalud.org/scielo.php?script=sci_arttext&pid=S1679-494X2013000100007. Acesso em: 12 mar. 2021.

4

MULHERES QUE (RE)CONSTROEM HISTÓRIAS: O PROTAGONISMO FEMININO COMO ESTRATÉGIA POTENTE PARA A (RE)CONSTRUÇÃO DE PROJETOS DE VIDA SAUDÁVEIS

Erika Janainy de Moura Ferreira Nunes
Larissa Isaura Gomes

4.1 CONSIDERAÇÕES INICIAIS

O século 21 vem com a abordagem de um novo conceito sobre a mulher, justificado pelas conquistas e valores adquiridos no âmbito mundial. Destaca-se a independência financeira decorrente do processo de aquisição das competências e habilidades, com o objetivo de romper os paradigmas de inferioridade e submissão feminina (SILVA; CARVALHO; SILVA, 2017).

No cenário científico, é crescente o desenvolvimento de pesquisas centralizadas na temática da mulher no empreendedorismo, com foco na importância das ações e medidas executadas nas grandes empresas lideradas pela classe feminina, que busca diariamente o crescimento profissional por meio das metas estabelecidas (CRAMER *et al.*, 2012; GOUVÊA; SILVEIRA; MACHADO, 2013).

Teixeira (2015) afirma que a Constituição de 1988 foi elemento fundamental para a defesa da igualdade entre ambos os sexos, concernente aos direitos e deveres presentes no ordenamento jurídico brasileiro em prol da aquisição de melhores condições presentes nas relações humanas e sociais.

Ainda de acordo com o autor citado anteriormente, nota-se a resistência e disputa no que se refere à inserção das mulheres no cenário trabalhista, havendo um intenso questionamento sobre as funções e atribuições impostas, acrescidas dos valores salariais, com ênfase no preconceito para os setores que anteriormente eram executados pelos homens.

Conforme Nogueira (2010), as mulheres estão sendo capacitadas para a inserção no campo de trabalho, assumindo funções de chefia, com o objetivo de erradicar os preconceitos anteriormente vivenciados pela exclusão social.

O reconhecimento e a valorização do protagonismo feminino como uma estratégia potente para a (re)construção dos projetos de vida saudáveis pelas mulheres assume um papel preponderante nas seguintes dimensões: a) individual: na medida em que cada mulher possui a capacidade de posicionar-se nos espaços de micro e macropoder, em que se encontra inserida; b) institucional: na medida em que relações organizacionais se fortalecem, frente aos desafios; c) social: toda a sociedade progride com o protagonismo feminino, resultando na (re)construção de projetos de vida saudáveis.

A pesquisa bibliográfica foi desenvolvida com base na realização de um levantamento bibliográfico de dados eletrônicos, a saber: Scientific Eletronic Library Online (SciELO), Centro Latino Americano e do Caribe de Informações em Ciências da Saúde (Bireme), Biblioteca Virtual da Saúde (BVS), Portal Domínio Público, Literatura Latino Americana em Ciências da Saúde (Lilacs), como também os periódicos disponibilizados nas bases acadêmicas, de acordo com os critérios de inclusão e exclusão.

Os critérios de inclusão foram: a) conter no título e/ou nas palavras-chave os descritores específicos; b) ter sido produzido na última década, isto é, estar no período de 2004-2020, visto que as publicações da temática concentram-se nesse período, salvo para as obras tidas como clássicas; c) estar em Língua Portuguesa e em Língua Inglesa. De modo análogo, constituíram critérios de exclusão: a) não conter no título e/ou nas palavras-chave os descritores específicos; b) ter sido produzido em período distinto do recortado: 2004-2020; c) não estar em Língua Portuguesa e/ou em Língua Inglesa.

Os artigos selecionados a partir da pesquisa realizada foram submetidos a uma leitura prévia do resumo, com a finalidade de selecionar os que atendessem aos objetivos deste estudo. Após a leitura prévia, procedeu-se à leitura completa das obras encontradas e em seguida foram extraídas as principais ideias delas para a elaboração da presente revisão.

O presente trabalho teve como objetivo analisar a importância do protagonismo feminino como estratégia potente para a (re)construção de projetos de vida saudáveis. Para tanto, seguem suas seções temáticas.

4.2 CONTEXTUALIZAÇÃO POLÍTICA E IDEOLÓGICA DO PROTAGONISMO FEMININO

De acordo com Gohn (2004), o empoderamento surgiu na contextualização das políticas públicas no cenário brasileiro, em torno de 1990, com o objetivo de promover uma maior autonomia e crescimento baseados na vivência humana em prol do desenvolvimento de uma visão lógica e crítica da realidade existente nas sociedades.

Farah (2004) argumenta que há uma intensa discussão do presente assunto, com ênfase no questionamento das práticas de cunho social, que ditam ordens e medidas para a criação e inovação do processo de autonomia vivenciado pelas classes femininas em todos os campos da vida.

Silva *et al.* (2005) discorrem sobre a correlação existente no cenário brasileiro relativa ao destaque da posição das mulheres no ambiente indígena, onde estas eram exploradas pelos serviços insalubres, sem direito de resposta para melhores condições de vida, sendo encarregadas de executar as funções do lar, porém, excluídas do campo social.

Borin (2007) relata que a chegada dos europeus ao território indígena trouxe uma série de consequências. Nomeia-se a superioridade dos estrangeiros sobre os nativos. As mulheres indígenas eram vistas e criticadas em razão de terem o corpo reduzidamente coberto. Elas foram exploradas e abusadas sexualmente, além de serem encarregadas da execução de trabalhos que eram desenvolvidos apenas pelos homens.

Silva *et al.* (2005) afirmam sobre a influência do catolicismo no processo da chegada dos europeus, os quais almejavam consolidar a religião como oficial no território, além de tentarem controlar o processo da sexualidade feminina, visando ao controle dos nascimentos dos indígenas, pois acreditavam que os europeus deveriam erradicar os nativos aqui encontrados.

Borin (2007) destaca que a chegada das mulheres europeias no século 18 promoveu uma nova forma de repensar sobre as funções desenvolvidas naquela época, pois estas tentaram auxiliar no desenvolvimento das suas capacidades intelectuais para colaborar nas práticas do lar e da sociedade.

Silva *et al.* (2005) afirmam que nos fins do século 19 ocorreu uma série de debates sobre a sexualidade dos gêneros, principalmente no que tange às funções atribuídas e às relações estabelecidas pelo campo social e cultural para a formação da identidade propriamente dita, para o desenvolvimento dos sujeitos.

4.3 HISTÓRICO DOS MOVIMENTOS FEMINISTAS

Fernandes (2015) comenta que na Antiguidade já existia o preceito de inferioridade e comparação das mulheres com os homens, nos diversos aspectos da vida humana, com destaque no campo profissional, político e social. As mulheres eram destinadas à realização do trabalho doméstico e cuidados com o marido e com os filhos. Por volta de 1500 a 1822, o Brasil obteve a denominação de Brasil Colônia, com o domínio da classe patriarcal, com a exclusão das mulheres quanto aos próprios direitos. A classe masculina possuía o direito de estudar, de tomar decisões e comandar cargos de liderança. O mesmo não acontecia com as mulheres.

Miguel e Biroli (2013) afirmam que os princípios de igualdade dos direitos entre homens e mulheres têm sido alvo de uma luta intensa desde os primórdios, com ênfase nos movimentos feministas que defendem ativamente as mulheres em todas as esferas mundiais. Os princípios e ideologias desses movimentos possuem o objetivo de persuasão, executados por uma defesa feminina ampla, para que as diferenças sejam minimizadas.

Os autores citados anteriormente reafirmaram que esses movimentos foram divididos por fases, como também em ondas, sendo que a primeira ocorreu por volta do final do século 19, devido à existência das ideologias que tinham como questionamento principal a atuação da mulher na sociedade, conforme os princípios e valores presentes nos critérios da cidadania.

A primeira fase do feminismo ocorreu a partir das últimas décadas do século 19. As mulheres, primeiramente na Inglaterra, organizaram-se para reivindicar seus direitos, entre eles o direito ao voto. Nessa época ocorreram também inúmeras manifestações em Londres, que proporcionaram várias polêmicas e discussões pela maioria da população, em defesa da causa feminina (FERNANDES, 2015).

Pinto (2010) afirma que as responsáveis pelo movimento feminista foram detidas inúmeras vezes, como também promoveram episódios de restrição alimentar. No ano de 1913, numa corrida de cavalos ocorrida em Derby, uma das feministas, Emily Davison, faleceu em razão de se lançar de frente com um cavalo, pertencente ao rei da Inglaterra. Essa tragédia promoveu o manifesto de milhares de mulheres que foram para as ruas para o funeral da Emily, onde questionavam pelos seus direitos políticos e sociais.

Campos (2017) comenta que os movimentos feministas são um dos fatores primordiais que possibilitaram a ampliação das oportunidades no campo profissional para as mulheres, além de estas poderem expressar o seu direito quanto ao voto, em razão do reconhecimento presente nas manifestações sociais e políticas como forma e estratégia de participação e defesa por uma sociedade baseada nos direitos igualitários.

Conforme Pinto (2010), na fase das repercussões públicas do feminismo, ocorreu o aparecimento da busca igualitária dos gêneros no cenário mundial, com ênfase na Inglaterra, onde o lema era a obtenção dos direitos de cunho legal e político, com ênfase para a formação profissional. Destaca-se que no território brasileiro a primeira fase do feminismo foi manifesta pelo direito ao voto.

O idealismo feminista está pautado na lógica conjunta das mulheres que argumentam e posicionam-se em prol de seus objetivos presentes no contexto dos movimentos, os quais se manifestam não apenas nas organizações, mas também em diversos momentos, como conferências e debates que direcionavam a formação por uma política pública coerente, que atendesse às demandas e mudanças dos direitos da classe feminina (CAMPOS, 2017).

De acordo com Lima *et al.* (2017), o movimento feminista tem sido recorrente no âmbito social, com destaque para a expressão nas mídias e veículos digitais, pois tem sido uma estratégia de manifestação que defende integralmente a participação plena da mulher no cenário mundial, com a sua inserção em todos os espaços laborais, na defesa de seus direitos.

Segundo Adichie (2017), nos tempos atuais denota-se a importância de refletir sobre o papel da mulher no âmbito mundial, para que esta não seja vista como inferior à classe masculina, assim como não se permita anular os seus sonhos e desejos em prol das vontades alheias. A classe feminina necessita defender o direito de liberdade e de expressão e inserir-se nos cargos políticos e econômicos, pois as mulheres são dotadas de inteligência e capacidade para exercerem as inúmeras funções profissionais.

Com base em todo o processo de defesa dos valores das mulheres, pode-se afirmar que a classe feminina desempenha uma importante função no cenário mundial, pois apresentam capacidade intelectual para exercerem cargos de chefia, executivos, dirigentes em inúmeros campos laborais, não ficando encarregadas somente da realização dos afazeres e atribuições domésticas (AZEVEDO; SOUZA, 2019).

Ainda de acordo com os autores citados anteriormente, reitera-se que um dos grandes desafios das mulheres refere-se à ruptura do paradigma estabelecido pela Antiguidade. Para isso, as mulheres têm buscado o conhecimento por meio da argumentação no convívio com a sociedade, participando das decisões de cunho social e político, o que anteriormente não era possível em razão do preconceito da classe masculina.

Porém, embora ainda haja predominância dos cargos políticos ocupados pelo sexo masculino, as mulheres passaram a ocupar o seu espaço na política mundial, após lutas e reivindicações pelo direito ao sufrágio, sendo que muitas dessas conquistas foram alcançadas pelos movimentos feministas instituídos pelo mundo. Nesse sentido, "A democracia deve proporcionar condições para que as mulheres manifestem suas perspectivas, ideias, demandas e necessidades nos espaços em que são tomadas as decisões que dizem respeito a toda a sociedade" (BRASIL, 2016, s/p).

Santos *et al.* (2017) argumentam sobre as diversas dificuldades correlacionadas à entrada da mulher no campo profissional, pois ainda existe na sociedade um pensamento de que a maternidade exige uma dedicação exclusiva da mulher com os cuidados e afazeres, contrapondo-se com a execução de uma profissão em horário integral. Com isso, a grande maioria das mulheres que estão inseridas no mercado de trabalho em regime integral possui sentimentos de abandono, culpa, pois não estão presentes com os filhos, na grande parte do tempo, devido à dedicação ao trabalho, o que culminou na identificação de um fenômeno denominado "terceirização do cuidado dos filhos", realidade essa que repercute na dimensão psíquica das mulheres, uma vez que contrapõe o binômio maternidade *versus* mercado de trabalho.

4.4 PROTAGONISMO FEMININO: a intervenção da Psicologia para a (re)construção de projetos de vida

Para Amazonas Vieira e Pinto (2011), na atualidade ocorreu uma ruptura do paradigma da visão de superioridade dos homens, relativa às potencialidades e habilidades da classe feminina, com a erradicação do modelo convencional adotado anteriormente, com foco nos critérios biológicos e culturais das épocas vigentes. Em tempos remotos, as mulheres eram subordinadas aos maus-tratos e à execução do trabalho doméstico.

O protagonismo está correlacionado ao reconhecimento e à valorização das potencialidades femininas, no que se refere ao processo de autonomia e tomada de decisões. A conquista da liberdade das mulheres promoveu o fortalecimento das habilidades humanas, pois estas sentiram-se fortalecidas para a conquista do seu espaço no âmbito mundial, mas há uma série de desafios quanto à execução e à garantia dos direitos conquistados (MENEGHETTI, 2013).

Vieira e Hasse (2017) afirmam que a exposição do poder feminino confere um somatório de vitórias e forças nos inúmeros aspectos humanos, pois condiz com o reconhecimento de forma relevante, para que a mulher expresse de forma igualitária, digna e militante a favor da conquista dos seus ideais e objetivos. Para isso, conta-se com a força da Psicologia, que, com base nos seus princípios e diretrizes, estabelece a defesa mútua pela vida feminina.

Essa temática promove o surgimento da reconstrução de histórias pautadas em sonhos e metas no cenário social, que possibilitam a inserção da mulher no âmbito mundial. As mulheres objetivam as suas próprias mudanças a favor do que acreditam e esperam para a sua vida, de acordo com o conhecimento e experiência oriunda no decorrer da vida. Para isso enfrentam uma série de barreiras e desafios que são colocados pelo cenário familiar e social, que padroniza uma figura submissa da mulher em relação aos homens (SILVA; CARVALHO, 2017).

Heffel (2016) reitera que o contexto das políticas feministas por meio do conhecimento científico, pautado pela defesa da eliminação da submissão da mulher em decorrência do preconceito e da superioridade, associa-se ao complexo de inferioridade das mulheres. Ainda se tem uma grande resistência pela inserção de uma cultura padronizada pela defesa integral da classe feminina no cenário social.

No decorrer dos anos, inúmeros movimentos sociais foram discutidos com base na temática que abrange a luta por uma condição digna da classe feminina, a qual sempre é vítima de maus-tratos e abusos sexuais. Com base em dados estatísticos divulgados, as mulheres são exploradas ainda em diversas dimensões, entre estas, no âmbito laboral, por uma jornada extensa de trabalho, baixos salários comparados aos dos homens, os quais são privilegiados pela execução de cargos que são vistos como exclusivos (BRASIL, 2016).

Com base nos modelos propostos para o cuidado voltado à Saúde da Mulher, é importante a identificação das peculiaridades existentes para a execução dos cuidados propostos, entre estes o acolhimento inicial, que é visto como uma ferramenta estratégica, pois possibilita o levantamento de toda a história de vida da mulher, com base nas suas vivências, sentimentos e percepções ao longo da vida.

Nos tempos contemporâneos, as discussões voltadas para o contexto da mulher têm se acirrado no âmbito mundial. Têm como objetivo uma abordagem voltada para a reflexão sobre o cuidado e defesa das características correlacionadas ao estado de saúde mental, que acarreta uma série de consequências quanto à qualidade de vida e de bem-estar das mulheres.

Sabe-se que as diferenças de gênero impactam drasticamente a saúde mental feminina. A visão da sociedade, acrescida pelos preconceitos e teorias, apregoa informações e crenças que se delimitam no sentido pejorativo ao complexo emocional e fisiológico, sendo fatores com predominância para a ocorrência de fatos da violência sexual, além de gerar diversas consequências e abalos emocionais (AMARAL *et al.*, 2015).

Com base nas diretrizes da Política Nacional de Saúde Mental, com o contexto das informações presentes no âmbito das normativas legais dirigidas para a classe feminina, ocorreu o surgimento da Política Nacional de Atenção Integral à Saúde da Mulher (Pnaism), que teve como prioridade a ampliação de ações que integrassem a mulher como um todo, de acordo com os princípios presentes no Sistema Único de Saúde (SUS) (ARAÚJO *et al.*, 2015).

Andrade (2010) argumenta que ainda se tem uma série de dificuldades quanto à defesa das mulheres no espaço mundial, principalmente no âmbito das políticas voltadas para a área da Saúde Mental, justificando-se pelas mulheres comporem em massa outros segmentos da vida laboral, porém, a saúde mental é construída não somente nos setores de saúde. Em todo lugar onde existe uma vida, há histórico de saúde ali, fato esse marcado pela importância da Psicologia em todos os locais, desde os públicos até os privados.

Com base no autor citado anteriormente, enfatiza-se que a Psicologia apoia incondicionalmente a luta pela defesa das mulheres em todos os espaços, pois estas ainda são vítimas de fatos de violência, seja esta física, sexual ou psicológica. Na maioria das vezes, são mulheres com baixas condições socioeconômicas, o que acarreta uma série de consequências ao estado psicológico delas. Na reconstrução de projetos de vida, ainda se tem dificuldades e obstáculos que incluem a inserção das mulheres na vida pública.

Araújo *et al.* (2015) argumentam que, no cuidado com a saúde mental das mulheres, é frequente a ocorrência de fatos que condicionam a violência feminina, sendo o campo emocional o mais prejudicado, em decorrência das agressões e abusos vivenciados. Reafirma-se que a violência doméstica tem sido um dos pilares para os desequilíbrios de ordem psíquica entre as mulheres, reconhecendo-se a importância do cuidado e do acompanhamento psicológico como forma de diminuição das possíveis sequelas.

A Lei n. 11.340/2006, denominada Lei Maria da Penha (LMP), faz uma qualificação sobre a violência exercida contra as mulheres em razão de serem vítimas de crimes, os quais excluem a integralidade dos direitos humanos. Na ocorrência de algum crime contra a mulher, deve ser realizada imediatamente a notificação, para que os órgãos jurídicos tomem as providências e ações cabíveis em defesa da mulher, em suas inúmeras instâncias (AMARAL *et al.*, 2016).

A Psicologia, como ciência pautada nos princípios e práticas da valorização da vida humana, vem para ampliar o olhar com base na escuta e no posicionamento coerente da defesa da mulher na criação e execução de estratégias que visam à inserção desta de forma participativa na sociedade contemporânea (SANTOS *et al.*, 2017).

Araújo *et al.* (2016) enfatizam sobre a importância da compreensão e da aceitação das reclamações e pontos a serem melhorados na saúde de forma integral, com o reconhecimento das fragilidades existentes. Torna-se fundamental o entendimento não apenas das queixas de ordem física, mas da escuta que favorece, por meio do diálogo, uma atenção voltada para a mulher, em todas as dimensões da vida humana.

Por isso, a partir dos estudos que focam os critérios de representações sociais, possibilitou-se que as mulheres pudessem obter a compreensão da luta pelas suas escolhas e objetivos, pautados no reconhecimento das suas capacidades e habilidades no âmbito laboral. Isso possibilitou à Psicologia contribuir nas diversas dimensões da realidade, para a luta pelos direitos e deveres da classe feminina (SILVA; CARVALHO, SILVA, 2017).

É de extrema importância a existência de ações de cunho interdisciplinar, com a capacidade de integração das inúmeras potencialidades da vida humana como forma de entendimento quanto às perspectivas e dificuldades das mulheres. A reflexão sobre a saúde mental feminina considera todo o processo de escuta, orientação e devidos encaminhamentos conforme as experiências vividas. Para isso reafirma-se a importância do psicólogo como instrumento da mediação e da ampliação da capacidade da reconstrução da vida, com foco nos anseios e sonhos presentes e reconstruídos ao longo do tempo (BARBOSA; DIMENSTEIN; LEITE, 2014).

4.5 CONSIDERAÇÕES FINAIS

A temática do protagonismo feminino voltada para a (re)construção de projetos de vida saudáveis encontra na Psicologia, enquanto ciência e profissão, um arcabouço teórico e prático imprescindível para a análise e a intervenção em realidades marcadas pela violação dos direitos das mulheres. Uma análise crítica da história da luta da mulher na vida e no mundo evidencia uma multiplicidade de variáveis que precisam ser consideradas: sociais, culturais, políticas, familiares e religiosas. Na relação entre o uno e o diverso, o específico e o geral, o singular e o plural, fica explícita uma história marcada por avanços, mas também por retrocessos, o que reitera a necessidade de uma militância ativa e constante em prol das mulheres, a partir do protagonismo delas mesmas com a adesão das esferas governamentais e da sociedade como um todo.

A Psicologia possui uma responsabilidade direta com o protagonismo feminino, pois apresenta um construto teórico fundamental para o delineamento das intervenções individuais e coletivas que propiciem a (re)construção permanente de projetos de vida, com ênfase na saúde globalística. Lutar com e pelas mulheres é pauta permanente dessa profissão, que levanta a bandeira pelas minorias. A atuação dos profissionais da Psicologia com e pelas mulheres tem possibilitado a emergência de outras histórias capazes de restaurar a integridade e a dignidade feminina, o que reafirma mais uma vez o compromisso com o ser humano. O saber e a prática em Psicologia propiciam o cuidado humanizado e isso constitui uma estratégia potente para a reconfiguração de realidades marcadas pela violação de direitos.

4.6 REFERÊNCIAS

ADICHIE, C. N. **Para educar crianças feministas**: um manifesto. 2. ed. São Paulo: Companhia das Letras, 2017.

AMARAL, L. B. L. *et al.* Violência doméstica e a Lei Maria da Penha: perfil das agressões sofridas por mulheres abrigadas em unidade social de proteção. **Estudos Feministas**, Santa Catarina, v. 24, n. 2, p. 521-540, maio/ago. 2016. Disponível em: https://www.scielo.br/j/ref/a/hhpBZPY3scgf4Q7KLKRD4Kf/abstract/?lang=pt. Acesso em: 10 jul. 2021.

AMAZONAS, M. C. L. A.; VIEIRA, L. L. F.; PINTO, V. C. Modos de subjetivação femininos, família e trabalho. **Psicologia Ciência e Profissão**, São Paulo, v.

31, n. 2, p. 314-327, dez. 2011. Disponível em: https://www.scielo.br/j/pcp/a/nRqwWbcn3FVzChQBkGK3w7n/?lang=pt. Acesso em: 2 ago. 2021.

ANDRADE, A. P. M. O gênero no movimento da reforma psiquiátrica brasileira. *In*: MALUF, S. W.; TORNQUIST, C. S. (org.) **Gênero, saúde e aflição**: abordagens antropológicas. Florianópolis: Letras Contemporâneas, 2010.

ARAÚJO, M. J. O. *et al.* Modelos de Atenção à Saúde Mental das Mulheres: Linhas de Cuidado na Perspectiva de Direitos Humanos, Gênero e Integralidade na Saúde. *In*: NEGRÃO, T.; VARGAS, R.; RODRIGUES, L. P. (org.). **Saúde mental e gênero**: novas abordagens para uma linha de cuidado – a experiência de Canoas (RS). Porto Alegre: Coletivo Feminino Plural, 2015.

AZEVEDO, M. A.; SOUSA, L. D. Empoderamento feminino: conquistas e desafios. **SAPIENS**: revista de divulgação cientifica, Carangola, v. 1, n. 2, p. 1-12, out., 2019. Disponível em: https://revista.uemg.br/index.php/sps/article/view/3571/pdf. Acesso em: 28 mar. 2021.

BARBOSA, L.; DIMENSTEIN, M.; LEITE, J. Mulheres, violência e atenção em saúde mental: questões para (re) pensar o acolhimento no cotidiano dos serviços. **Avances en Psicología Latinoamericana**, Colômbia, v. 32, n. 2, p. 309-320, abr. 2014. Disponível em: https://revistas.urosario.edu.co/index.php/apl/article/view/apl32.2.2014.09/2395. Acesso em: 14 abr. 2021.

BORIN, T. B. **Violência doméstica contra a mulher**: percepção sobre violência em mulheres agredidas. 2007. 146 f. Dissertação (Mestrado em Ciências) – Faculdade de Filosofia, Ciências e Letras de Ribeirão Preto, Ribeirão Preto, 2007. Disponível em: https://www.teses.usp.br/teses/disponiveis/59/59137/tde-30092008-125835/publico/Thaisa.pdf. Acesso em: 24 jul. 2021.

BRASIL. Secretaria de Políticas para as Mulheres. **Plataforma Mais Mulheres no Poder**. Brasília, 2016. Disponível em: http://www.spm.gov.br/central-de-conteudos/ publicações/2016/plataforma-mais-mulheres-no-poder-2016_web.pdf. Acesso em: 7 abr. 2021.

BRASIL. Secretaria Especial de Políticas para Mulher. **Lei Maria da Penha**: Lei n. 11.340, de 7 de agosto de 2006. Brasília, 2006. Disponível em: http://www.planalto.gov.br/ccivil_03/_ato2004-2006/2006/lei/l11340.htm Acesso em: 15 jun. 2021.

CAMPOS, M. L. Feminismo e movimentos de mulheres no contexto brasileiro: a constituição de identidades coletivas e a busca de incidência nas políticas públicas. **Revistas Sociais e Humanas**, Santa Maria, v. 30, n. 2, p. 1-20, jul. 2017. Disponível em: https://periodicos.ufsm.br/sociaisehumanas/article/download/27310/pdf. Acesso em: 15 mar. 2021.

CRAMER, L. *et al.* Representações femininas da ação empreendedora: uma análise da trajetória das mulheres no mundo dos negócios. **Revista de Empreendedorismo e Gestão de Pequenas Empresas**, Lavras, v. 1, n. 1, p. 1-19, jan./abr. 2012. Disponível em: http://repositorio.ufla.br/jspui/bitstream/1/262/1/ARTIGO_Representa%C3%A7%C3%B5es%20femininas%20da%20a%C3%A7%C3%A3o%20empreendedora%20uma%20an%C3%A1lise%20da%20trajet%C3%B3ria%20das%20mulheres%20no%20mundo%20dos%20neg%C3%B3cios.pdf. Acesso em: 10 jul. 2021.

FARAH, M. Gênero e Políticas Públicas. **Revista Estudos Feministas**, Santa Catarina, v. 12, n. 1, p. 47-71, jan. 2004. Disponível em: https://periodicos.ufsc.br/index.php/ref/article/view/S0104-026X2004000100004/7943. Acesso em: 12 ago. 2021.

FERNANDES, V. D. S. **Lei Maria da Penha**: o processo penal no caminho da efetividade, abordagem jurídica e multidisciplinar (inclui Lei de Feminicídio). São Paulo: Atlas, 2015.

GOHN, M. G. Empoderamento e participação da comunidade em políticas sociais. **Saúde e Sociedade**, São Paulo, v. 13, n. 2, p. 20-31, maio/ago. 2004. Disponível em: https://www.scielo.br/j/sausoc/a/dGnqs6Q5RZbKgTNn54RRBNG/?lang=pt&format=pdf. Acesso em: 16 ago. 2021.

GOUVÊA, A. B. C. T.; SILVEIRA, A.; MACHADO, H. V. Mulheres empreendedoras: compreensões do empreendedorismo e do exercício do papel desempenhado por homens e mulheres em organizações. **Revista de Empreendimentos e Gestão de Pequenas Empresas**, Maringá, v. 2, n. 2, p. 32-54, dez. 2013. Disponível em: https://www.regepe.org.br/regepe/article/view/60. Acesso em: 30 jul. 2021.

HEFFEL, C. K. M. A construção da autonomia feminina: o empoderamento pelo capital social. *In*: COLÓQUIO NACIONAL REPRESENTAÇÕES DE GÊNERO E SEXUALIDADE - CONAGES XII., Campina Grande. 2016. **Anais** [...] Campina Grande: Realizare, 2016. p. 1-10. Disponível em: https://editorarealize.com.br/edicao/detalhes/anais-xii-conages. Acesso em: 6 nov. 2021.

LIMA, E. L. N. *et al.* Não tira o batom vermelho: o feminismo na produção de conteúdo na rede. *In*: CONGRESSO DE CIÊNCIAS DA COMUNICAÇÃO NA REGIÃO NORDESTE,19., Fortaleza. 2017, **Anais** [...] Fortaleza, 2017, p. 1-14. Disponível em: http://www.portalintercom.org.br/anais/nordeste2017/resumos/R57- 2124-1.pdf. Acesso em: 29 mar. 2021.

MENEGHETTI, A. **A feminilidade como sexo, poder e graça**. 5. ed. Recanto Maestro: Ontopsicológica Universitária, 2013.

MIGUEL, L, F.; BIROLI, F. Teoria política feminista, hoje. *In*: MIGUEL, L, F.; BIROLI, F. **Teoria política feminista**: textos centrais. Niterói: Vinhedo Horizonte, 2013.

NOGUEIRA, M. C. **A feminização no mundo do trabalho**: entre a emancipação e a precarização. 2. ed. São Paulo: Expresso Popular, 2010.

PINTO, C. R. J. Feminismo, história e poder. **Rev. Sociol. Polít.**, Curitiba, v. 18, n. 36, p. 15-23, jun. 2010. Disponível em: https://www.scielo.br/j/rsocp/a/GW9TMRsYgQNzxNjZNcSBf5r/?lang=pt&format=pdf. Acesso em: 14 maio 2021.

SANTOS, G. J. *et al.* Empreendedorismo feminino no mercado de trabalho: uma análise de seu crescimento. **Braz. J. of Develop.**, Curitiba, v. 3, n. 3, p. 450-464, dez. 2017. Disponível em: https://www.brazilianjournals.com/index.php/BRJD/article/view/51. Acesso em: 20 mar. 2021.

SILVA, G. C. C. *et al.* A mulher e sua posição na sociedade: da antiguidade aos dias atuais. **Rev. SBPH**, Rio de Janeiro, v. 8, n. 2, p. 65-76, dez. 2005. Disponível em: http://pepsic.bvsalud.org/scielo.php?script=sci_arttext&pid=S1516-08582005000200006&lng=pt&nrm=iso. Acesso em: 3 jan. 2021.

SILVA, C. R. R.; CARVALHO, P. M.; SILVA, E. L. Liderança feminina: a imagem da mulher atual no mercado corporativo das organizações brasileiras. **Revista da Faculdade Eça de Queirós**, São Paulo, v. 7, n. 25, p. 1-12, fev. 2017. Disponível em: http://uniesp.edu.br/sites/_biblioteca/revistas/20170509163857.pdf. Acesso em: 19 nov. 2020.

TEIXEIRA, L. D. L. Gênero, cidadania e questão social: o empoderamento feminino a partir dos programas sociais. *In*: CONGRESSO DE HISTÓRIA DA EDUCAÇÃO NO CEARÁ, 14., Crato, 2015. **Anais** [...] Crato, 2015. Disponível em: https://docplayer.com.br/8237621-Genero-cidadania-e-questao-social-oempoderamento-feminino-a-partir-dos-programas-sociais-palavras-chaves-generoquestao-social-empoderamento.html. Acesso em: 9 abr. 2021.

VIEIRA, E. M.; HASSE, M. Percepções dos profissionais de uma rede intersetorial sobre o atendimento a mulheres em situação de violência. **Interface**, São Paulo, v. 21, n. 60, p. 1-12, jan./mar. 2017. Disponível em: https://www.scielo.br/j/icse/a/GXcfNwpDWsKM4rmmnVPf7Ln/?lang=pt&format=pdf. Acesso em: 14 ago. 2021.

5

SAÚDE MENTAL DOS POLICIAIS PENAIS DE MINAS GERAIS: UMA REVISÃO DE LITERATURA

Igor Farney Fonseca
Charles Magalhães de Araújo

5.1 CONSIDERAÇÕES INICIAIS

O aprisionamento é um fenômeno global e o Brasil concentra uma das maiores populações prisionais do mundo. Segundo dados do Departamento Penitenciário Nacional (Depen), o número de encarcerados do sexo masculino no cenário nacional aumentou 106% entre o período de 2000 e 2010 e do sexo feminino aumentou estrondosos 261% (BRASIL, 2017). Também resgatando dados encontrados pelo Depen, de 1990 a 2016 a população privada de liberdade cresceu assustadores 707%. O perfil desses privados de liberdade se evidencia em pessoas jovens, negras, com baixa escolaridade e oriundas de trabalhos precarizados e/ou temporários (BRASIL, 2017).

No trabalho constante da unidade prisional, está o Agente Penitenciário ou recentemente Policial Penal (Emenda Constitucional n. 104 de 2019, que inclui no Artigo 144 da Constituição Federal a Polícia Penal). Este é um servidor que tem um trabalho de risco alto, mantendo a ordem e a segurança na sociedade conforme outras forças da Segurança Pública. Esse profissional também desempenha atividades de organização, execução e planejamento da custódia e vigilância dos encarcerados, no cumprimento das legislações vigentes e também no fomento da ressocialização dos privados de liberdade. De acordo com normativas do estado do Rio Grande do Sul (2009 *apud* JASKOWIAKI; FONTANA, 2015, p. 236):

> Suas atividades abarcam escolta, disciplina e segurança dos presos; revista e fiscalização da entrada a saída de pessoas e veículos nos estabelecimentos prisionais; verificação e revista do preso, controle e a conferência diária da população carcerária em todas as áreas do estabelecimento prisional; supervisão e fiscalização do trabalho prisional e conduta dos

> presos, observando os regulamentos e as normas do estabelecimento prisional em todas as fases da execução penal; realização de atos e procedimentos das infrações disciplinares.

Essas atividades podem gerar riscos à integridade física e mental do policial penal, sendo que o contato com o iminente perigo, a tensão devido ao risco de desordens e rebeliões, a insalubridade e periculosidade são condições que podem gerar estresse e desgaste emocional nesses profissionais.

O trabalho se apresenta como um fator de muita importância na vida do ser humano, possibilitando inúmeras interações sociais que vão constituindo a identidade de cada um (LANCMAN; GHIRARDI, 2002). Dessa forma, o trabalho é o meio de o sujeito adquirir o sustento tanto de forma física como mental, sendo fator preponderante na constituição de cada um, nas experiências de construção de relações e realizações (RIOS, 2008). Olhando por esse caminho, entender o funcionamento do trabalho do policial penal dentro das unidades prisionais e os reflexos deste para sua saúde mental é fundamental para entender a forma como os riscos inerentes a essa atividade se dão e também refletir sobre possíveis intervenções a fim de lidar com o sofrimento psíquico que pode ser gerado por adoecimentos frente a esse trabalho (HELOANI; LANCMAN, 2004).

De acordo com a Organização Mundial de Saúde (OMS, 2002), os contratempos mentais agregam uma das extensões relativas à saúde mental, definidas como inquietações clínicas com alterações doentias do estado mental, comprometendo o exercício individual de modo continuado ou habitual. São sintomas particulares identificados por distúrbios expressivos na percepção, vida emocional ou na conduta (AMERICAN PSYCHIATRIC ASSOCIATION — APA, 2014).

Assim, de acordo com Santos *et al.* (2020), encontram-se contradições importantes voltadas à concepção de uma classe que não apenas afronta a exposição inflexível à agressão, mas ainda é causa de numerosas violências e contravenções. O artefato intenso do Estado foi de acordo com a história aproveitado como tática para ajuizar as classes sociais e dar subsídio à conservação da ordem.

Desse modo, ainda reportando a Santos *et al.* (2020), a visão natural e vulgarização dos atos violentos se registram nos estilos adequados da atuação policial perpetrada sob a óptica de atos radicada em um processo de constituição histórica. A esse respeito, os autores ponderam sobre o receio enquanto afeto coibente e gerador de atos violentos, a centralidade do temor na segurança pública colabora para a constituição de um estado de perturbação psíquica do policial, no qual certos grupos, tais como as populações marginalizadas, entre outros, seriam apontados, numa realidade caluniosa, como culpados pelos problemas sociais, necessitando ser condenados a qualquer preço em benefício da ordem.

Para Liz *et al.* (2014), Oliveira e Santos (2010), o estresse a que é acometido o policial tem relação com as exposições ligadas à sua atividade, tais como: sonolência, carência de preparação física, riscos de agressão e morte, episódio traumático, desempenho no campo da situação crítica e funcional, relações invasivas com graus mais elevados. Ao se depararem no dia a dia com circunstâncias limítrofes, os policiais ostentam condições propícias ao surgimento de distúrbios, sendo as perturbações mentais as mais comuns.

O presente estudo procura fazer uma revisão bibliográfica de estudos apresentados por diversos pesquisadores, como Coelho *et al.* (2016), Cunha (2017), Ferreira (2016), Fonseca, Silva e Silva (2014), entre outros que enfatizam as consequências de experiências pessoais e grupais dos trabalhadores dessa área que apresentam maiores chances de serem acometidos de sofrimento/adoecimento.

Este trabalho se justifica no sentido de que os policiais penais exercem atividades em que pode ocorrer desgaste psíquico devido às condições de trabalho degradantes no espaço prisional, uma vez que refletir a realidade desses trabalhadores não é relevante somente para favorecer um Estado de Direito, acima de qualquer coisa o seu valor está em reconhecer o valor desses profissionais e conhecer o pano de fundo que impulsiona as ações, bem como os reflexos de tais ações para a saúde física e mental.

A escolha do tema teve origem na experiência deste autor enquanto agente penitenciário, do convívio com os problemas que ocorrem constantemente no ambiente prisional e os aspectos psicológicos que envolvem um profissional em todas as áreas de trabalho, vistos no curso de graduação em Psicologia.

O trabalho, como meio de sobrevivência, como apontam Cardozo e Silva (2014), ocupa um espaço de grande importância na existência psíquica do indivíduo, uma vez que proporciona uma série de trocas e intercâmbios sociais que aferirão o desenvolvimento e o complemento individual. É no exercício de suas funções que o sujeito se encontra com as incoerências entre a finalidade das organizações, inventariado na lucratividade, e as suas intenções, permeado por ansiedades, temores e aspirações.

Como hipótese pode-se destacar a questão de que as ocasiões de risco geradas no decorrer da execução do trabalho provocam conflitos na saúde mental do policial.

O objetivo geral deste trabalho consiste em refletir, com base na literatura existente, sobre os riscos psicossociais relacionados ao trabalho dos Policiais Penais de Minas Gerais. Como objetivos específicos, cabe ressaltar: analisar a polícia penal como instituição estatal de segurança e sua importância para a sociedade; apontar os pressupostos e desafios para a polícia penal, especialmente no estado de Minas Gerais; e analisar os riscos à saúde física e mental dos policiais penais.

Para que os objetivos fossem atendidos, foi realizada a consulta às bases de dados exploradas para elaboração deste trabalho de revisão bibliográfica, que se deu no período de dezembro de 2020 a março de 2021.

A procura dos artigos foi conseguida por meio das palavras-chave: trabalhadores penais e saúde mental dos policiais penais. Enfatiza-se que foram aproveitadas as palavras-chave que encontravam mais artigos expandindo o acesso aos dados. Foram acessadas as fontes SciELO, Lilacs e Pepsic e foi feita uma inicial seleção levando em consideração o período de publicação.

5.2 A POLÍCIA COMO INSTITUIÇÃO ESTATAL DE SEGURANÇA PÚBLICA: um recorte sobre a criação da polícia penal

O vocábulo "polícia" está diretamente associado à organização política da sociedade. Como expõe Guimarães (2004, p. 431), "[...] politia do latim e politea do grego, estão relacionados ao vocábulo polis". Assim, ainda reportando ao referido autor, a polícia concebe:

> [...] uma força iminente do Governo para atingir sua finalidade; possibilidade legal de agir, de fazer. Direito de ordenar, de fazer-se obedecer, pela força coercitiva da lei ou das atribuições de que se reveste o cargo de que está investido quem tem a faculdade de ordenar. (GUIMARÃES, 2004, p. 431).

Dessa forma, Carvalho e Vieira (2020) entendem que a polícia tem uma afinidade direta com o poder autêntico do Estado de utilização da força, quando for indispensável, para o amparo da segurança particular e grupal. As instituições policiais são composições de modo eminente vinculadas ao Estado, já que compete somente a este a utilização legítima da força, a fim de preservar a ordem pública e a integridade dos cidadãos e da salvaguarda dos bens de família, sendo as instituições policiais órgãos fundamentais para conseguir políticas de segurança pública, essenciais para que seja estabelecida maior segurança social.

É importante delinear referenciais teóricos concernentes à organização de políticas voltadas para a segurança pública, analisando o desempenho da Polícia Penal nesse procedimento. Explicitamente, "O conceito da instituição Polícia indica sua própria função, e essa vem se moldando no decorrer da história, conforme o contexto sócio-econômico-cultural vigente" (SOUSA; MORAIS, 2011, p. 2).

A polícia, de acordo com Santos (2014, p. 17), está vinculada ao treinamento de privilégio exclusivo da força, com a função de assegurar "[...] os elos de preservação da ordem social e pública". Nesse entendimento, os instrumentos policiais em sentido lato são aparelhos do Estado que possuem a singularidade de emprego autêntico do direito da força (ainda que restringida), tendo como desígnio o amparo da sociedade, a salvaguarda da ordem pública e da integridade das pessoas e do bem, sendo incumbência das polícias a vigilância, repressão e esclarecimento de crimes. Desse modo, os desempenhos policiais ultrapassam agilidades administrativas, tendo por escopo a proteção singular e grupal da sociedade.

No entanto, é importante enfatizar que no Brasil, em períodos anteriores à Constituição Federal de 1988, a atuação da polícia, segundo Costa (2011), constitui um exemplo funcional abalizado no sistema de conceitos nacional de amparo do Estado e numa cultura da profissão calcada com mais intensidade no conhecimento do que na formação técnica. As políticas de segurança escoltaram uma orientação que tinha em vista privilegiar a coibição, e não a precaução do crime.

Nesse sentido, ainda conforme Costa (2011), a oficialização da polícia no Brasil foi constituída em um modelo de excesso de poder, autoritarismo, agressão e suspeita, com procedências intensas na coletividade brasileira, ou seja, uma classe policial constituída pela alta sociedade e para atuar para ela:

> O Brasil possui uma longa tradição no emprego das forças policiais baseadas em transgressões e castigos físicos impetrados principalmente contra as populações pobres, dominadas e oprimidas. As práticas de violência e arbitrariedade, impetradas pelas forças policiais, não são novidades em nosso país. Desde os tempos Imperiais até os nossos dias, independente do regime de governo ou das tendências políticas no governo,

> o abuso de poder, o arbítrio, o castigo físico e a tortura, têm sido uma forma de controle social bem característico das elites e das forças policiais. (COSTA, 2011, p. 253).

O surgimento da Constituição Federal de 1988 seguiu um novo protótipo em analogia à segurança igualitária no país, tendo como princípio fundamental a segurança pública, extrapolando o modelo de segurança nacional (FREIRE, 2009) e isso propende a meditar na percepção de polícia. Nesse argumento, é importante realçar que uma coletividade democrática demanda um exemplo de polícia adequado para interatuar no fundamento de direitos e deveres.

Neste ponto, é necessário avaliar que as forças policiais necessitam fidelidade aos pareceres do Estado Democrático de Direito, sendo que, como afirmam Lima, Bueno e Mingardi (2016), a polícia é o alvo mais aparente em que se demonstra a incongruência de uma coletividade que mesmo enfrentando problemas não desiste de lutar e aprofundar a sua soberania popular, introduzindo impedimentos ao alargamento de direitos civis a todos os grupos sociais. Posteriormente a essa comprovação, encontra-se uma batalha das mais árduas em torno de como gerir tumultos e, em consequência, de como deliberar hierarquias que tornem plausível refletir no desafio de enfrentar a violência e exercícios criminosos a partir de novos ajustes e do ordenamento democrático estabelecido em 1988.

Costa (2011) comenta que a ordem político-constitucional estabelecida conferiu uma nova organização das polícias, focada em uma compreensão de segurança pública fundamentada nos direitos do cidadão. Contudo, como expõe Costa (2011, p. 262), "Uma mudança de comportamento cultural não acontece com a adoção pura e simplesmente de um sistema político democrático ou com pequenas reformas na estrutura organizacional de nossas Polícias". Assim, não são bastantes as alterações institucionais, faz-se necessária a utilização, ainda que seja gradativamente, de práticas renovadas, iniciando pela formação e pelo aprimoramento do profissional.

Conforme Lima, Bueno e Mingardi (2016), no que se refere à Polícia Penal, tem-se como determinação que a sua prática seja inventariada em um ponto de vista de polícia na qual os direitos essenciais, considerados no texto constitucional, associam o cidadão involuntariamente ao todo no qual este esteja integrado.

No exposto na elaboração da Constituição Federal de 1988 (BRASIL, 1988), de acordo com Carvalho e Silva (2011), cunhou-se um preceito de segurança pública com determinação de competências para os responsáveis pela segurança pública, levando em conta as aparentes indigências do momento. Nesse significado, ainda conforme Carvalho e Silva (2011), provavelmente não se percebeu como indispensável a concepção da Polícia Penal, uma vez que a quantia de detentos no país, se confrontada à realidade atual, era tênue e o sistema prisional não era aproveitado por bandos delinquentes para a representação de crimes, como acontece hoje em dia.

Sinteticamente, o sistema prisional, naquela época, não era analisado como problema voltado para a segurança pública, mas, com certeza, como um instrumento somente volvido para "Vigiar e Punir" (FOUCAULT, 1987), até porque já estando em eficácia a Lei Federal n. 7.210/1984 — Lei de Execução Penal (LEP) (BRASIL, 1984).

Santos (2014) comenta que, ao se analisar o texto da Constituição de 1988, pode-se observar a não inclusão de órgão policial com obrigações voltadas para os estabelecimentos penais, sendo que os espaços prisionais ficaram fora do contexto. Todavia, com a publicação da Emenda Constitucional n. 104/2019 (BRASIL, 2019), foi instituída a Polícia Penal, embora ainda pendente de regulamentação, produto da batalha da classe dos agentes penitenciários, que ante a carência de reconhecimento institucional e de sua garantia prosseguiram na busca do reconhecimento constitucional de suas pertinências de segurança, sendo considerada de caráter policial, e o único órgão constitucional voltado para a segurança pública instituído depois da CF/1988.

Foucault (1987) comenta ainda sobre as competências atribuídas aos agentes penitenciários/policiais penais, que no espaço prisional têm por objetivo concretizar as determinações de sentença ou deliberação criminal e são uma ponte a fim de que sejam realizadas as necessárias ações de assistência, assegurando ao condenado e ao interno condições de harmonia na relação do internado como dispõe a Lei.

Por conseguinte, as atribuições de segurança desempenhadas por esses agentes, tipicamente policiais, de maneira especial na situação atual de grande ocorrência de crimes no interior e a partir das unidades prisionais, ultimamente, depois da publicação da Emenda Constitucional n. 104, de 4 de dezembro de 2019 (BRASIL, 2019), passaram a existir os aspectos jurídicos que lhes permitem e validam o poder de polícia nivelado aos outros órgãos policiais inscritos no artigo 144 da CF/1988.

5.3 A POLÍCIA PENAL EM MINAS GERAIS: características gerais

Os policiais penais são atores ativos no processo de custódia e ressocialização dos indivíduos privados de liberdade. Como cita Sapori (2007), o trabalho nos presídios e a forma de custódia aos indivíduos privados de liberdade deve se constituir em uma política de segurança pública que, de acordo com as legislações vigentes, caminhe em conjunto aos direitos humanos, de forma a fomentar o controle da criminalidade.

As formas de punição e manutenção de disciplina modificaram-se ao longo do tempo, saindo dos suplícios (o castigo) de que falava Foucault (1987) e transformando-se em legislações, de forma a punir esse indivíduo, mas também mantendo a sua dignidade em consonância com os direitos humanos.

Nessa ótica, os policiais penais exercem também mecanismos de controle da população privada de liberdade, observando o comportamento desta, de forma a manter o controle punitivo dos reeducandos por meio do registro de faltas disciplinares e posterior análise do Conselho Disciplinar, formado por um policial penal e dois profissionais da área técnica, a fim de propor o julgamento de faltas disciplinares e consequentemente buscar a retomada dessa linha de controle e manutenção de comportamento (MINAS GERAIS, 2016; SAPORI, 2007).

Nesse sentido, o cuidado à integridade e disciplina do indivíduo privado de liberdade, que aparentemente se dá de forma adequada e fluida no interior das muralhas da unidade prisional, esconde uma atmosfera de relações de poder, com objetivo de impor a disciplina a qualquer custo aos reeducandos. Conforme Foucault (1987), a prisão, enquanto instituição de caráter disciplinar, tem a ideia de transformar os reeducandos em "corpos dóceis e úteis a sociedade", no sentido de esses reeducandos, a partir do processo de persuasão e disciplina, serem seres controlados, que podem ser aperfeiçoados, de forma que o sujeito criminoso possa refletir sobre suas ações e transformar-se em cidadão.

Na atualidade existe no estado de Minas Gerais a Secretaria de Estado de Justiça e Segurança Pública (Sejusp), órgão ao qual o Depen é subordinado. No Depen são lotados os agentes penitenciários/policiais penais.

Revisitando os recortes históricos sobre essa profissão da segurança pública, no ano de 2003 foi criado o cargo de Agente de Segurança Penitenciário, por meio da Lei n. 14.695, de 30 de julho 2003. Essa Lei Estadual também delimita a criação de uma nova Secretaria para atender aos interesses de segurança pública de Minas Gerais, a Secretaria de Estado de Defesa Social. Esta também estabeleceu as atribuições dos novos profissionais, de forma sistematizada e mais consistente, também apontando as formas de ingresso na carreira de forma padronizada (MINAS GERAIS, 2003).

Também em face à regulamentação e padronização das atribuições e procedimento dos servidores do sistema prisional de Minas Gerais, dos quais fazem parte os policiais penais, em 2016 foi criado o Regulamento de Normas e Procedimentos do Sistema Prisional de Minas Gerais (ReNP), estipulando todas as atribuições que os agentes penitenciários devem seguir no tratamento do indivíduo privado de liberdade, garantindo a integridade física e psíquica deste, em conformidade com a Lei de Execução Penal e Constituição Federal, nas diretrizes dos direitos humanos propostas por essas legislações (MINAS GERAIS, 2016).

Apesar de as atribuições variarem conforme o posicionamento dos policiais penais nas diversas funções das unidades prisionais, eles precisam manter a segurança da unidade por meio da supremacia de força, a partir de instrumentos específicos e treinamento e também devem escoltar os indivíduos privados de liberdade às áreas de atendimento conforme previsto em lei (MINAS GERAIS, 2016).

A nomenclatura Policial Penal já é designada atualmente para nomear os antigos agentes penitenciários, apesar de que as duas ainda são utilizadas. Após a aprovação da Emenda Constitucional n. 104, que incluiu a Polícia Penal no Artigo 144 da Constituição Federal (BRASIL, 1988), nascendo a Polícia Penal no Brasil, cada estado passou então a articular a criação da Polícia Penal, sendo que em cada unidade da federação o sistema prisional constitui-se de legislação própria.

Em Minas Gerais, está em tramitação na Assembleia Legislativa a criação da Polícia Penal de Minas Gerais, por meio do Projeto de Emenda Constitucional n. 53/2020. A Polícia Penal seria, então, subordinada diretamente ao governador, assim como outros órgãos de atividade policial do Estado. A votação em assembleia encontra dificuldade devido a interesses políticos do poder executivo (BORGES, 2021).

O policial penal também faz parte da Comissão Técnica de Classificação (CTC), grupo existente dentro da unidade prisional que tem por objetivo analisar a situação de cada reeducando de forma a constituir um cumprimento de pena individualizado. A CTC é composta por vários profissionais da área de segurança e também da área de atendimento, sendo em geral o diretor da Unidade Prisional, diretor de Segurança (ou responsável pela Segurança), assessor de Inteligência, assistente social, psicólogo, gerente de produção, enfermeiro, médico, pedagoga. Na área da segurança, as funções são ocupadas por policiais penais (MINAS GERAIS, 2016).

Ainda conforme as prerrogativas do ReNP, cada membro da CTC precisa atender e também observar o indivíduo privado de liberdade de forma a produzir uma síntese desse atendimento/observação de acordo com sua especialidade técnica. Então os responsáveis pela Segurança observam questões sobre comportamento e vivência do reeducando com outros no dia a dia da unidade prisional, para poderem classificá-lo na reunião de CTC.

Dessa reunião que a CTC promove, é confeccionado o Plano Individualizado de Ressocialização (PIR), documento no qual são explicitadas todas as propostas de trabalho de cada profissional e as sugestões de inserção de atividades na unidade prisional de cada indivíduo privado de liberdade, de forma que tanto os policiais penais quanto profissionais da área técnica acompanham o desenvolvimento desse plano por meio da execução das atividades. Os policiais penais realizam, assim, as movimentações do reeducando para a escola, para atendimentos com os especialistas, para visitas, para atendimentos de advogados, entre tantas outras funções. Observando essas questões, nota-se que o policial penal é de suma importância para a promoção das assistências ao reeducando e consequentemente a promoção de um cumprimento de pena de forma mais digna (ARAUJO, 2018; MINAS GERAIS, 2016).

5.4 A SAÚDE MENTAL DOS POLICIAIS PENAIS

Boudoukha *et al.* (2013) apontam que os policiais penais demonstram elevados graus de sintomas de estresse pós-traumático, mostrando alto nível de esgotamento emocional, pontos claros de estresse, situação elevada de descaracterização, evasão e hiper-reatividade.

Finney *et al.* (2013) afirmam que, na Inglaterra, fizeram uma revisão sistêmica, avaliaram diversos estudos a respeito da analogia entre os aspectos estressores da organização e estresse em agentes penitenciários e policiais penais e em unidades prisionais de adultos. O resultado mostrou que a construção organizacional e ambiente das instituições prisionais apresentam ligação consistente com o estresse no trabalho.

A edificação da identidade e do crescimento de um sujeito tem na atividade ocupacional um componente fundamental, que não se conforma exclusivamente na segurança da supervivência ou na segurança, mas que é essencial para que sua performance tenha significado. O trabalho é analisado, para Morin, Tonelli e Priopas (2007), como um procedimento de concepção, e oferece denodos vinculados à natureza das ocupações, ao incremento da capacidade criadora, e da autonomia e nas relações pessoais e interpessoais, positivas e construtivas

Na literatura atual, conforme Coelho *et al.* (2016), a atividade exercida pelo policial é descrita como sendo a mais estressante entre os diversos ofícios, pois os policiais são considerados como profissionais que mais padecem de estresse. E, segundo Brito e Goulart (2005), uma vez que estão sempre expostos à ameaça e à violência, precisando intervir, com frequência, em ocasiões de confusão e conflito, o que se torna fator de adoecimento.

A ocupação de policial compõe um amplo recurso para o Estado, pois esses profissionais operam inteiramente na salvaguarda da ordem pública. Todavia, para que tal trabalho seja realizado com propriedade e de jeito satisfatório, são indispensáveis boas condições tanto de trabalho como físicas e psicológicas (MINAYO; ASSIS; OLIVEIRA, 2011).

O trabalho dos policiais penais não tem o devido prestígio da comunidade, o que pode originar sentimentos de inutilidade, frustração e improdutividade. Assim, a insatisfação dos policiais pode ser compreendida a partir de paralisações e procedimentos agressivos, o que foi evidenciado em investigações acontecidas em décadas anteriores, que assinalavam como isso é maléfico ao bem-estar e à condição de vida de tais trabalhadores no exercício da profissão (AMADOR, 2000).

A exposição a perigos reais ou fantasiosos intrínsecos à função de policial militar os leva à consternação e ao estresse, conduzindo-os a uma situação de alerta, em meio a outros agravos.

Nesse contexto, no sistema penitenciário, as condições de trabalho são insatisfatórias e são compostas pela escassez de recursos materiais de qualidade, exposição dos policiais penais a riscos psicossociais, vivências de sofrimento psíquico e adoecimento ocupacional (MARQUES; GIONGO; RUCKERT, 2018). Esses trabalhadores mantêm contato direto com sujeitos mantidos em confinamento privado, sendo as situações interacionais complicadas, em que os policiais sofrem a todo momento intimidações, agressões e ameaças. Também é iminente a possibilidade de rebeliões, fugas, drogadição, e desordens pessoais, grupais e institucionais, gerando risco à saúde física e mental do trabalhador (JASKOWIAK; FONTANA, 2015; SCARTAZZINI; BORGES, 2018).

Conforme estudo de Jaskowiak e Fontana (2015), os policiais penais não recebem meios materiais para um trabalho eficaz e seguro, sendo os coletes à prova de bala todos vencidos, munições velhas, armamento precário e sem revisões periódicas. Ainda no que diz respeito aos riscos psicossociais, os policiais lidam com prisioneiros perigosos e violentos, além de estarem expostos a doenças transmissíveis como tuberculose e AIDS, gerando uma jornada de trabalho insegura e tensa.

Dadas as características do sistema prisional brasileiro e da lei da execução penal, é provável que o condenado permaneça pouco tempo na unidade prisional, intensificando o temor dos policiais pela própria segurança e de sua família (SCARTAZZINI; BORGES, 2018). Conforme estudo de Jaskowiak e Fontana (2015), foi constatado que a maioria dos policiais penais apresentavam constantemente sentimento de medo, 70,4% deles tinha dificuldade para dormir, pensando na violência; 62,7% já havia acordado no meio da noite pensando em situações violentas; e 64,4% evitava pensar sobre o assunto. Entretanto, estudo de Scartazzini e Borges (2018) apresenta relatos de indivíduos que não se amedrontam com isso, uma vez que acreditam que respeitando, serão respeitados, ou seja, não sofrerão vingança ou retaliação fora dos muros do sistema penitenciário.

Os policias penais apresentam diagnóstico de *Burnout* e estresse pós-traumático a violência interpessoal, elevado grau de exaustão emocional, pontos intensos de estresse, estados elevados de despersonalização, fuga e hiper-reatividade, diagnóstico de depressão e uso frequente de bebida alcoólica. No que diz respeito à sintomatologia, os policiais penais relatam apresentar medo constante, sensação de cansaço, nervosismo, ansiedade e também sintomatologias físicas como coceiras e micoses decorrentes do contágio de algumas doenças dentro do sistema penitenciário, além do risco de contágio de doenças infectocontagiosas, como HIV (do inglês: *human immunodeficiency virus*) e hepatites (MARQUES; GIONGO; RUCKERT, 2018). Conforme Jaskowiak e Fontana (2015), os policiais penais procuram afastamentos para tratamento de saúde, medicamentos ou realizam terapia psicológica para aliviar a tensão ocupacional.

Nesse contexto, é urgente a necessidade de promoção da qualidade de vida, identificando os riscos e agravos dos policiais penais, promover a discussão dos problemas encontrados e a busca de soluções. De acordo com Scartazzini e Borges (2018), é essencial o apoio organizacional e investimento na saúde desses trabalhadores, e o atendimento psicológico deve ser incluído no sistema penitenciário. Nesse contexto, o tipo de trabalho desenvolvido requer atenção às necessidades dos policiais penais, especialmente suporte psicológico (SCARTAZZINI; BORGES, 2018). Por meio dos atendimentos, o psicólogo será capaz de identificar e contextualizar os riscos psicossociais de cada trabalhador, e promover medidas preventivas e/ou curativas para desenvolver ambientes de trabalho mais saudáveis para esses policiais (RUMIN, 2006).

Jaskowiak e Fontana (2015) observaram em seu estudo a resistência individual de alguns trabalhadores para aceitar ajuda psicológica, enquanto outros apresentaram insatisfação após o serviço ser desativado. Em estudos de Souza e Rumin (2010), foi observado que a atenção à saúde mental dos trabalhadores do sistema prisional proporcionou acolhimento, permitiu a singularização do sofrimento dos trabalhadores e a discussão de questões institucionais complexas (SCARTAZZINI; BORGES, 2018). Os autores Brito e Goulart (2005) e Rumin (2006) também observaram que serviços de psicologia proporcionaram o acolhimento ao sofrimento psíquico, a confluência entre subjetividade, família e trabalho, de forma organizada e particularizada. Inicialmente foram feitos atendimentos individualizados e posteriormente evoluíram para a mobilização dos conteúdos diretamente relacionados às práticas institucionais e para as dinâmicas de organização afetiva dos sujeitos e de suas famílias.

Portanto, o serviço de saúde mental para policiais penais apresenta diferentes formas de acolhimento ao sofrimento psíquico, tais como uma prática emergencial em saúde mental e um espaço individualizado de mobilização subjetiva para o enfrentamento dos riscos inerentes a esse ambiente laboral (RUMIN, 2006).

5.5 CONSIDERAÇÕES FINAIS

No sistema prisional, o policial penal é responsável por manter a segurança do presídio e pela ordem dos encarcerados. Essas atividades podem gerar riscos à integridade física e mental do policial penal, sendo que o contato com o iminente perigo, a tensão devido ao risco de desordens e rebeliões, a insalubridade e periculosidade são condições que podem gerar estresse e adoecimento emocional nesses profissionais. Os policiais lidam com prisioneiros perigosos e violentos, e sofrem a todo momento intimidações, agressões e ameaças, e temor pela segurança de seus familiares, são expostos a doenças transmissíveis como tuberculose e HIV e passam por uma jornada de trabalho insegura e tensa. Dessa forma, o policial penal está constantemente exposto a riscos à saúde física e mental, e cabe à Psicologia acolher esses policiais e dar suporte para que eles possam executar o trabalho da melhor forma possível.

O psicólogo é capaz de identificar e contextualizar os riscos psicossociais de cada trabalhador, e promover medidas preventivas e/ou curativas para desenvolver ambientes de trabalho mais saudáveis para esses policiais. Os policias penais podem apresentar diagnóstico de *Burnout* e estresse pós-traumático a violência interpessoal, elevado grau de exaustão emocional, pontos intensos de estresse, estados elevados de despersonalização, fuga e hiper-reatividade, diagnóstico de depressão e uso frequente de bebida alcoólica. Nesse contexto, a atenção à saúde mental dos trabalhadores do sistema prisional é essencial, proporcionando acolhimento, permitindo a singularização do sofrimento dos trabalhadores, a discussão de questões institucionais complexas, e o enfrentamento dos riscos inerentes a esse ambiente laboral.

5.6 REFERÊNCIAS

AMADOR, S. F. Trabalho, sofrimento e violência: o caso dos policiais militares. *In*: SARRIERA, J. C. **Psicologia comunitária**: estudos atuais. Porto Alegre: Sulina, 2000.

APA – AMERICAN PSYCHIATRIC ASSOCIATION. **Manual diagnóstico e estatístico de transtornos mentais**: DSM-5. Porto Alegre: Artmed, 2014.

BORGES, G. F. Agentes penitenciários pressionam por PEC da Polícia Penal. **Jornal O tempo.** [*s. l.*], 2021. Disponível em: https://www.otempo.com.br/politica/agentes-penitenciarios-pressionam-por-pec-da-policia-penal-1.2571081. Acesso em: 18 nov. 2021.

BOUDOUKHA, A. H. *et al.* Inmates-to-Staff Assaults, PTSD and Burnout. **Journal Of Interpersonal Violence**, Texas, v. 28, n. 11, p. 2332-2350, fev. 2013. Disponível em: http://journals.sagepub.com/doi/abs/10.1177/0886260512475314. Acesso em: 24 fev. 2021.

BRASIL. República Federativa do Brasil. **Constituição da República Federativa do Brasil de 1988.** Presidência da República, 1988. Disponível em: http://www.planalto.gov.br/ccivil_03/constituicao/constituicao.htm. Acesso em: 11 out. 2019.

BRASIL. Congresso Nacional. **Emenda Constitucional n. 104**, de 4 de dezembro de 2019. Brasília, 2019. Disponível em: http://www.planalto.gov.br/ccivil_03/constituicao/emendas/emc/emc104.htm. Acesso em: 5 ago. 2021.

BRASIL. Lei n. 7.210, de 11 de julho de 1984. **Lei de Execução Penal**. Institui a Lei de Execução Penal. Brasília, 1984. Disponível em: http://www.planalto.gov.br/ccivil/leis/L7210.htm. Acesso em: 22. mar. 2021.

BRASIL. Ministério da Justiça e Segurança Pública. Departamento Penitenciário Nacional. **Levantamento Nacional de Informações Penitenciárias**: atualização – junho de 2016. Brasília, 2017. Disponível em: http://depen.gov.br/DEPEN/noticias-1/noticias/infopen-levantamento-nacional-de-informacoes-penitenciarias-2016/relatorio_2016_22111.pdf. Acesso em: 7 mar. 2021.

BRITO, D. P.; GOULART, I. B. Avaliação psicológica e prognóstico de comportamento desviante numa corporação militar. **Rev. Psico USF**, Itatiba, v. 10, n. 2, p. 149-160, dez. 2005. Disponível em: https://www.scielo.br/j/pusf/a/dqv7XvGgfJHsHFDgt78fsmQ/abstract/?lang=pt. Acesso em: 7 mar. 2021.

CARDOZO, C. G.; SILVA, L. O. S. A importância do relacionamento interpessoal no ambiente de trabalho. **Interbio**, Dourados, v. 8. n. 2, p. 1-9, jul./dez. 2014. Disponível em: https://www.passeidireto.com/arquivo/29513414/artigo-a-importancia-do-relacionamento-interpessoal-no-ambiente-de-trabalho. Acesso em: 7 mar. 2021.

CARVALHO, V. A.; SILVA, M. R. F. Políticas de segurança pública no Brasil: avanços, limites e desafios. **Katálysis**, Florianópolis, v. 14, n. 1, p. 59-67, jan. 2011. Disponível em: https://periodicos.ufsc.br/index.php/katalysis/article/view/S1414-49802011000100008. Acesso em: 25 maio 2021.

CARVALHO, V. A.; VIEIRA, A. C. Polícia Penal no Brasil: realidade, debates e possíveis reflexos na segurança pública. **Revista Brasileira de Execução Penal**, Brasília, v. 1, n. 2, p. 273-297, jul./dez. 2020. Disponível em: http://rbepdepen.depen.gov.br/index.php/RBEP/article/download/artigos2/artigos2/825. Acesso em: 10 ago. 2021.

COELHO, E.; ANTLOGA, C.; MAIA, M.; TAKAKI, K. Auto eficácia e qualidade de vida no trabalho: um estudo com policiais militares e penais. **Rev. Psicologia**: Teoria e Pesquisa, Brasília, n. 32, n. esp., p. 1-7, 2016. Disponível em: http://dx.doi.org/10.1590/0102-3772e32ne220-. Acesso em: 22 mar. 2021.

COSTA, N. R. Modelo operacional, violência policial e democracia. *In*: SANTOS, J. V. T.; TEIXEIRA, N. A.; RUSSO, M. (org.). **Violência e cidadania**: práticas sociológicas e compromisso sociais. Porto Alegre: Sulina; Editora da UFRGS, Cenários do conhecimento séries, 2011. p. 252-269.

CUNHA, A. M. S. **Narrativas do sofrimento do trabalho de um policial militar afastado**. Universidade Federal do Tocantins. 155 f. 2017. Dissertação (Mestrado em Comunicação e Sociedade) – Universidade Federal do Tocantins, Programa de Pós-Graduação em Comunicação e Sociedade, Palmas, 2017. Disponível em: http://dx.doi.org/10.13037/ci.vol19n39.513. Acesso em: 22 mar. 2021.

FERREIRA, L. B. **Mesmo com o sacrifício da própria vida**: Vivências de prazeres e sofrimento do trabalho entre policiais penais do DF. 148f. 2016. Dissertação (Mestrado em Administração) – Universidade de Brasília Distrito Federal. 2016. Disponível em: http://bdtd.ibict.br/vufind/RecordUNB_ac25525df0e5a01184acd409ac49fca1. Acesso em: 22 mar. 2021.

FINNEY, C. *et al.* Organizational stressors associated with job stress and burnout in correctional officers: a systematic review. **Bmc Public Health**, [*s. l.*]., v. 13, n. 1, p. 1-13, jan. 2013. Disponível em: https://bmcpublichealth.biomedcentral.com/track/pdf/10.1186/1471-2458-13. Acesso em: 22 mar. 2021.

FONSECA, D. M.; SILVA, M. O.; SILVA, R. J. N. **A organização do trabalho e os riscos psicossociais na Polícia Militar do Distrito Federal**. 67 f. 2014. Monografia (Especialização em Clínica Psicodinâmica do Trabalho e Gestão do Estresse) – Universidade de Brasília, Brasília, 2014. Disponível em: http://bdm.unb.br/handle/10483/9780. Acesso em: 22 mar. 2021.

FOUCAULT, M. **Vigiar e punir**: nascimento da prisão. Tradução de Raquel Ramalhete. 20. ed. Petrópolis: Vozes, 1987. 288p.

GUIMARÃES, D. T. **Dicionário técnico jurídico**. 6. ed. São Paulo: Rideel, 2004.

HELOANI, R.; LANCMAN, S. Psicodinâmica do trabalho: o método clínico de intervenção e investigação. **Revista Produção**, São Paulo, v. 3, n. 14, p. 77-86, dez. 2004. Disponível em: https://www.scielo.br/j/prod/a/M58nPpDtHKLhT7pGqZwmGZG/abstract/?lang=pt. Acesso em: 22 mar. 2021.

JASKOWIAK, C. R.; FONTANA, R. T. O trabalho no cárcere: reflexões acerca da saúde do agente penitenciário. **Revista Brasileira de Enfermagem**, Santo Ângelo, v. 68, n. 2, p. 235-243, fev. 2015. Disponível em: https://www.semanticscholar.org/paper/O-trabalho-no-c%C3%A1rcere%3A-reflex%C3%B5es-acerca-da-sa%C3%BAde-do-Jaskowiak Fontana/12e1f2e3ba647577d68c407a12558fd17e17181b. Acesso em: 10 mar. 2021.

LANCMAN, S.; GHIRARDI, M. I. G. Pensando novas práticas em Terapia Ocupacional, Saúde e Trabalho. **Revista de Terapia Ocupacional da USP**, São Paulo, v. 13, n. 2, p. 44-85, maio/ago. 2002. Disponível em: http://www.revistas.usp.br/rto/article/ view/13895. Acesso em: 22 mar. 2021.

LIMA, R. S.; BUENO, S.; MINGARDI, G. Estado, polícias e segurança pública no Brasil. **Revista Direito GV**, São Paulo, v. 12, n. 1, p. 49-85, jan. 2016. Disponível em: https://www.scielo.br/pdf/rdg v/v12n1/1808-2432-rdg v-12-1- 0049.pdf. Acesso em: 25 maio 2020.

LIZ, C. M. *et al.* Características ocupacionais e sociodemográficas relacionadas ao estresse percebido de policiais militares. **Revista Cubana Medicina Militar**, Florianópolis, v. 4, n. 43., p. 467-480, out. 2014. Disponível em: http://scielo.sld.cu/pdf/mil/v43n4/mil07414.pdf. Acesso em: 14 mar. 2021.

MARQUES, G. S.; GIONGO, C. R; RUCKERT, C. Saúde mental de agentes penitenciários no Brasil: uma revisão sistemática da literatura. **Revista UniLaSalle**, Canoas, n. 38, p. 89-98, ago. 2018. Disponível em: https://revistas.unilasalle.edu.br/index.php/Dialogo/article/view/4202/pdf. Acesso em: 22 mar. 2021.

MINAS GERAIS (Estado). Secretaria de Estado de Defesa Social (SEDS). Subsecretaria de Administração Prisional. **Regulamentos e Normas de Procedimentos do Sistema Prisional (ReNP)**. Belo Horizonte, 2016. Disponível em: http://www.depen.seguranca.mg.gov.br/images/Publicacoes/Subsecretariadeadministracaoprisional/Regulamento-e-Normas-de-Procedimentos-do-Sistema-Prisional-de-Minas-Gerais-28.pdf. Acesso em: 14 mar. 2021.

MINAS GERAIS. **Lei n. 14.695, de 30 de julho de 2003**. Disponível em: https://leisestaduais.com.br/mg/lei-ordinaria-n-14695-2003-minas-gerais-estabelece-a-estrutura-organica-da-administracao-publica-do-poder-executivo-do-estado-e-da-outras-providencias. Acesso em: 5 fev. 2021.

MINAYO, M. C. S.; ASSIS, S. G.; OLIVEIRA, R. V. C. Impacto das atividades profissionais na saúde física e mental dos policiais civis e militares do Rio de Janeiro. **Rev. Ciência e Saúde Coletiva**, Rio de Janeiro, v. 16, n. 4, p. 2199-2209, abr. 2011. Disponível em: https://www.scielo.br/j/csc/a/x4dWvKpCDFhmvbY39ncfDHx/abstract/?lang=pt. Acesso em: 10 mar. 2021.

MORIN, E.; TONELLI, M. J.; PLIOPAS, A. L. V. O trabalho e seus sentidos. **Rev. Psicologia Social**, Porto Alegre, v. 19, n. esp. p. 47-56, 2007. Disponível em: https://www.scielo.br/j/psoc/a/xGQxjGgwqV3s8HRgHxnrL5B/abstract/?lang=pt. Acesso em: 15 maio 2021.

OLIVEIRA, K. L.; SANTOS, L. M. Percepção da saúde mental em policiais militares da força tática e de rua. **Sociologias**, Porto Alegre, v. 12, n. 25, p. 224-250, dez. 2010. Disponível em: https://www.scielo.br/j/soc/a/kRWWYHPFpWbvhGmMdbjtqcp/?lang=pt. Acesso em: 2 fev. 2021.

OMS. ORGANIZAÇÃO MUNDIAL DE SAÚDE. **Relatório Mundial de Violência e Saúde**. Genebra: OMS, 2002. Disponível em: https://portaldeboaspraticas.iff.fiocruz.br/wp-content/uploads/2019/04/14142032-relatorio-mundial-sobre-violencia-e-saude.pdf Acesso em: 20 set. 2021.

RIOS, I. C. Humanização e ambiente de trabalho na visão de profissionais da saúde. **Saúde Sociedade**, São Paulo, v. 17, n. 4, p. 151-161, dez. 2008. Disponível em: http://www.scielo.br/scielo.php?pid=S0104=12902008000400015-&script-sci_arttext. Acesso em: 15 ago. 2021.

RUMIN, C. R. Sofrimento na vigilância prisional: o trabalho e a atenção em saúde mental. **Rev. Psicologia Ciência e Profissão**, Brasília, v. 4, n. 26, p. 570-581, dez. 2006. Disponível em: http://pepsic.bvsalud.org/scielo.php?script=sci_arttext&-pid=S1414-98932006000400005&lng=pt&tlng=pt. Acesso em: 15 mar. 2021.

SANTOS, J. V. T. Modernidade tardia e violência. *In*: LIMA, R. S.; RATTON, J. L.; AZEVEDO, R. G. (org.). **Crime, polícia e justiça no Brasil**. São Paulo: Contexto, 2014.

SANTOS, A. F. P. R.; SOUZA, L. M. B.; CARVALHO, T. F. Aspectos simbólicos, políticos e práticos da letalidade policial no Rio de Janeiro e em São Paulo durante o governo Bolsonaro. **Revista Eletrônica Direito e Sociedade**, Canoas, v. 8, n. 2, p. 17-40, maio 2020. Disponível em: https://revistas.unilasalle.edu.br/index.php/redes/article/view/6830. Acesso em: 14 mar. 2021.

SAPORI, L. F. **Segurança pública no Brasil**: desafios e perspectivas. Rio de Janeiro: FGV, 2007.

SCARTAZZINI, L.; BORGES, L. M. Condição psicossocial do agente penitenciário: uma Revisão teórica. **Boletim Academia Paulista de Psicologia**, São Paulo, v. 38, n. 94, p. 45-53, jan./jun. 2018. Disponível em: http://pepsic.bvsalud.org/scielo.php?script=sci_arttext&pid=S1415-711X2018000100005&lng=pt&nrm=iso. Acesso em: 8 mar. 2021.

SOUSA, R. C.; MORAIS, M. S. A. Polícia e Sociedade: uma análise da história da segurança pública brasileira. *In*: JORNADA INTERNACIONAL DE POLÍTICAS PÚBLICAS, V., 2011. São Luiz. **Anais** [...] São Luiz, 2011. p. 1-10. Disponível em: http://www.joinpp.ufma.br/jornadas/joinpp2011/CdVjornada/JORNADA_EIXO_2011/PODER_VIOLENCIA_E_POLITICAS_PUBLICAS/POLICIA_E_SOCIEDADE_UMA_ANALISE_DA_HISTORIA_DA_SEGURANCA_PUBLICA_BRASILEIRA.pdf. Acesso em: 5 fev. 2021.

6

ANSIEDADE EM ESTUDANTES DO CURSO SUPERIOR: A IMPORTÂNCIA DO PSICÓLOGO NO ATENDIMENTO A ESSES ACADÊMICOS

Jéssica Cristina Dias dos Santos
Charles Magalhães de Araújo

6.1 CONSIDERAÇÕES INICIAIS

O período da universidade é vivenciado por estudantes jovens e adultos, sujeitos que têm concepções de vida solidificadas, novos planos vislumbrados, novas perspectivas assumidas relacionadas a encargos sociais. Tais fatores geram acréscimo das pressões psicossociais, que podem ter como resultado maior fragilidade e maior susceptibilidade a distúrbios psicossociais, como a ansiedade.

Todas as pessoas têm ansiedade em determinados momentos da vida, sendo essa sensação assinalada por uma impressão de inquietação longa, desagradável, que se exprime pela inaptidão de permanecer assentado ou de pé. É frequentemente seguida de sinais vegetativos, como dor de cabeça, sudorese, taquicardia, compressão no peito, mal-estar, dor de estômago e perturbação. Numa condição ambulatorial normal, é um sintoma que requer alerta sobre uma ameaça iminente e comporta que o indivíduo assuma medidas para suportar esse perigo.

No presente estágio da vida moderna, a coletividade adota também uma realidade comum a todos. Há uma modificação nos costumes de vida, quer seja positiva, quer seja impresumível. Diariamente, ocorrem constantes variações na vida social, econômica, emocional, cultural e política; gerando ansiedade, depressão, enfermidades psicossomáticas, estresse, falhas no conhecimento e no rendimento escolar (CARDOZO *et al.*, 2016).

A ansiedade é um experimento humano geralmente causado pela presença do receio, do conflito, da inquietação, da perturbação e do desastre transitório. O transtorno de ansiedade é distinguido por um anseio impetuoso genérico, pelo estresse, pelas fraquezas, pela síndrome do pânico, e por transtornos múltiplos. Assim, ela pode acontecer tanto pela resposta orgânica natural quanto pelas enfermidades autoimunes; assim como os maus funcionamentos gastrintestinais, a asma, as moléstias da artéria coronária (SILVA; CALVACANTE-NETO, 2014).

Conforme Rodrigues *et al.* (2019), os principais acontecimentos de transtornos mentais acontecem durante a formação acadêmica, quando os estudantes apresentam idades entre 18 e 25 anos, uma vez que essa etapa é assinalada por múltiplos desafios, como a passagem do ensino médio para o ensino superior. Nessa fase, a consternação na vida acadêmica ocasiona situações que proporcionam o aparecimento do estresse, dando origem a inquietações e a problemas no aprendizado, comprometendo o desempenho estudantil (CARDOZO *et al.*, 2016).

Nesse contexto, é mostrado que a atmosfera universitária motiva um panorama desgastante que pode ocasionar transtornos apreensivos nos estudantes. Assim, o presente estudo apresentou como problemática o seguinte questionamento: como se dá o aparecimento e quais são as causas da ansiedade em estudantes de curso superior?

Tem-se como principal objetivo investigar o transtorno de ansiedade em estudantes universitários, definindo do que se trata, analisar os fatores que ocasionam o desencadeamento do transtorno de ansiedade em estudantes do ensino superior e enfatizar o papel do psicólogo no atendimento desses estudantes.

O objetivo do trabalho é relevante, pois ele averigua os fatores de risco que colaboram para o desenvolvimento da ansiedade na população na fase mencionada. A compreensão de tais fatores poderá colaborar com atuações educacionais, tendo em vista diminuir a incidência de ansiedade entre os alunos.

6.2 UM RESGATE HISTÓRICO DA SAÚDE MENTAL DO ESTUDANTE DO ENSINO SUPERIOR

Saúde mental, para Braga *et al.* (2017), se refere ao acometimento emocional em meio às necessidades e às reivindicações ou experiências exteriores ao sujeito. Diz respeito à disposição de conduzir a própria vida e seus anseios em meio a variadas circunstâncias, na procura de viver em um procedimento harmônico em relação a tudo o que precisa fazer no seu dia a dia, abandonando aquilo que gosta.

A apreensão em relação à saúde mental do universitário começou nos Estados Unidos, por volta do século 20, ocasião em que foi detectado nesse grupo o enfrentamento de instabilidades psicológicas. Nesse caso, a própria universidade era a responsável por ajudar os alunos nesse processo, por meio de adequado subsídio psicológico e, se necessário, psiquiátrico (CERCHIARI; CAETANO; FACCENDA, 2005).

No Brasil, a ação de precaução à saúde mental dos estudantes ocorreu em 1957, por meio da concepção do Primeiro Serviço de Higiene Mental e Psicologia, criado pela Faculdade de Medicina da Universidade Federal do Pernambuco. O principal objetivo era proporcionar amparo psiquiátrico e psicológico aos universitários, destinando-se, primeiramente, aos alunos do curso de Medicina. As primeiras divulgações brasileiras em relação a essa área foram constatadas a partir dos resultados obtidos por Pacheco e Lipszic (2017) em pesquisas que realizaram com acadêmicos do 4º ano do curso de Medicina da Universidade de São Paulo (USP).

Vários estudos têm demonstrado elevada prevalência de transtornos mentais entre universitários, principalmente quando comparados à população como um todo. Os primeiros acontecimentos de transtornos mentais aparecem no princípio da idade adulta, período em que há o início da vida acadêmica, com idade comum entre 18 e 25 anos. O ingresso à universidade acarreta grandes transformações na vida do estudante, uma vez que conflita a saída do ensino médio com o ingresso ao ensino superior, colocando o estudante diante de numerosos desafios (PADOVANI *et al.*, 2014).

Padovani *et al.* (2014) destacam ainda a acuidade de aprofundar os estudos sobre a vulnerabilidade psicológica dessa população, compreendendo e pontuando os motivos dos sinais e presságios apontadores de estresse, Burnout, angústia e esmorecimento, que foram consideravelmente encontrados nesse grupo. Os autores ponderaram que, desde a entrada na instituição, o aluno necessita de recursos intelectuais e emotivos para saber conviver com as questões do novo ambiente, além de uma organização que o ajude nesse enfrentamento.

De acordo com o Decreto n. 7.234, de 19 de julho de 2010, em seu art. 2º, a Política Nacional de Assistência Estudantil (Pnaes) opera com o intuito de democratizar as qualidades de continuação dos jovens no ensino superior, seja em âmbito público, federal ou privado; de diminuir as consequências das disparidades sociais e regionais na conservação e término da educação superior; de diminuir as porcentagens de retenção e abandono;

e de colaborar para a elevação da inclusão social em função da educação (BRASIL, 2010). Assim, tal política institui a fundamental ferramenta de gestão das demandas vinculadas à cautela psicossocial dos universitários.

6.2.1 A ansiedade e os fatores de adoecimento relacionados ao ambiente universitário

A ansiedade pode ser conceituada como uma resposta do organismo indispensável para encarar circunstâncias que põem o sujeito em ameaça. Na maioria das vezes, está coligada ao receio, se assinalando por crise e desconforto perante algum fato estranho ou ignorado (GOMES *et al.*, 2013).

De acordo com Gomes, Fernandes e Nobrega *et al.* (2016), para caracterizá-la é de suma importância destacar que todos as pessoas podem ter ansiedade em alguma ocasião da vida, mas o que a distingue de uma patologia é o excesso ou a desconformidade quanto ao estímulo oferecido.

Vivenciada pelos sujeitos antes de ocasiões estressantes, a ansiedade pode ser considerada como algo favorável quando pautada no mecanismo de combate ou escapula. Acontece quando o sistema nervoso central difunde "[...] adrenalina e hormônios corticoides na corrente sanguínea [...]"(SAMPAIO *et al.*, 2013, p. 556); entretanto, em razão desse mesmo mecanismo, tal impressão pode ainda originar inquietações nos sinais fundamentais à vida, como acréscimo da pressão arterial, sudorese, pulsações, calafrios, náusea, aumento da periodicidade respiratória e cardíaca.

Conforme Galvão (2013), os transtornos mentais têm se tornado dificuldades comuns em relação à saúde da sociedade, uma vez que cooperam de modo ressaltante para a carga de enfermidades, tanto pela constância com que sucedem os indícios quanto pelo nível em que implicam a capacidade operacional dos indivíduos e da sua condição de vida.

Vasconcelos *et al.* (2015) comentam que se estima que 15% a 25% dos educandos universitários apresentam um certo tipo de transtorno psiquiátrico, enquanto para Cardozo et al. (2016), na busca pela formação universitária, aproximadamente 15% a 29% de estudantes podem se deparar com o transtorno de ansiedade.

Dalgalorrondo (2008) explica que o transtorno de ansiedade generalizada caracteriza-se pelo aparecimento de sintomas nervosos exagerados, que prevaleçam por muitos dias ou por um período aproximado de seis meses, no qual a pessoa se apresenta acabrunhada, tensa, inquieta, apreensiva e/ou chateada. Geralmente, as síndromes de ansiedade são classificadas, primeiramente, em dois grandes grupos: períodos em que há constância e permanência da ansiedade (genérica, patente e flutuante) e outros períodos em que existam crises de ansiedade bruscas, repentinas e mais ou menos acentuadas.

O fato de ingressar no ensino superior, como aludem Bolsoni-Silva e Guerra (2014), pode representar para o educando mais do que a procura por uma habilitação profissional, o ingresso em um mundo de pendências e responsabilidades, que em muitos casos assinalam o início de uma vida adulta. Entre os desafios dessa nova fase, estão a distância da cidade natal e do meio familiar, a acomodação a uma ocasião que estabelece requisições pedagógicas não vividas na etapa que antecede o curso superior, a necessidade de construir vínculos sociais e outros tumultos, individuais e grupais, intrínsecos à dinâmica de uma universidade.

Além do mais, por ser uma instituição inserida em uma realidade social e política da nação, a universidade está inteiramente conectada às demandas culturais, econômicas e ambientais da sociedade, de modo que inconstâncias nessa estrutura podem comprometer, de maneira significativa, o universitário. Dúvidas a respeito do mercado de trabalho, interrogações sobre a carreira escolhida e acréscimo de disparidades sociais são alguns dos fatores que podem atingir, de forma negativa, a saúde mental do estudante (ACCORSI, 2015).

Segundo Bolsoni-Silva e Guerra (2014), os problemas encontrados em universitários, no campo das habilidades sociais, abrangem demonstração de anseios positivos e negativos, pontos de vista, apreciações e estabelecimento do entendimento. O treinamento de capacidades sociais com os estudantes que apresentam sintomas depressivos é benéfico, desde que sejam trabalhados, com eles, procedimentos com legítimas perspectivas de suscitar apoio e, com isso, sentimentos positivos. Os autores também afirmam que o conjunto de habilidades sociais tem repercussão sobre a depressão e que as interferências que geram um trabalho adequado são de muita importância, especialmente, para a recuperação dos danos que uma depressão pode acarretar na vida do universitário. Um profissional que apresenta baixa capacidade social ou entendimento inconveniente pode ter insucesso em sua carreira profissional.

Para Cerchiari, Caetano e Faccenda (2005), existe uma elevada incidência — de 25% — de indícios mentais de segundo grau acometendo os estudantes acadêmicos. Assim, eles observam a necessidade de projetos e atuações que tenham como objetivo o bem-estar e o agenciamento de saúde mental para essa população.

Ainda no campo das síndromes mentais, Neves e Dalgalarrondo (2007) procuraram averiguar o acontecimento de transtornos mentais citados e apresentados em alunos da Universidade Estadual de Campinas (Unicamp), analisando os fatores populacionais e psicossociais abarcados. Os resultados evidenciaram prevalência de 58% de certo transtorno mental, estando presente em 69% das mulheres e em 45% dos homens. Desse modo, a maior incidência ocorre no gênero feminino, que também apresentou maiores pontuações para o alargamento de transtorno mental. Os autores analisaram que a equipe feminina prestava mais lamentações de ansiedade, maiores problemas psicossociais e usavam mais os benefícios de assistência à saúde mental.

6.3 OS FATORES PROTETIVOS NO ÂMBITO DA SAÚDE MENTAL UNIVERSITÁRIA

O acesso a uma instituição de ensino superior é assinalado pela perspectiva e pelas modificações que demandam adequações a uma realidade diferente, intervindo no desenvolvimento individual, intelectual, ocupacional, humano e social de todos os estudantes. Por ser uma realidade nova, pode provocar angústia e estresse de modo a interferir em todo o desenvolvimento acadêmico (SCHLEICH, 2006). É um período que acarreta certa fragilidade e ocasiona consequências para a saúde psicológica dos acadêmicos (PEREIRA *et al.*, 2008).

Outra ocasião de grande perturbação é o período final da graduação, quando o universitário se vê exposto a novas atividades que demandarão sua atenção. Entre elas, tem-se os relatórios de estágio, o trabalho de conclusão de curso (TCC), a saída do ensino superior e a admissão no mercado de trabalho (SCHLEICH, 2006).

A bibliografia assinala que diversos fatores, tais como o apoio emocional prestado pela família, o progresso das interações sociais com colegas e docentes, o alargamento de táticas para um bom proveito escolar, o aumento de capacidades, entre outros, colaboram para a integração e a continuação do acadêmico na instituição. Da mesma forma, a carência de tais fatores de assistência pode cooperar para o avanço e desenvolvimento de diagnósticos de ansiedade e estresse em meio aos alunos universitários (TEIXEIRA *et al.*, 2017).

A categoria científica tem se comprometido em averiguar questões norteadas a esse contexto, pautadas na utilização de medicamentos psicoativos. Nesse sentido, Horta e colaboradores (2012) pesquisaram a ligação entre a ingestão dessas substâncias e o prevalecimento de Distúrbios Psiquiátricos Menores (DPM) em elementos do grupo universitário, como estudantes, docentes e funcionários. Os dados encontrados indicaram que a classe de estudantes, especialmente os mais jovens, apresentou uma maior preponderância de DPM, o que pode ser concebido, sob a ótica dos diferentes autores, como sinais de consternação psíquica. Esta seria resultado de tumultos experimentados no tempo de passagem da adolescência para a idade adulta, que beneficiariam, até mesmo, a ingestão de substâncias químicas psicoativas.

Uma vez que o período de acesso a uma universidade é tido como uma etapa de transformações e adequações muitas vezes conturbadas, a procura por produtos químicos psicoativos se torna um modo de lenitivo instantâneo dos conflitos. Porém, o resultado dessa medicação no Sistema Nervoso Central pode ocasionar agravos psíquicos, que aparecem, rotineiramente, no formato de uma depressão, Transtorno de Ansiedade Generalizada (TAG) ou ainda como transtorno de impulsos, lamentações comportamentais e indícios psicóticos (HORTA; HORTA; HORTA, 2012).

Conforme exposto por Vasconcelos et al. (2015), o uso indevido das substâncias psicoativas origina prejuízos psicossociais em universitários. Por isso, o autor afirma que atuações preventivas voltadas para esse grupo necessitam ser privilegiadas. Do mesmo modo, é importante que sejam desenvolvidas ações que fortaleçam os expedientes de controle dos tumultos emocionais e que sejam competentes para promover a saúde e o bem-estar do ambiente acadêmico.

Autores como Silva e Calvacante-Neto (2014) assinalam que a presença de uma assistência psicológica destinada aos acadêmicos, que desempenhe atuações preventivas e um trabalho direcionado para oferecer conhecimentos a respeito dos indícios e terapêutica, poderia beneficiar a procura por ajuda. Comentam, ainda, que nos períodos derradeiros da graduação há uma grande dificuldade, por parte dos universitários, em mediar os contratempos pessoais e acadêmicos, resultando na redução do nível de atividade física (NAF), em decorrência do acréscimo das horas destinadas à vida estudantil.

Falando sobre o NAF, os exercícios físicos podem ocasionar um resultado protetor dos sinais da ansiedade. Um treinamento seguro e apropriado ocasiona uma melhor condição de repouso, bem como promove o desempenho cognitivo. O humor, a autoestima e o condicionamento físico também são aperfeiçoados, apresentando como resultado efeitos que resguardam o organismo de intranquilidades na saúde física e mental, que, quando afetadas, implicam o desenvolvimento de um transtorno menor comum (TMC) (SILVA; CALVACANTE-NETO, 2014).

Polisseni e Ribeiro (2014) asseguram que a atividade física regular intervém positivamente no equilíbrio dos graus de ansiedade, atuando diretamente no comportamento fisiológico do sujeito. Os autores explicam que, ao término de uma atividade física, existe um conforto das tensões e uma impressão de lassidão que gera, naturalmente, a necessidade de reabilitação e de repouso. Destaca-se, também, a produção do hormônio endorfina, incitada durante a prática de exercício físico, responsável pela sensação de deleite e de bem-estar, efeitos que combatem a ansiedade.

Segundo Jarrete (2011), a prática de exercícios físicos tem uma potente atuação contra a depressão, sendo muito eficiente conforme o período de realização e a magnitude da atividade. Uma simples caminhada ou uma prática esportiva intensa promovem melhoria na saúde mental, já que as adequações biológicas, decorrentes da atividade física, suavizam a ansiedade e também o estresse. Desse modo, a vulnerabilidade constatada em acadêmicos torna fundamental a organização de estratégias de inclusão de programas de atividade física e costumes benéficos, para que resultados positivos e fatores de elevação da saúde mental possam estimular os recursos individuais dos universitários.

Souza, Baptista e Baptista (2010), ao abordar o assunto relativo aos fatores de proteção e de risco à saúde do acadêmico, procuraram pesquisar a ligação entre apoio familiar, saúde mental e conduta de risco. Os referidos autores ponderaram que as relações de afabilidade ofertadas pelos familiares fazem o estudante apresentar sentimentos de afeto, sensação de segurança e de cuidado, que beneficiam a percepção de integração em sua vida. O apoio é válido para tornar mínima a consternação, ou seja, a impressão de bem-estar procedente dessas ligações aprimora a integração do indivíduo a novas situações, bem como atenua os prejuízos que tal fato pode causar à saúde psicológica quando em contato com ambientes estressores.

A presença de lugares que permitam descanso e relaxamento no espaço das instituições de ensino, segundo Polisseni e Ribeiro (2014), desconstrói a ideia de que universidades são feitas para fins, exclusivamente, acadêmicos. A instituição também pode ser um ambiente de encontros, de trocas, de descanso, de lazer e, inegavelmente, de crescimento individual e profissional. Ela deve ser reconhecida como um recinto que favorece o aperfeiçoamento do resultado acadêmico, por harmonizar a recuperação do conforto psicológico do educando. Descobrir aspectos de prioridades ambientais e concepções pautadas à habilidade de restaurar tais ambientes possibilita que propostas de aprimoramentos possam ser efetivadas.

6.3.1 Funções e papéis do Psicólogo Escolar e Educacional nas Instituições de Ensino Superior

Psicólogo Educacional é um termo que advém de Psicologia Educacional, que é analisada como uma área da Psicologia. De acordo com Antunes (2008), o psicólogo que atua nessa área se ocupa das reflexões e da produção de conhecimentos sobre a ligação entre a Educação e a Psicologia. Já o termo Psicólogo Escolar é proveniente da Psicologia Escolar, que se aplica ao profissional que atende aos estudantes em situações educativas diversas, como afirmam Barbosa *et al.* (2012).

A ausência de formação adequada para psicólogos que almejam operar no campo universitário gera uma ponderação a respeito da qualificação do profissional que atua com os estudantes de cursos superiores. De acordo com Sampaio (2013), o psicólogo é convocado, com frequência, a atender quando surge alguma dificuldade que já foi detectada; porém, em relação aos universitários, é imprescindível que o auxílio psicológico seja compreendido e implantado em diferentes situações da vida acadêmica e social, de modo a auxiliar os estudantes a arquitetarem um procedimento educacional superior de qualidade.

Silva e Alvacante-Neto (2014) comentam que para isso é indispensável que o Psicólogo Escolar e Educacional se preocupe menos com a solução de problemas dos estudantes e foque mais em não consentir que estes se alojem. Portanto, é um profissional que atua para contribuir com a instituição no sentido de refletir e praticar ações que tornem mínimos os empecilhos que se entrepõem em meio aos estudantes e o conhecimento, permitindo o crescimento do pensamento crítico e beneficiando procedimentos de humanização.

Sampaio (2010) comenta ser importante para o psicólogo que atende em IES que se amplie a junção e manejo entre os educadores e gestores.

Observa ainda que muitas vezes o profissional ignora a articulação entre as esferas que se ocupam das deliberações políticas da IES, embora haja relação entre ele e o campo da educação superior. Comumente, o profissional da área da Psicologia fica ausente nas discussões que abrangem a relação entre a sociedade e a instituição, as quais permitem a concepção de atuações inovadoras no espaço acadêmico.

O psicólogo que atende em uma Instituição de Ensino Superior, conforme Souza, Baptista e Baptista (2010), necessita compreender a Psicologia aplicada à educação como sendo um aspecto dessa área do conhecimento, como um campo de estudos cuja atuação tem por objetivo direcionar a ação do psicólogo na busca pela compreensão dos acontecimentos educacionais, como resultado das relações que se constituem dentro de tal espaço.

De acordo com a tradição, as atividades desenvolvidas pelos psicólogos nas IES são: acompanhamento particular, efetivação de orientações externas e internas, realização de orientações grupais, entre outras. Na maioria das vezes, essas atividades são integralmente voltadas para os discentes, segundo Serpa e Santos (2001).

Neves e Dalgalarrondo (2007) destacam que, para a concretização da orientação dos estudantes de ensino superior, é indispensável que as clínicas-escola de Psicologia e os demais atendimentos de saúde sejam capacitados para saber lidar com dificuldades psicológicas associadas ao contexto universitário. Sabe-se que os universitários podem mostrar questões no atendimento bem distintas de outros grupos, uma vez que ao alcançarem a vida adulta, bem no período de ingresso na universidade, passam por mudanças extremamente relevantes, o que provoca o surgimento dos transtornos mentais.

Conforme Carneiro *et al.* (2012), os universitários propendem a apresentar perturbações que são não psicóticas, ou seja, pequenas inquietações mentais, que abrangem sinais apreensivos, depressivos e somáticos. Por essa razão, é necessário que os psicólogos, tanto os Escolares quanto os Educacionais, atentem à ligação de atuações no plano de desenvolvimento profissional com as clínicas-escola para o acolhimento das reclamações educacionais. Além disso, a relação entre os psicólogos que operam no campo da educação com os que atuam na área da saúde também pode contribuir para a expansão do entendimento do processo formal e da sua seriedade na constituição dos sujeitos.

Bisinoto e Marinho-Araujo (2011) comentam que o trabalho dos psicólogos das IES pode ser abordado também na Avaliação Institucional, assim como os docentes, a fim de aprimorarem as práticas a partir dos resultados da pesquisa e como incremento de procedimentos diferenciados. Assim sendo, o psicólogo tem possibilidade de seguir as práticas educativas utilizadas pelos professores e o aproveitamento dos estudantes, a fim de aconselhar sobre opções ou arquitetar em conjunto programas renovadores de ensino, que possam ajudar os educadores a aprimorar suas habilidades profissionais e beneficiar o aprendizado dos alunos. Desse modo, privilegia-se uma ação menos ligada a uma aparência individualista de atenção ao universitário e mais conectada a um entendimento sistemático do procedimento de ensino e às experiências acadêmicas do ensino superior.

No âmbito da instituição, segundo Bisinoto e Marinho-Araújo (2011, p. 122), o psicólogo pode operar na educação superior "(1) na gestão de políticas, programas e processos educacionais das IES, (2) na elaboração de propostas pedagógicas e no funcionamento de cursos e (3) no auxílio psicológico a estudantes". Os autores explicam com a primeira proposição que o profissional da Psicologia pode atuar em questões voltadas para a gestão institucional, como o processo de avaliação da instituição, colaborando para a adaptação de novos cooperadores e assistindo a acepção e reestruturação dos perfis docentes e técnicos. Já na segunda proposição, almeja-se que o psicólogo defenda o alargamento de capacidades discentes e siga o procedimento de ensino-aprendizagem. Já em relação à terceira dimensão, sugere-se que o psicólogo atue com os universitários. Isso se torna plausível a partir do agenciamento de táticas de desenvolvimento acadêmico e social dos universitários.

Bisinoto e Marinho-Araújo (2011) explicam que a expectativa é de que a percepção de consultório dos psicólogos que atuam em IES não seja volvida para os acolhimentos clínicos particulares, mas para ações que velem a necessidade destes e/ou que aspirem à promoção da saúde. Do mesmo modo, o modelo clínico, que é recomendado a ser seguido pelos psicólogos em IES, diz respeito ao espaço de ouvir até mesmo o que não foi dito, independentemente do lugar em que ocorra, seja no campo particular ou público, em um formato didático, coletivo ou grupal.

6.3.2 Atendimentos psicológicos aos estudantes universitários

A melhoria psicossocial dos estudantes demanda a ação de psicólogos no campo da educação superior, pois esse profissional pode cooperar para a precaução e a solução de dificuldades presentes no dia a dia acadêmico

(BISINOTO; MARINHO-ARAÚJO, 2011). A carência de psicólogos que realizem programas de apoio ao universitário colabora para a continuação de uma porção de problemas comumente encarada por universitários, tais como estudos anteriores insuficientes ou inadequados; deficiência de aptidões de leitura e de grafia; dificuldade e insegurança na tomada de decisões.

Os psicólogos, em sua atuação nas IES, podem auxiliar na qualificação dos procedimentos de ensino-aprendizagem e na assimilação do conhecimento científico por parte dos alunos (SAMPAIO *et al.*, 2013). Além disso, os profissionais da área que atuam no ensino superior podem colaborar para a solução de situações de ordem pessoal, que muitas vezes aparecem associadas às vivências do meio acadêmico e acabam refletindo em ambos os aspectos.

Os serviços de acolhimento psicológico aos alunos das IES têm os objetivos de atender aos problemas vividos pelos universitários, amparar o crescimento acadêmico e promover a ampliação do desenvolvimento global dos alunos. Ao adotar como embasamento esses desígnios, algumas atividades são programadas para atender às pendências dos discentes. Entre elas, podem ser mencionados os atendimentos psicológicos, pedagógicos e psicopedagógicos como ajuda ao método de ensino-aprendizagem e como subsídio na condução da carreira, na orientação profissional, no acolhimento de calouros e egressos e no acolhimento de pessoas portadoras de deficiências (VASCONCELOS *et al.*, 2015).

Como evidenciam Horta *et al.* (2010), a atuação do profissional da Psicologia, por meio do aconselhamento em relação à escolha de curso, auxilia os universitários e os indivíduos em geral a encontrarem as respostas para as diferentes interrogações que se surgem ao longo de seus trajetos de vida. Isso é presumível a partir do aprofundamento ao autoconhecimento e do autodesenvolvimento, influindo na antevisão de panoramas de vida em face às transformações que acontecem e que se refletem nos distintos papéis desempenhados pelos estudantes.

6.4 CONSIDERAÇÕES FINAIS

A ansiedade pode ser interpretada como um anseio de perturbação perante algo diferente, sendo importante também para o amparo do indivíduo mediante a presença de ocasiões de ameaça. Ultimamente, os graus de ansiedade vêm aumentando e muitas vezes se convertendo em patologias.

É fato que o período da graduação é marcado por novidades e mudanças que podem deixar o acadêmico apreensivo e nervoso. Dessa forma, vários estudos já evidenciaram níveis habituais de ansiedade e até de ansiedade leve nesse período da formação.

Nota-se então a seriedade de uma conduta pluridisciplinar para esses acadêmicos com evidência nos cuidados psicológicos. Considera-se a importância do papel do psicólogo na atenção em relação a quadros que configuram a ansiedade patológica, auxiliando os estudantes a conviverem melhor com os seus sentimentos.

Conclui-se que o presente trabalho foi de grande importância por ampliar as informações a respeito da ansiedade e da sua presença na vida dos estudantes universitários.

Pontua-se a necessidade e relevância de novas pesquisas sobre o tema e sobre a linha de pesquisa abordados a fim de confirmar a urgência e acuidade de um acompanhamento psicológico para precaver, minimizar e tratar os transtornos de ansiedade presentes na vida dos estudantes do ensino superior.

6.5 REFERÊNCIAS

ACCORSI, M. **Atenção psicossocial no ambiente universitário**: um estudo sobre a realidade dos estudantes de graduação da Universidade Federal de Santa Catarina. 2015. 118 f. Dissertação (Mestrado em Saúde Mental e Atenção Psicossocial) – Centro de Ciências da Saúde, Universidade Federal de Santa Catarina, Florianópolis, 2015. Disponível em: https://repositorio.ufsc.br/handle/123456789/158800. Acesso em: 12 fev. 2021.

ANTUNES, M. A. M. Psicologia Escolar e Educacional: história, compromissos e perspectivas. **Psicologia Escolar e Educacional**, Rio de Janeiro, v. 12, n. 2, p. 469-475, jul./set. 2008. Disponível em: https://www.scielo.br/j/pee/a/kgkH3QxCXKNNvxpbgPwL8Sj/?format=pdf&lang=pt Acesso em: 23 fev. 2021.

BARBOSA, R. M.; MARINHO-ARAÚJO, C. M. Psicologia escolar no Brasil: considerações e reflexões históricas. **Estudos de psicologia**, Campinas, v. 27, n. 3, p. 393-402, jul./set. 2010. Disponível em: https://www.scielo.br/j/estpsi/a/HfFbGhyKP8vqpXtJFW9n9FP/?format=pdf&lang=pt. Acesso em: 2 abr. 2021.

BISINOTO, C.; MARINHO-ARAUJO, C. Psicologia Escolar na Educação Superior: panorama da atuação no Brasil. **Arquivos Brasileiros de Psicologia**, Rio de Janeiro, v. 67, n. 2, p. 33-46, 2015. Disponível em: https://www.redalyc.org/pdf/2290/229042579005.pdf. Acesso em: 21 fev. 2021.

BOLSONI-SILVA, A.; GUERRA, B. O impacto da depressão para as interações sociais de universitários. **Estudos e pesquisas em psicologia**, Rio de Janeiro, v. 14, n. 2, p. 429-452, 2014. Disponível em: https://www.redalyc.org/pdf/4518/451844508004.pdf. Acesso em: 10 fev. 2021.

BRAGA, A. et al. Promoção à saúde dos estudantes universitários. **Rev. Pró-universus**, Rio de Janeiro, v. 8, n. 1, p. 48-54, jan./jun. 2017. Disponível em: http://editora.universidadedevassouras.edu.br/index.php/RPU/article/view/896. Acesso em: 15 fev. 2021.

BRASIL. Ministério da educação. Decreto n. 7.234, de 19 de julho de 2010. Dispõe sobre o Programa Nacional de Assistência Estudantil – PNAES. **Diário Oficial da União**, Brasília, 20 jul. 2010. Seção 1, p. 5. Disponível em: http://www.planalto.gov.br/ccivil_03/_ato2007-2010/2010/decreto/d7234.htm. Acesso em: 28 fev. 2021.

CARDOZO, M. Q. *et al.* Fatores associados à ocorrência de ansiedade dos acadêmicos de biomedicina. **Revista Saúde e Pesquisa**, Maringá, v. 9, n. 2, p. 251-262, maio/ago. 2016. Disponível em: https://periodicos.unicesumar.edu.br/index.php/saudpesq/article/view/4747. Acesso em: 28 fev. 2021.

CERCHIARI, E.; CAETANO, D.; FACCENDA, O. Utilização do serviço de saúde mental em uma universidade pública. **Psicologia**: ciência e profissão, [*s. l.*], v. 25, n. 2, p. 252-265, jun. 2005. Disponível em: https://www.scielo.br/j/pcp/a/T9hPBSm9XbWKxKBfTsdRjGv/abstract/?format=html&lang=pt. Acesso em: 15 fev. 2021.

DALGALARROTO, P. **Psicopatologia e semiologia dos transtornos mentais**. 2. ed. Porto Alegre: Artmed, 2008.

GALVÃO, A. E. O. Ansiedade. **Revista Cadernos de Estudos e Pesquisas do Sertão**, Quixadá, v. 1, n. 1, p. 105-111, jul./dez. 2013. Disponível em: http://www.abeneventos.com.br/anais_senpe/17senpe/pdf/0424co.pdf. Acesso em: 3 fev. 2021.

GOMES, E. T. *et al.* Ansiedade e medo em enfermagem médico-cirúrgica. **Rev. Enf. Brasil**, Pernambuco, v. 13, n. 1, p. 49-54, nov. 2014. Disponível em: https://www.researchgate.net/ publication/289672906_Ansiedade_e_medo_em_enfermagem_medico-cirurgica. Acesso em: 16 jan. 2021.

GOMES, G. L. L.; FERNANDES, M. G. M.; NOBREGA, M. M. L. Ansiedade da hospitalização em crianças: análise conceitual. **Rev. Bras. Enferm.**, Brasília,

v. 69, n. 5, p. 940-945, out. 2016. Disponível em: http://www.scielo.br/scielo.php?script=sci_arttext&pid=S0034- 71672016000500940&lng=en&nrm=iso. Acesso em: 19 jan. 2021.

HORTA, R.; HORTA, B.; HORTA, C. Uso de drogas e sofrimento psíquico numa universidade do sul do Brasil. **Psicologia em Revista**, Florianópolis, v. 18, n. 2, p. 264-276, ago. 2012. Disponível em: http://pepsic.bvsalud.org/scielo.php?script=sci_arttext&pid=S1677-11682012000200007. Acesso em: 19 jan. 2021.

JARRETE, A. P. **Nível de atividade física e composição corporal dos funcionários administrativos da Universidade Estadual Paulista**. 2011. 43 f. TCC (Graduação em Educação Física) – Universidade Estadual Paulista Júlio de Mesquita Filho, Rio Claro, 2011. Disponível em: https://repositorio.unesp.br/bitstream/handle/11449/119475/jarrete_ap_tcc_rcla.pdf?sequence=1. Acesso em: 27 fev. 2021.

NEVES, M. C. C.; DALGALARRONDO, P. Transtornos mentais auto-referidos em estudantes universitários. **Jornal Brasileiro de Psiquiatria**, Campinas, v. 56, n. 1, p. 237-244, nov. 2007. Disponível em: https://www.scielo.br/j/jbpsiq/a/Bn3f9fZrc5KJC6SyDYpt7Wn/abstract/?format=html&lang=pt&stop=previous. Acesso em: 12 fev. 2021.

PADOVANI, R. et al. Vulnerabilidade e bem-estar psicológicos do estudante universitário. **Rev. Brasileira de Terapias Cognitivas**, Rio de Janeiro, v. 10, n. 1, p. 2-10, jun. 2014. Disponível em: https://www.scielo.br/j/jbpsiq/a/Bn3f9fZrc5KJC6SyDYpt7Wn/?lang=pt&format=pdf. Acesso em: 24 fev. 2021.

PEREIRA, D. S. *et al.* Uso de substâncias psicoativas entre universitários de medicina da Universidade Federal do Espírito Santo. **J. bras. psiquiatria**, São Geraldo, v. 57, n. 3, p. 188-195, jul. 2008. Disponível em: https://www.scielo.br/j/jbpsiq/a/bSBnPNqBw7F4j5C53RnxLCf/abstract/?lang=pt&format=html. Acesso em: 1 mar. 2021.

POLISSENI, M. L. C.; RIBEIRO, L. C. Exercício físico como fator de proteção para a saúde em servidores públicos. **Rev. Bras. Med. Esporte**, [*s. l.*], v. 20, n. 5, p. 340-344, set./out. 2014. Disponível em: https://doi.org/10.1590/1517-86922014200502114. Acesso em: 21 de fev. 2021.

SAMPAIO, C. E. P. *et al.* Fatores determinantes da ansiedade e mecanismos decoping em procedimentos cirúrgicos gerais. **Rev. Pesq. Cuid. Fundam.**, Rio de Janeiro, v. 5, n. 4, p. 547-555, out./dez. 2013. Disponível em: https://dialnet.unirioja.es/servlet/articulo?codigo=4767748. Acesso em: 27 fev. 2021.

SCHLEICH, A. L. R. **Integração na educação superior e satisfação acadêmica de estudantes ingressantes e concluintes.** 2006. 183 f. Dissertação (Mestrado em Educação) – Faculdade de Educação, Universidade Estadual de Campinas, Campinas, 2006. Disponível em: pepsic.bvsalud.org/scielo.php?script=sci_nlinks&ref=2186244&pid=S2177-20612010000200008000l2&lng=PT. Acesso em: 1 mar. 2021.

SERPA, M. N. F.; SANTOS, A. A. A. dos. Atuação no ensino superior: um novo campo para o psicólogo escolar. **Psicologia Escolar e Educacional**, [*s. l.*], v. 5, n. 1, p. 27-35, jun. 2001. Disponível em: https://www.scielo.br/j/pee/a/6dN3Yrkrd4r8pcsPzCRW9Hn/abstract/?lang=pt. Acesso em: 10 fev. 2021.

SILVA, A.; CALVACANTE-NETO, J. Associação entre níveis de atividade física e transtorno mental comum entre estudantes universitários. **Motricidade**, Maceió, v. 10, n. 1, p. 49-59, maio 2014. Disponível em: pepsic.bvsalud.org/scielo.php?script=sci_nlinks&ref=4224758&pid=S1806-69762020000100009000l8&lng=PT. Acesso em: 24 fev. 2021.

SOUZA, M.; BAPTISTA, A.; BAPTISTA, M. Relação entre suporte familiar, saúde mental e comportamentos de risco em estudantes universitários. **Acta Colombiana de Psicologia**, São Paulo, v. 13, n. 1, p. 142-154, jun. 2010. Disponível em: https://repository.ucatolica.edu.co/handle/10983/174. Acesso em: 4 fev. 2021.

VASCONCELOS, T. C. *et al.* Prevalência de Sintomas de Ansiedade e Depressão em Estudantes de Medicina. **Revista brasileira de educação médica**, [*s. l.*], v. 39, n. 1, p. 135-142, out. 2015. Disponível em: https://www.scielo.br/j/rbem/a/SVybyDKKBCYpnDLhyFdBXxs/?lang=pt&format=pdf. Acesso em: 24 de fev. 2021.

7

SOCIEDADE DO ESPETÁCULO: UM PALCO PARA SOLIDÃO

Jhonatan Novaes de Souza
Charles Magalhães de Araújo

7.1 CONSIDERAÇÕES INICIAIS

Sociedade do Espetáculo é uma teoria revolucionária proposta por Guy Debord, tendo sua primeira publicação sido realizada na França, em novembro de 1967. Como o nome sugere, tal estudo traz várias inferências do autor sobre a sociedade e, mediante suas observações, faz uma crítica a um modelo que para o estudioso é deveras prejudicial para a população mundial. No prefácio do livro, que leva o nome da teoria, Debord (1997) já enuncia que o leitor deve atentar ao fato de que a tarefa primordial do livro é se contrapor ao modelo de sociedade espetacular, evidenciando assim sua repulsa e descontentamento com o modelo social que impera atualmente.

Para compreender Debord, deve-se refazer seus passos, entender suas motivações, bem como pensar nas fontes das quais ele se beneficiou para chegar à compreensão do que se tornou sua teoria do espetáculo, bem como ter a noção de que, por mais que seja uma teoria conhecida nos dias atuais, se percebem variados equívocos quanto ao seu uso e explanações atualmente.

A França da década de 1960 passava por um momento reflexivo sobre as obras de Marx, o que se deu devido à tradução para a língua francesa de *Teoria do romance* e *História e consciência de classe*, duas obras da autoria de G. Lukács, e da obra *Marxismo e filosofia*, de K. Korsch. Guy, fundador e membro da Internacional Situacionista, grupo que surge em 1957, entra em contato com tais obras, que foram primordiais no cenário da discussão filosófica dentro do contexto da crítica social nos anos 1920-1930, e o que se tem como produto de tal contato é uma crítica ao capitalismo, com fundamentação nos conceitos marxianos de alienação, fetichismo da mercadoria e reificação (AQUINO, 2007).

Percebe-se que a teoria do espetáculo se configura como uma crítica ao modo de viver atual, pois, ao analisar como a sociedade se estabelecia, o autor foi delimitando como o fenômeno da vida cotidiana se dava, fazendo inumeradas reflexões sobre tal.

A partir de tal viés, é possível vincular o estudo psicanalítico com a sociedade do espetáculo, já que desde os primórdios da sua obra Sigmund Freud se ocupou em analisar o cotidiano da vida humana, dando voz e atenção a um assunto marginalizado na época, e dali em diante, porque, dentro da teoria de Debord, a vida cotidiana é delimitada pelas atribuições sociais, e se encontra fixada pela alienação massiva do espetáculo que tende a dominar todas as relações e vínculos sociais, inclusive aqueles consigo mesmo (HARITÇALDE, 2014).

Entre os trabalhos mais recentes que abordam a psicanálise e a sociedade do espetáculo, pode-se citar Birman (2016), que evoca as inferências de Debord como uma grande referência para se entender a construção subjetiva atual, e Kehl (2015), que trata principalmente do espaço imagético dos dispositivos midiáticos que ditam os costumes sociais, convindo ressaltar que, embora abordem a sociedade do espetáculo, tais autores pouco se aprofundam nas questões fundamentais tratadas por Debord.

Birman (1999) elabora uma crítica direcionada ao modelo psicopatológico privilegiado pela nova configuração social, discorrendo principalmente sobre o fato da psicopatologia pós-moderna ter se separado da psicanálise, para se adequar ao novo modelo baseado na neurociência, fazendo com que a subjetividade do ser fosse jogada para debaixo do tapete, privilegiando não a cura, mas a manutenção do espetáculo, ou seja, o ser adoecido precisa ser reestabelecido à condição de operante "saudável" para dar conta das demandas sociais, e assim os psicofármacos figuram como peça central para uma sociedade obstinada pelo sucesso e obtenção de figurar no centro do espetáculo, buscando o sucesso e status dominante. É abominável não ser notado.

A presente pesquisa se trata de uma revisão de literatura, e para sua confecção foram utilizados livros, dissertações e artigos, dando-se primazia para bases de dados da internet como SciELO e BBTD. As seguintes palavras-chave foram utilizadas para delimitar a pesquisa: sociedade do espetáculo; psicanálise e patologias narcísicas.

A motivação para tal revisão se deve ao fato do interesse e análise social feita sobre o modelo atual vigente na sociedade. Uma sociedade narcísica que se mostra cada dia mais voltada para suprir o consumo exacerbado, ignorando a subjetividade do ser humano. Tal característica fez com que a psicopatologia se adequasse, se distanciando do modelo psicanalítico e indo ao encontro do modelo da neurociência, em que é vista apenas a questão sintomatológica do ser, sendo ignorada sua parcela subjetiva e única. Sendo assim, o ser entra em grandes conflitos, pois tem sempre uma parte de si que não é notada. O modelo de sucesso e a pressão imposta para o alcançar também são fatores que adoecem o ser que vive a fundo a realidade do espetáculo.

O presente trabalho tem por objetivo revisar a obra *Sociedade do espetáculo* de Debord (1997), trazendo elementos da teoria psicanalítica, que serão principalmente enfocados na questão do homem atual, desvelando assim que o espetáculo é responsável pelas patologias narcísicas.

A primeira seção será focada na obra de Debord, visando clarificar sua teoria. A segunda abordará o surgimento da teoria psicanalítica, seus caminhos clínicos, até a formulação do mal-estar na cultura. Posteriormente, a última seção se pautará na construção subjetiva atual que é fortemente marcada pela aparição das chamadas patologias narcísicas e, por fim, em trazer elementos que demonstram que um modelo psicopatológico que se baseia na sintomatologia e uso massivo de psicofármacos ainda está longe de ser o ideal.

7.2 SOCIEDADE DO ESPETÁCULO: gênese da crítica social

Para melhor clarificação do conceito de Sociedade do Espetáculo, uma trajetória pela história se constitui primordial; isso se faz necessário para entendermos como o autor chegou a tal elucidação. O ponto de partida é o mundo pós-guerra; com a queda de Hitler e suas ideologias nazistas, bem como a rendição do Japão, o planeta ficou polarizado entre duas superpotências: os Estados Unidos e a União Soviética. Assim foi instaurado o que hoje se conhece como "guerra fria", quando ocorreu a oposição de capitalismo *versus* comunismo, o primeiro se caracterizando como um modelo mais liberal, economicamente falando, se baseando no taylorismo e fordismo, consolidando assim sua hegemonia na Europa e América Latina; o segundo já se apresentava como um modelo econômico mais rígido voltado para o fortalecimento do Estado (AFONSO, 2015).

Bem, como se sabe, a Europa arrasada pelas guerras e temendo as intenções soviéticas adota o capitalismo como modelo econômico, abrindo espaço para a democracia americana, liberal e competitiva.

Há então, nesse período, uma enorme efervescência cultural, isso se dá pelo surgimento da cultura de massa, com o show business dominando os centros de lazer da época, abordando temas como o fim da guerra e uma nova onda de prosperidade. E, assim, filmes de Hollywood dominam os cinemas europeus, acompanhados de um crescimento do cinema italiano e francês. Nos anos de 1950, há uma revisão das vanguardas atuantes no período entreguerras com movimentos como *Dadaísmo, Surrealismo* e *Bauhaus Imaginista.* Porém, tais vanguardas perdem seu caráter de crítica radical para se encaixar no sistema de produção cultural de ímpeto industrial, midiático e de massa. Temos importantes avanços no campo da arquitetura, urbanismo e design funcional (BELLONI, 2003).

Em 1952 na França traumatizada pela guerra e ocupação nazista, acontece uma reunião de intelectuais e artistas da época que se juntando criam um movimento intitulado *Internacional Letrista*, o que está diretamente ligado à criação do movimento artístico, político e poético criado por Debord, a *Internacional Situacionista.* A *Internacional Letrista* tinha como máxima uma proposta deveras revolucionária, pois o objetivo almejado nada mais era que uma reforma total da civilização, e Debord ao criar e lançar a *Internacional Situacionista* abraçou tal causa afirmando que, antes de tudo, era necessário mudar o mundo e a forma que as pessoas vivem, evocando uma maneira mais livre de viver a vida (JAPPE, 1999).

Os situacionistas no período compreendido entre 1958 a 1969 publicaram 12 números da sua revista denominada *Internationale Situationniste*; até 1961 as mensagens publicadas se referiam basicamente a questões ligadas à arte, com enfoque na urbanização, porém os temas foram se aprofundando após esse período e a revista começou a abordar esferas políticas, sobretudo revolucionárias (JACQUES, 2003).

Entre tais publicações, panfletos e ações realizadas pelos situacionistas, destacam-se três publicações que serviram para aumentar e difundir o espírito revolucionário no período anterior aos eventos de maio de 1968 na capital francesa: a brochura coletiva publicada em 1966, *De la misère en milieu étudiant, considérée sous ses aspects économique, politique, psychologique, sexuel et notamment intellectuel, et quelques moyens pour y remédier*; o livro do situacionista Raoul Vaneigem, publicado em 1967, *Traité de savoir-vivre à l'usage des jeunes générations*; e o hoje clássico de Guy Debord, também publicado em 1967, *La société du spectacle* (JACQUES, 2003).

As várias discussões e debates acerca de ideias revolucionárias que Debord teve com seus comparsas situacionistas o despertaram para escrever sua obra mais famosa, a *Sociedade do Espetáculo* (DEBORD, 1997). Sintetizando bem o propósito de Debord ao escrever o livro, Belloni (2003, p. 130) traz que *Sociedade do Espetáculo*:

> [...] condensa, em poucas páginas, na forma de aforismos, num estilo impecavelmente elegante e claro, inspirado nos filósofos moralistas e nos memorialistas do século XVII, uma reflexão original sobre a sociedade contemporânea, que revisita, "desvia" e ressignifica — radicalizando — as categorias fundamentais do marxismo hegeliano dos jovens Marx e Lukács: alienação, falsa consciência, reificação, fetichismo da mercadoria, forma-mercadoria, valor de troca, trabalho abstrato.

Adentrando *Sociedade do Espetáculo* (DEBORD, 1997), pode-se perceber que, nas primeiras teses compiladas, o autor se ocupa em conceituar um termo fundamental para a obra, o de espetáculo. Para ele, o espetáculo se apresenta de três formas, como sendo a própria sociedade, como uma parte dela e como um instrumento de unificação. Sendo resultado e o projeto do modo de produção operante, e sob todas as formas em que é apresentado, seja informação ou propaganda, publicidade ou entretenimento, o espetáculo se configura como modelo atual da vida atuante na sociedade.

Paiva e Oliveira (2015) evocam ainda que o espetáculo em Debord é o momento do desenvolvimento pleno da lógica mercantil descrita por Marx, sendo esse um momento em que há superabundância de mercadorias, que se tornam supersensíveis e que escapam se tornando imagens independentes em relação ao homem e à sociedade.

Compactuando com tal percepção, Coelho (2016) traz que um fator imprescindível para a compreensão da teoria de Debord é ter noção dos vínculos que ela faz com a teoria crítica da sociedade capitalista. Jappe (1999) inclusive aborda que, para se entender o que o filósofo francês queria nos elucidar, é necessário situar suas teorias entre as ideias marxistas. Perceber tal aproximação entre as teorias é de certa forma fácil, já que, na primeira tese de *Sociedade do Espetáculo* (1997), é possível perceber uma paráfrase da primeira frase de *O Capital* (MARX, 1985).

Belloni (2003) traz que a obra de Debord busca centralizar seus esforços teóricos sobre um tema central da obra de Marx, que foi deixado de lado pelo marxismo oficial: a crítica radical ao fetichismo de mercadoria, conceito de difícil entendimento, sendo o conceito de espetáculo primordial para sua compreensão, já que nele Debord elenca todas as suas ideias sobre a sociedade contemporânea, que dão direção para a compreensão do estudo marxista.

Essa centralização fica evidente na tese 36 do livro de Debord (1997), em que o próprio autor discorre sobre o tema dizendo que "É pelo princípio do fetichismo da mercadoria, a sociedade sendo dominada por 'coisas supersensíveis embora sensíveis', que o espetáculo se realiza absolutamente" (p. 29).

Paiva e Oliveira (2015) discorrendo sobre o fetichismo da mercadoria elucidam que é necessário trazer esse tema para a atualidade como uma espécie de ideologia. Também se faz importante compreender que tal teoria não se trata de um ofuscamento projetado sobre a mercadoria que serviria para mascarar as verdadeiras relações de produção baseadas na exploração do trabalhador, porém se trata do verdadeiro fundamento das relações modernas: o movimento imparável e autojustificado da valorização do dinheiro, que é objetivo final de toda produção mercantil.

Nesse âmbito Marx (1985) discorre que a sociedade se encontra em uma situação em que o processo de produção domina os homens, e não o contrário, sendo assim, para ele o fetichismo de mercadoria é, em primeiro plano, o movimento automático de valorização incessante do dinheiro, algo que não é visto, mas que está no centro da mercadoria, um movimento que é o elemento fundamental do objeto-fetiche. E, diferindo de objetos fetichistas primitivos, esse serve para alimentar um funcionamento social.

Jappe (1999) em seu estudo sobre a obra de Debord elucida sobre o fetichismo da mercadoria dizendo que este significa que a existência humana está atrelada às leis que são fruto da natureza do valor, sendo a primeira delas sua necessidade imparável de aumentar. Assim, a sociedade vive presa a essa lógica de sempre precisar transformar dinheiro em mais dinheiro, algo que precisa sempre encontrar novas maneiras de expansão ilimitada, buscando sempre romper barreiras tanto do ponto de vista objetivo quanto subjetivo, e é isso que conceitua o fetichismo moderno (JAPPE, 2006).

Assim tem-se a estruturação da sociedade do espetáculo, que diferentemente de teorias como a da mais-valia e da luta de classes, que se organizam do ponto de vista dos explorados, ela se situa na visão do fetichismo da mercadoria, em que tanto o proletário quanto a burguesia atuam, ambos submetidos à lógica do espetáculo. Então a teoria do espetáculo parte de uma crítica a partir da visão dos explorados para ser uma crítica à forma de vida social que é dominada pela mercadoria e sua lógica (PAIVA; OLIVEIRA, 2015).

Debord busca com sua teoria da sociedade espetacular trazer o fato de a população estar vivendo uma inconsciência social. Ao inferir que não temos domínio sobre a organização social e que as imagens superabundam sobre a sociedade, já temos apontamentos sobre essa inconsciência. Para Jappe (2006), tais evidências mostram que por mais que hoje se diga que o sujeito pode ser considerado como autodeterminado na sociedade atual, ainda há algo que lhe escapa, fazendo com que sua consciência seja apenas relativa, escapando algo de ordem social.

7.3 PSICANÁLISE: da clínica à sociedade

Sigmund Freud inicia seu percurso no âmbito psicanalítico ao investigar o funcionamento psíquico das histéricas, não pela via teórica, mas pela via experiencial tratando os problemas e sofrimentos, que o médico tentava eliminar com insucesso. A histeria não era uma patologia nova na sociedade, mas já vinha intrigando médicos há séculos, todos ávidos por entender sua causa (FULGENCIO, 2002).

O jovem Freud, no início do seu percurso médico, desejava permanecer no laboratório de fisiologia de Brücke, a quem muito admirava, porém foi o próprio Brücke, em 1882, analisando a situação econômica de Freud, que insistiu para que ele seguisse a carreira prática, largando a teoria. Assim, Freud ingressa no Hospital Geral de Viena (FREUD, 2011).

É nesse ambiente que Sigmund tem seu primeiro contato com pacientes psiquiátricos. A psiquiatria alemã, em suma, acreditava que as patologias mentais eram causadas por algum dano ou inflamação no sistema nervoso. Nesse contexto Freud se forma e, como pesquisador, se aproxima do estudo da histeria, graças a Josef Breuer, renomado médico da época, que recebia em seu consultório alguns pacientes com essa patologia (MARCOS; OLIVEIRA JUNIOR, 2011).

Então Freud, intrigado com a histeria, resolve pedir uma bolsa para continuar seus estudos com Charcot, em Paris, no ano de 1885, pois, segundo ele, já tinha absorvido o bastante da psiquiatria alemã, portanto era chegada a hora de buscar um novo olhar nessa temática e a psiquiatria francesa foi o destino escolhido para tal (FULGENCIO, 2002).

A psiquiatria francesa nesse quadro, representada por Charcot, diferia da alemã, já que via as doenças psiquiátricas como algo além de um dano ou inflamação; para tais estudiosos, havia um fator psíquico, existindo algum lugar, uma instância de ideias inconscientes que seriam o motivo dos distúrbios psicológicos. Isso faz com que Freud tenha contato com a noção de que os seres humanos não estão só conscientes, psiquicamente falando, mas que há algo inconsciente que atua sobre nossa psique, dando bases para o que Lacan chamou de uma revolução copernicana (BARATTO, 2009).

Pode-se inferir que essa passagem de Freud por Paris foi fundamental para o desenvolvimento da psicanálise, já que em uma de suas correspondências, ao falar de Charcot, Freud diz "[...] nenhum homem teve tanta influência sobre mim" (FREUD, 1982, s/p). Posteriormente, ele ainda discorre sobre isso dizendo que o que mais lhe chamou atenção nos estudos de Charcot foram suas considerações sobre a histeria.

Para Freud, foi Charcot quem trouxe as maiores contribuições para o estudo da histeria, listando a descrição completa de suas manifestações, demonstrando suas ordens e regularidades, além de como realizar um correto diagnóstico, e é importante pontuar que ele a definia como uma neurose (FREUD, 1996).

Freud ainda pontua a importância de, por meio da hipnose, Charcot trazer um avanço importante para a compreensão das paralisias histéricas. Já que quando estava em transe a paciente deixava de apresentar sintomas, porém, sempre que voltava ao normal, os sintomas apareciam novamente. Foi a partir desse método que Freud percebeu que a histeria apresentava, além dos componentes conscientes, aspectos advindos do inconsciente (RUBIN, 2017).

Freud abandona esse método de tratamento pelo fato de ele não garantir a cura, já que a paciente só apresentava melhoras quando estava sob hipnose. Porém, usufruindo das ideias de Charcot sobre os aspectos traumáticos da histeria, Freud afirma com sua *Teoria da Sedução* que o trauma causador dessa patologia era de origem sexual, como um trauma vivido na infância, sendo uma sedução real. Porém, ele abandona essa teoria, apresentando a noção de fantasia, atribuindo ao trauma um aspecto psíquico (BELINTANI, 2003).

Nos *Estudos sobre a Histeria* (FREUD, 1996), Sigmund traz os conceitos norteadores de uma nova conceituação do inconsciente: o recalcamento, a ab-reação, a defesa, a resistência e a conversão. E em *A Interpretação dos sonhos* (FREUD, 2019), ele reconhece que o principal causador da histeria é o conflito psíquico. Porém, foi com a conceituação do Complexo de Édipo e Angústia de Castração que ele pôde compreender o núcleo da histeria (ROUDINESCO; PLON, 1998). Com tais estudos, chegou o momento em que a própria noção de histeria se fundiu com a psicanálise, a ponto de que era impossível desassociar os dois termos.

Porém Freud não atentou somente à histeria, já que a psicanálise não se configura como um tratamento terapêutico, mas vem se tornando cada dia mais uma ciência, a do psiquismo humano, de processos inconscientes num nível individual, grupal e até mesmo institucional, tanto que, nos dias atuais, é possível fazer investigações psicanalíticas sobre os variados campos da vida humana e social (ENRIQUEZ, 2005).

O interesse de Freud sobre a sociedade pode ser percebido em vários dos seus estudos; entre os mais importantes, podemos citar *Totem e Tabu* (FREUD, 2012), em que o autor dispõe sobre a importância dos símbolos, que são sagrados para a sociedade, e os tabus, que são proibições de origem incerta, mas que vigoram na nossa cultura; e *Moisés e o monoteísmo* (FREUD, 2018), em que ele se ocupa em construir uma teoria psicanalítica contra o antissemitismo.

Porém, para este estudo, se constitui importante a análise de outra obra freudiana, intitulada *O mal-estar na civilização* (FREUD, 2010), em que o autor trata de uma temática muito interessante para a sociedade: o sentido da vida e como ele está diretamente ligado à sociedade. Freud inicia o livro abordando o propósito da vida e como a religiosidade tenta ofertar respostas a uma questão tão complexa, porém descarta que haja uma reposta universal para todos os seres humanos, já que esse sentido só pode ser alcançado individualmente, mas como Moreira (2005, p. 287) elucida:

> [...] Freud oferece uma possibilidade de colocação universal: os homens se esforçam para obter a felicidade, e esta é alcançada por meio da vivência de intensos sentimentos de prazer e diante da perspectiva da ausência de sofrimento. Fundamentando-nos na lógica interna da teoria psicanalítica, podemos dizer que o propósito da vida está submetido ao programa do princípio de prazer.

O princípio do prazer não é uma teoria formulada por Freud, porém ele é responsável pelo seu desenvolvimento. Em suma, esse princípio postula que, para atingir uma satisfação almejada, o ser depende de uma energia pulsional voltada para isso, mas essa satisfação jamais alcançará o ponto que o indivíduo realmente espera, isso se dá pelas próprias expectativas do ser, suas frustrações internas ou por questões socioculturais, e assim o princípio da realidade se manifesta, impedindo que ele viole questões éticas e morais para satisfazer seus desejos internos (LEITE, 2015).

Com isso, Freud quer dizer que será impossível alcançar um estado pleno de felicidade, sendo impossível alcançar um prazer definitivo. Para ele, só existe prazer em contraposição ao sofrimento. Então a felicidade real é rara, pois nos surpreende e é repentina. Já o sofrimento ou infelicidade se apresenta de forma mais corriqueira em nossa sociedade e acontece em três momentos: o primeiro se dá no próprio corpo; o segundo no mundo externo e o terceiro nos relacionamentos com os demais seres humanos. Sendo o terceiro a maior causa de nosso sofrimento. Sem o encontro com o outro, não haveria uma sociedade, sendo assim, a constituição da esfera psíquica depende disso, de um encontro com o diferente (MOREIRA, 2005).

Diante disso Inada (2011) aborda que os homens amenizam suas reivindicações de felicidade, se considerando felizes apenas pelo fato de terem escapado do sofrimento ainda que momentaneamente. A autora continua discorrendo que Freud, ao analisar os modos utilizados pelos homens para fugir da infelicidade, diz que nenhum deles é capaz de garantir a felicidade total, pelo simples fato de isso representar um estado neutro de tensão, e isso corresponde psiquicamente ao estado de morte, o que não compactua com o princípio de prazer que está envolto com a pulsão de vida, buscando sempre sua satisfação.

7.4 MAL-ESTAR NA ATUALIDADE: constituição subjetiva e psicopatologia atual

É notório que Debord (1997), com sua teoria da Sociedade do Espetáculo, visava promover uma revolução social, criticando que a vida estava se tornando apenas um receptáculo para armazenar e acumular espetáculos. Como Viscardi *et al.* (2012) pontuam, a crítica maior reside no fato de os indivíduos serem alienados a esse modelo de funcionamento social e simplesmente o aceitarem se tornando mercadoria do espetáculo.

Aprofundando-nos mais nessa pontuação, é seguro dizer que esse mundo de imagens e pura contemplação descrito pelo autor ultrapassa as linhas teóricas, se fazendo presente na atualidade, em que se vive, socializa e interage tendo como base as aparências, e é claro a lógica do mercado que domina sobre tudo.

Com isso, se torna inquietante pensar como se dá a subjetividade numa sociedade espetacular, em que imagens medeiam o todo. Partindo desse pressuposto, se destaca o trabalho de Maria Rita Kehl (2015), que aborda como a subjetivação se dá pelo espetáculo, fazendo um compêndio entre as ideias de Theodor Adorno e Guy Debord.

Adorno (2020), com seu estudo sobre a indústria cultural, aponta como o advento da televisão propiciou o acesso da população às mais variadas culturas e como o capitalismo se apropriou disso para transformá-las em produtos. Enquanto a teoria debordiana já diz de um momento histórico em que os meios de comunicação estavam mais evoluídos, assim como discorre Kehl (2015, p. 71):

> Não estou certa de que a passagem do conceito de indústria cultural para o de sociedade do espetáculo represente uma mudança de paradigma; talvez seja uma consequência da própria expansão daquela indústria, tal como Adorno a analisou em 1947, com o auxílio da mais poderosa de todas as mídias: a televisão. Da indústria cultural à sociedade do espetáculo, o que houve foi um extraordinário aperfeiçoamento técnico dos meios de se traduzir a vida em imagem, até que fosse possível abarcar toda a extensão da vida social.

É nesse ínterim que se encaixam as ideias de Marcuse (2015), que se aprofundou no estudo das sociedades industriais avançadas, afirmando que o modelo social proposto por Henry Ford, que defende que a produção em massa necessita do consumo em massa, se utilizou dos meios de comunicação em massa para transformar o trabalhador em consumidor dos bens que ele fabricou, sendo essa a base do capitalismo.

Conforme Silva (2017) aborda, os meios de comunicação se tornam a partir desse momento um importante instrumento formativo do homem na sociedade, já que enquanto a publicidade age de forma mais direta e deliberada, disponibilizando variados produtos que ditam novos estilos de vida, de forma mais indireta e subliminar tem-se as produções que a indústria cultural oferece. É assim que o consumo alienado se forma.

Assim se tem a confirmação da tese número 30 de Debord (1997), em que o autor discorre sobre a alienação que a sociedade espetacular impõe aos indivíduos, se configurando como uma cena em que quanto mais os seres consomem o que lhes é ditado e ofertado, mais eles perdem a noção da própria existência, e consequentemente do próprio desejo. Se tornando, assim, indivíduos cada vez mais vazios de si mesmos, mas cheios da exterioridade espetacular, pois se nutrem do que a mídia impõe para assim estarem conectados e se sentirem participantes da sociedade.

Retornando a Freud (2010), tem-se que a subjetividade humana é inerente à cultura, ou seja, ela se constitui como um fator determinante para que o ser se constitua enquanto participante da sociedade. Viver em sociedade significa viver à mercê de regras e limites, porém um ser que renuncia suas vontades ou parte de sua felicidade em prol de uma adaptação social, em um ambiente seguro e protetor, sentirá sofrimento psíquico, se configurando assim o mal-estar da civilização.

É seguro dizer que o mal-estar vai se atualizando conforme novas culturas vão surgindo, e sendo assim, novas formas de sofrimento psíquico aparecem (OZELAME, 2018). Tendo a Sociedade do Espetáculo como base da sociedade atual, podemos dizer que as novas formas subjetivas nela percebidas estão voltadas para um indivíduo que se preocupa com a exterioridade de si mesmo, já que está alienado ao consumo exagerado e desenfreado. O foco é se tornar mais um espetáculo para contemplação do outro (BIRMAN, 2017).

Tais características evocam uma sociedade narcísica, em que as formas de sofrimento psíquico não compactuam com as mesmas presenciadas na época de Freud; como Birman (2017) aponta, a dor é a característica principal do sofrimento psíquico nos tempos atuais, sendo algo que apenas o sujeito sente, não podendo ser compartilhado com o outro, e isso se dá, pois nesse modelo narcisista de sociedade os sentimentos estão centrados no eu, o que causa uma impossibilidade de evocar o outro em apelo, que o outro se faça presente e, assim, o sujeito busca formas de aliviar tal dor. As formas mais utilizadas para alívio da dor do sujeito narcisista estão centradas nas compulsões, na violência ou por meio das somatizações.

A compulsão é a forma mais comum de alívio, e se dá por maneiras variadas, como compras, refeições, busca de um corpo ideal e drogas. Percebe-se que tais compulsões estão diretamente ligadas à lógica de consumo, em que o sujeito tenta evitar desprazer a todo custo na busca de uma felicidade contínua, como pontuam Quintella *et al.* (2017).

A violência é outra maneira de se conseguir alívio e pode-se perceber sua manifestação quando se considera o aumento de casos de violência, que se manifestam em agressões, crimes hediondos, terrorismo, e ela também é vista quando o ser é agressivo consigo mesmo, pelo consumo de drogas, medicamentos e, em casos mais graves, na via do suicídio (BARUS-MICHEL; CAMPS, 2003).

A somatização se configura como uma resposta às desordens psíquicas que não foram simbolizadas pelo ser, sendo assim se infere que os indivíduos não conseguem decodificar seus sentimentos e não tendo aporte verbal é o corpo que manifesta os sintomas (ÁVILA, 2012).

Conforme Fensterseifer e Werlang (2017) abordam, o ser contemporâneo lida com o constante sentimento de vazio; como o que importa é o que é visto, o que está dentro do ser é deixado de lado, as relações se tornaram mais superficiais e a solidão predomina como uma nova condição de vida. Assim o indivíduo precisa lidar com o sentimento de vazio e desamparo, ou seja, com o fato de estar só.

Nesse sentido, é possível perceber, atualmente, um homem que é transpassado pela globalização e pela exigência midiática de se ater aos padrões impostos, porém lhe falta o tempo necessário para processar psiquicamente a gama de informações e sensações que o mundo desperta, e com a busca incessante pela felicidade, sofre com o desamparo, tentando resolver por meio do consumo, acarretando o aparecimento das ditas patologias do vazio, como a depressão, síndrome do pânico, distúrbios alimentares, somatizações, as toxicomanias e adições (SILVA; DIONISIO, 2020).

Com isso, faz-se necessário uma explanação acerca da psicopatologia atual. Birman (1999) traz uma importante reflexão acerca do momento psicopatológico da pós-modernidade e a influência que a teoria deboriana tem sobre ele. O autor discorre que a psiquiatria, na década de 1970, para se adequar ao modelo médico, se distancia do modelo psicanalítico, que até então era o método principal de tratamento psicopatológico. Essa aproximação da psiquiatria com a medicina traz também uma aproximação com a psicofarmacologia.

Isso se deve principalmente à evolução dos estudos neurocientíficos e a uma mudança de paradigma, visto que antes se priorizava o descobrimento da raiz do problema pela via subjetiva, como Freud buscava com a clínica de histéricas; porém, com o passar do tempo e evolução social, viu-se a necessidade de se atentar apenas para a questão sintomática das psicopatologias, como pontua Sathler (2006). Como Ozelame (2018, p. 9) afirma, "[...] no contexto atual não se busca mais a cura e sim o alívio do mal-estar do sujeito". Vive-se um momento em que as psicoterapias são apenas um plano secundário.

Convém ressaltar que nesse âmbito a cura reflete um estado de autoconhecimento e compreensão sobre si mesmo, enquanto o alívio se refere a um desejo de se livrar do sofrimento a todo custo. Porém há fuga do olhar para si, pelo medo de sofrer mais, afinal entrar em contato com a própria subjetividade não é um processo tão simples, e por ser uma alternativa mais demorada num modelo social que prega a rapidez, a medicalização ganha mais visibilidade (CAMPOS, 2007).

Birman (1999) aponta, ao analisar periódicos da psiquiatria, que o interesse de tal área se pautava em três síndromes do vazio: depressões, toxicomanias e síndrome do pânico. O interesse não se dá porque há um aumento das três patologias, mas se dá pelo fato de as toxicomanias terem apresentado um aumento exponencial nas últimas décadas, havendo inclusive o surgimento de novas formas de adição.

Para o autor, o crescimento exponencial do uso de psicofármacos, como ansiolíticos e antidepressivos, acarreta novos surgimentos de toxicomanias. Pois, na impossibilidade de parar para olhar para si próprio e cuidar de si, já que o mundo é demarcado por uma pressa e necessidade de consumo, o ser sofre, mas encontra nos medicamentos e nas drogas "pesadas" uma saída, tendo o alívio do mal-estar e possibilidade de continuar mantendo o mundo espetacular em funcionamento, constituindo assim uma alquimia perfeitamente aceitável nessa dinâmica social (BIRMAN, 1999).

Dados atuais evocam que o consumo de antidepressivos e ansiolíticos tem disparado nos últimos anos, principalmente com a pandemia da Covid-19, tendo se instaurado em nossa sociedade. No Brasil, só no período de janeiro a maio de 2021, houve um aumento de 13% nas vendas, o que pode ser numerado como 4,782 milhões de unidades de cápsulas e comprimidos vendidos a mais que no mesmo período de 2020 (COLLUCCI, 2021).

Ferreira (2014) defende que o uso desses medicamentos se dá porque há uma busca de fugir da realidade, aliviando sentimentos negativos e alcançando uma estabilidade psíquica. A indústria cultural também aparece nesse cenário, em que propagandas engrandecem o fator tranquilizador que esses medicamentos possuem, transformando os psicofármacos na solução para o sofrimento da população. É claro que sua eficácia é comprovada e necessária em muitos casos, porém seu uso indiscriminado acontece, e assim eles se transformam em objetos de consumo, num mundo compulsivo.

7.5 CONSIDERAÇÕES FINAIS

A Sociedade do Espetáculo mantém sua notoriedade e relevância mesmo após tantas décadas de seu lançamento, servindo de base para este e tantos outros estudos já desenvolvidos sobre a temática. Sendo assim, demonstra-se a inegável importância desse trabalho para se analisar o modo de funcionamento da sociedade atual.

Freud aborda como uma vida em sociedade sempre trará consigo a impossibilidade da felicidade concreta, pois as leis e limites geram ao ser a necessidade de renunciar sobre seu desejo, portanto, desse modo, ele prova que a cultura gera um mal-estar psíquico na população. Sendo essa teoria a base para as noções de sofrimento psíquico de vários autores da atualidade, que se preocupam com os caminhos subjetivos e psicopatológicos que a humanidade vem tomando.

As patologias narcísicas denotam que a sociedade vive imersa nesse mundo de imagens, seguindo normas e padrões de vida que deixam as pessoas mais infelizes e desamparadas. Para lidar com o desamparo e continuar fazendo o espetáculo funcionar, com a psicanálise e demais psicoterapias num segundo plano, surgem os medicamentos e drogas pesadas, prometendo alívio imediato ao ser que sofre.

Assim, as toxicomanias ganharam a cena do espetáculo, se tornando uma preocupação tanto para a psiquiatria quanto para a psicanálise, já que existem, sim, muitos casos em que os medicamentos são necessários e recomendados, porém o que se percebe na sociedade atual é o uso desenfreado de medicamentos para que o ser consiga uma fuga e anestesia dessa modalidade de vida tão desgastante, em que todas as relações são frágeis e o eu é priorizado.

O presente estudo se configura apenas como uma gota d'água no oceano diante da imensidão das possibilidades de investigação dessa temática que se torna cada vez mais importante e necessária, para, quem sabe, começarmos a caminhar em direção a uma solução para a problemática apresentada.

7.6 REFERÊNCIAS

ADORNO, T. **Indústria cultural**. São Paulo: Editora Unesp, 2020.

AFONSO, J. G. O American Way of Life na reconstrução da Europa no pós-guerra. **Revista Relações Internacionais no Mundo Atual**, Curitiba, v. 1, n. 20, p. 218-252, mar. 2015. Disponível em: http://revista.unicuritiba.edu.br/index.php/RIMA/article/view/1183/371373022. Acesso em: 18 mar. 21.

AQUINO, J. E. F. de. Espetáculo, comunicação e comunismo em Guy Debord. **Kriterion**: Revista de Filosofia, Belo Horizonte, v. 48, n. 115, p. 167-182, set. 2007. Disponível em: https://www.scielo.br/scielo.php?pid=S0100=512-200700010001 0X&script-sci_abstract&tlng=ES. Acesso em: 23 mar. 2021.

ÁVILA, L. A. O corpo, a subjetividade e a psicossomática. **Tempo Psicanalítico**, Rio de Janeiro, v. 44, n. 1, p. 51-69, jun. 2012. Disponível em: http://pepsic.bvsalud.org/scielo.php?script=sci_arttext&pid=S0101-48382012000100004. Acesso em: 1 out. 2021.

BARATTO, G. A descoberta do inconsciente e o percurso histórico de sua elaboração. **Psicologia**: ciência e profissão, Brasília, v. 29, n. 1, p. 74-87, mar. 2009. Disponível em: http://pepsic.bvsalud.org/scielo.php?script=sci_arttext&pid=S1414-98932009000100007. Acesso em: 28 jun. 2021.

BARUS-MICHEL, J.; CAMPS, C. Sofrimento e perda de sentido: considerações psicossociais e clínicas. **Psic**: Revista de Psicologia da Vetor Editora, São Paulo, v. 4, n. 1, p. 54-71, jun. 2003. Disponível em: http://pepsic.bvsalud.org/scielo.php?script=sci_arttext&pid=S1676-73142003000100007. Acesso em: 30 set. 2021.

BELINTANI, G. Histeria. **Psic**: revista da Vetor Editora, São Paulo, v. 4, n. 2, p. 56-69, dez. 2003. Disponível em: http://pepsic.bvsalud.org/scielo.php?script=sci_arttext&pid=S1676-73142003000200008. Acesso em: 27 jun. 2021.

BELLONI, M. L. A formação na sociedade do espetáculo: gênese e atualidade do conceito. **Revista Brasileira de Educação**, Rio de Janeiro, v. 4 n. 22, p. 121-136, abr. 2003. Disponível em: https://www.scielo.br/j/rbedu/a/TxVGXqDSP3vkp4LXgW5XcyN/abstract/?lang=pt. Acesso em: 10 mar. 2021.

BIRMAN, J. A psicopatologia na pós-modernidade. As alquimias no mal-estar da atualidade. **Revista Latinoamericana de Psicopatologia Fundamental**, São Paulo, v. 2, n. 1, p. 35-49, mar. 1999. Disponível em: https://www.scielo.br/j/rlpf/a/S3kLv5WNTwkqXG8Qc3fx3kN/?lang=pt. Acesso em: 2 out. 2021.

BIRMAN, J. **Arquivos do mal-estar e da resistência**. 2. ed. Rio de Janeiro: Civilização Brasileira, 2017.

BIRMAN, J. **Mal-estar na atualidade**. Rio de Janeiro: Civilização Brasileira, 2016.

CAMPOS, É. B. V. Sobre a atualidade do mal-estar. **Psychê**, São Paulo, v. 20, n. 11, p. 185-189, jun. 2007. Disponível em: http://pepsic.bvsalud.org/scielo.php?script=sci_arttext&pid=S1415-11382007000100013. Acesso em: 5 out. 2021.

COELHO, C. N. P. Indústria cultural e sociedade do espetáculo: a dimensão política da crítica cultural. **Líbero**, São Paulo, v. 19, n. 37, p. 31-42, jun. 2016. Disponível em: https://casperlibero.edu.br/institucional-casper/prof-dr-claudio-coelho-industria-cultural-e-sociedade-espetaculo-dimensao-politica-da-critica-cultural/. Acesso em: 18 mar. 2021.

COLLUCCI, C. Venda de antidepressivos cresce na pandemia e liga alerta para sofrimento mental. **Folha de São Paulo**, São Paulo, p. 12-13. 31 jul. 2021. Disponível em: https://www1.folha.uol.com.br/equilibrioesaude/2021/07/venda-de-antidepressivos-cresce-na-pandemia-e-liga-alerta-para-sofrimento-mental.shtml. Acesso em: 6 out. 2021.

DEBORD, G. **A sociedade do espetáculo**. Tradução de Estela dos Santos Abreu. Rio de Janeiro: Contraponto, 1997.

ENRIQUEZ, E. Psicanálise e ciências sociais. **Ágora**: Estudos em Teoria Psicanalítica, São Paulo, v. 8, n. 2, p. 153-174, dez. 2005. Disponível em: https://www.scielo.br/j/agora/a/jDRbTN46rPwk5tdmwf37pyq/abstract/?format=html&lang=pt&stop=previous. Acesso em: 30 jun. 2021.

FENSTERSEIFER, L.; WERLANG, B. S. G. Comportamentos autodestrutivos, subprodutos da pós-modernidade? **Psicologia Argumento**, Curitiba, v. 24, n. 47, p. 35-44, 1 nov. 2017. Disponível em: https://periodicos.pucpr.br/index.php/psicologiaargumento/article/view/19983/19273. Acesso em: 1 out. 2021.

FERREIRA, J. Sofrimento e Silêncio: apontamentos sobre sofrimento psíquico e consumo de psicofármacos. **Forum Sociológico**, São Paulo, n. 24, p. 121-128, 1 nov. 2014. Disponível em: https://journals.openedition.org/sociologico/1133. Acesso em: 20 out. 2021.

FRANCO, S. Matozo *et al.* Depressão: mal do século ou demanda do século?. **Farol**: Revista de Estudos Organizacionais e Sociedade, Belo Horizonte, v. 3, n. 6, p. 325-373, abr. 2016. Disponível em: https://revistas.face.ufmg.br/index.php/farol/article/view/2722. Acesso em: 7 out. 2021.

FREUD, S. Autobiografia. *In*: FREUD, Sigmund. **Obras completas volume 16**: o eu e o id, "autobiografia" e outros textos (1923-1925). Tradução de Paulo César de Souza. São Paulo: Companhia das Letras, 2011. p. 376.

FREUD, S. **Correspondência de amor e outras cartas**: 1873-1939. Tradução de Agenor Soares dos Santos. Rio de Janeiro: Nova Fronteira, 1982.

FREUD, S. **Edição standard brasileira das obras psicológicas completas de Sigmund Freud**: estudos sobre a histeria (1893-1895). Rio de Janeiro: Imago, 1996a.

FREUD, S. **Edição standard brasileira das obras psicológicas completas de Sigmund Freud**: primeiras publicações psicanalíticas (1893-1899). Rio de Janeiro: Imago, 1996b.

FREUD, S. **Obras completas volume 4**: a interpretação dos sonhos (1900). Tradução de Paulo César de Souza. São Paulo: Companhia das Letras, 2019.

FREUD, S. **Obras completas volume 18**: o mal-estar na civilização e outros textos (1930-1936). Tradução de Paulo César de Souza. Rio de Janeiro: Companhia das Letras, 2010.

FREUD, S. **Obras completas volume 19**: Moisés e o monoteísmo, compêndio de psicanálise e outros textos (1937-1939). Tradução de Paulo César de Souza. Rio de Janeiro: Companhia das Letras, 2018.

FREUD, S. **Totem e Tabu, contribuição à história do movimento psicanalítico e outros textos**. Tradução de Paulo César de Souza. São Paulo: Companhia das Letras, 2012.

FULGENCIO, L. A compreensão freudiana da histeria como uma reformulação especulativa das psicopatologias. **Revista Latinoamericana de Psicopatologia Fundamental**, São Paulo, v. 5, n. 4, p. 30-44, dez. 2002. Disponível em: https://www.scielo.br/j/rlpf/a/zm4NpG84GPNkybJQYR3tGWH. Acesso em: 27 jun. 2021.

HARITÇALDE, C. C. de O. **Sonho e espetáculo**: uma aproximação à Guy Debord. 2014. 68 f. Dissertação (Mestrado em Psicologia) – Instituto de Psicologia da Universidade de São Paulo, Universidade de São Paulo, São Paulo, 2014. Disponível em: https://www.teses.usp.br/teses/disponiveis/47/47133/tde-01102014-151345/pt-br.php. Acesso em: 25 mar. 2021.

MARCUSE, H. **O homem unidimensional**: estudos da ideologia da sociedade industrial avançada. Tradução de Robespierre de Oliveira. São Paulo: Edipro, 2015.

INADA, J. F. Felicidade e mal-estar na civilização. **Adverbum, Limeira**, v. 6, n. 1, p. 74-88, jul. 2011. Disponível em: https://psicanaliseefilosofia.com.br/adverbum/vol6_1/06_01_06felicidademalestarciviliz.pdf. Acesso em: 5 jul. 2021.

JACQUES, P. B. Breve histórico da Internacional Situacionista – IS. **Arquitextos**, São Paulo, ano 3, v. 5, n. 35, p. 112-118, abr. 2003. Disponível em: https://vitruvius.com.br/revistas/read/arquitextos/03.035/696. Acesso em: 15 mar. 2021.

JAPPE, A. **As aventuras da mercadoria**: para uma nova crítica do valor. Tradução de José Miranda Justo. Lisboa: Antígona, 2006.

JAPPE, A. **Guy Debord**. Tradução de Iraci D. Poleti. Petrópolis: Vozes, 1999.

KEHL, M. R. O espetáculo como meio de subjetivação. **Concinnitas**, Rio de Janeiro, v. 1, n. 26, p. 71-85, jul. 2015. Disponível em: https://www.e-publicacoes.uerj.br/index.php/concinnitas/article/view/20102. Acesso em: 4 dez. 2020.

LEITE, R. F. Princípio do prazer versus princípio da realidade em contos infantis. **Estudos de Psicanálise**, Belo Horizonte, n. 43, p. 139-144, jul. 2015. Disponível em: http://pepsic.bvsalud.org/scielo.php?script=sci_arttext&pid=S0100-34372015000100014. Acesso em: 2 jul. 2021.

MARCOS, C. M.; OLIVEIRA JUNIOR, E. S. de. Terapêutica e desejo de saber: o jovem Freud e sua formação médica. **Estudos de Psicanálise**, Belo Horizonte, v. 7, n. 36, p. 43-54, dez. 2011. Disponível em: http://pepsic.bvsalud.org/scielo.php?script=sci_arttext&pid=S0100-34372011000300004. Acesso em: 28 jun. 2021.

MARX, K. **O Capital**: crítica da economia política. Tradução de Regis Barbosa e Flávio R. Khote. São Paulo: Abril Cultural, 1985.

MOREIRA, J. de O. A alteridade no enlaçamento social: uma leitura sobre o texto freudiano. **Estudos de Psicologia** (Natal), Natal, v. 10, n. 2, p. 287-294, ago. 2005. Disponível em: https://www.scielo.br/j/epsic/a/SkZrvYm5kDQr3yd4QtHYcTm/?lang=pt. Acesso em: 1 jul. 2021.

OZELAME, A. **O Mal-Estar na Atualidade**: um ensaio sobre as formas de mal-estar na cultura. 2018. 25 f. TCC (Graduação em Psicologia) – Faculdade Meridional, Passo Fundo, 2018. Disponível em: https://www.imed.edu.br/Uploads/ANG%C3%89LICA%20OZELAME.pdf. Acesso em: 26 set. 2021.

PAIVA, J. Z. de; OLIVEIRA, R. J. F. de. A Sociedade do Espetáculo: uma autotradução como crítica. **Non Plus**, São Paulo, v. 4, n. 7, p. 139-155, jul. 2015. Disponível em: https://www.revistas.usp.br/nonplus/article/view/99220. Acesso em: 19 mar. 2021.

QUINTELLA, R. R. *et al.* A função do consumo na constituição do sujeito e sua relação com as compulsões: de Freud à atualidade. **Cadernos de Psicanálise**, Rio de Janeiro, v. 39, n. 36, p. 221-241, jun. 2017. Disponível em: http://pepsic.bvsalud.org/scielo.php?script=sci_abstract&pid=S1413=62952017000100012-&lng=pt&nrm=iso. Acesso em: 28 set. 2021.

ROUDINESCO, E.; PLON, M. **Dicionário de psicanálise**. Rio de Janeiro: Zahar, 1998.

RUBIN, C. E. Entre a neuropatologia de Charcot e a psicologia de Bernheim: considerações sobre a hipnose nos primórdios da pesquisa freudiana. **Natureza Humana**, São Paulo, v. 19, n. 1, p. 102-127, jul. 2017. Disponível em: http://pepsic.bvsalud.org/scielo.php?script=sci_arttext&pid=S1517-24302017000100007. Acesso em: 29 jun. 2021.

SATHLER, C. N. O ensino de psicopatologia e os discursos na pós-modernidade. *In*: CONGRESSO INTERNACIONAL DE PSICOPATOLOGIA, 2., 2006, São Paulo. **Anais** [...]. São Paulo: Revista Latinoamericana de Psicopatologia Fundamental, 2006. p. 1-16. Disponível em: http://www.psicopatologiafundamental.org.br/uploads/files/ii_congresso_internacional/mesas_redondas/ii_con._o_ensino_de_psicopatologia_e_os_discursos.pdf. Acesso em: 25 set. 2021.

SILVA, J. M.; DIONISIO, G. H. O sujeito no contemporâneo e as manifestações psíquicas. **Revista da Sbph**, São Paulo, v. 23, n. 1, p. 158-171, jun. 2020. Disponível em: http://pepsic.bvsalud.org/scielo.php?script=sci_arttext&pid=S1516-08582020000100014. Acesso em: 3 out. 2021.

SILVA, L. B. de C. Subjetividade como mercadoria e a doença normótica. **Ide**, São Paulo, v. 39, n. 63, p. 59-78, jun. 2017. Disponível em: http://pepsic.bvsalud.org/scielo.php?script=sci_arttext&pid=S01013-1062017000100005&lng=pt&nrm=iso. Acesso em: 4 out. 2021.

VISCARDI, A. W. *et al.* Narcisismo na sociedade do espetáculo: consumo e beleza feminina nas capas da revista Claudia. **Revista Estação Científica**, Juiz de Fora, v. 1, n. 7, p. 1-20, jun. 2012. Disponível em: https://portal.estacio.br/media/4330/narcisismo-na-socidade-do-espetaculo.pdf. Acesso em: 26 set. 2021.

8

A ATUAÇÃO DO PSICÓLOGO PARA A CONSTRUÇÃO DO CUIDADO EM PSICO-ONCOLOGIA COM PACIENTES, FAMILIARES E CUIDADORES NO SISTEMA ÚNICO DE SAÚDE (SUS)

Juliana de Cássia Costa
Larissa Isaura Gomes

8.1 CONSIDERAÇÕES INICIAIS

O câncer tem sido uma das maiores causas de mortalidade no cenário da saúde pública. Tal realidade demanda uma série de cuidados e ações complexas no âmbito epidemiológico e socioeconômico. Aproximadamente um terço dos novos casos dessa doença referem-se a lacunas no âmbito da prevenção e da promoção à saúde (BRASIL, 2012).

Para Silva (2009), o câncer é uma patologia que envolve uma série de sentimentos negativos, intensificados pela possibilidade da chegada da morte, de forma brusca. A suspeita ou a confirmação do diagnóstico de câncer envolve sentidos e significados construídos e reafirmados pelo imaginário social, que remetem à possibilidade iminente da chegada da morte. O medo, a insegurança, o choro frequente e o isolamento social evidenciam um quadro psíquico fragilizado que interfere diretamente na vivência da qualidade de vida pelo paciente, familiares e respectivos cuidadores.

A Política Nacional de Prevenção e Controle do Câncer (PNPCC) faz uma preconização sobre a execução dos cuidados para os portadores do câncer em todos os setores que compõem a Rede de Saúde, com o objetivo de ofertar uma assistência igualitária, de acordo com os protocolos que conferem a organização dos atendimentos no âmbito da saúde pública (SIMINO; SANTOS; MISHIMA, 2010). A existência da PNPCC não assegura, por si só, a construção de um cuidado integrado, pautado pela humanização e integralidade. Faz-se necessária uma ampla problematização acerca das mazelas que permeiam essa demanda de saúde pública para que haja planejamento, desenvolvimento, monitoramento e avaliação das ações, visando à eficiência e eficácia.

O diagnóstico e o desenvolvimento do tratamento para o câncer precisam pautar-se pelo princípio da integralidade, pois, para além do adoecimento físico, todas as demais dimensões da vida encontram-se, direta ou indiretamente, afetadas: psíquico, sociabilidade, trabalho, família, entre outras (BIFULCO; FIGUEIREDO, 2008).

O diagnóstico do câncer promove mudanças no campo da vida humana em geral, evidenciadas sobretudo no âmbito familiar, social e psíquico. Há uma possibilidade de fragilização do sujeito com repercussões na autoestima, iminência de ansiedade, medo de morrer, preocupações excessivas, tristeza e angústia, que podem provocar o aparecimento e agravamento dos quadros depressivos (BRASIL, 2014).

Ressalta-se a importância da atuação do psicólogo com os pacientes oncológicos, para que eles se sintam amparados no processo do adoecimento, pois o profissional identificará e intervirá nas peculiaridades presentes no adoecimento, para construir, com o paciente e sua respectiva família, uma experiência de cuidado integrado, pautada pelo princípio da humanização. Propiciará a elaboração de respostas pelo próprio paciente, durante o período do tratamento (BRASIL, 2014).

O profissional da Psicologia possui conhecimento especializado para identificar e lidar com as emoções advindas do processo de adoecimento oncológico, além de estender o seu campo analítico e interventivo aos cuidadores e familiares. A construção de um atendimento humanizado considera o paciente, o cuidador e sua família pela ótica da integralidade. Ultrapassa a ênfase nas queixas, angústias, medos e sentimentos negativos.

O presente estudo torna-se relevante na medida em que constitui um consolidado teórico da atuação do psicólogo para a construção do cuidado humanizado para pacientes, cuidadores e familiares, no contexto da Oncologia. Há dificuldades vivenciadas em função do diagnóstico e do tratamento do câncer. E o desenvolvimento e a criação de ações e estratégias com foco no fortalecimento dos vínculos dos pacientes, no âmbito social e familiar, se torna preponderante (SCANNAVINO *et al.*, 2013).

De natureza qualitativa, a metodologia utilizada neste estudo foi a pesquisa bibliográfica, constituída a partir de um levantamento bibliográfico em bases de dados eletrônicos, considerando-se os seguintes critérios de inclusão: a) ter sido publicado no período de 2016 a 2020, com exceção para as obras tidas como clássicas; b) conter no título ou nas palavras-chave ao menos um dos seguintes descritores: psico-oncologia, pacientes oncológicos, câncer, famílias de pacientes oncológicos, humanização e oncologia; c) estar em Língua Portuguesa ou Língua Inglesa. A estruturação das seções a seguir constitui os resultados da pesquisa.

8.2 ASPECTOS PSICOSSOCIAIS VIVENCIADOS PELOS PACIENTES ONCOLÓGICOS

De acordo com Silva e Bervique (2005), no cenário brasileiro é comum a ocorrência dos novos casos de diagnósticos oncológicos de forma tardia, o que impossibilita, na maioria das vezes, a execução de ações e estratégias que possam contribuir para a minimização do agravamento dos sintomas, assim como a inserção no tratamento quimioterápico existente.

Destaca-se que o ciclo vital é marcado continuamente pelos elementos existentes no processo saúde-doença, com ênfase na expressão das características subjetivas que contemplam critérios sociais, religiosos, culturais e econômicos que acarretam uma forte influência sobre a vida dos indivíduos. O acompanhamento psicológico precisa considerar toda essa conjuntura (ALVES; VIANA; SOUZA, 2018).

O câncer é assimilado socialmente como uma patologia que ocasiona medo associado ao sentimento de desamparo e de morte, justificado por ser uma enfermidade muitas vezes incurável e responsável por uma das maiores taxas de mortalidade no cenário mundial, além de gerar sofrimento psíquico tanto para o paciente como para todos ao redor (SOUZA; SANTOS, 2008).

No entanto, Vieira, Lopes e Shimo (2007) afirmam que, desde o princípio do diagnóstico até o começo do tratamento, o paciente vivenciará três momentos: o temido diagnóstico, a efetivação do tratamento demorado, com reações adversas, as mudanças do corpo devido às alterações da autoimagem, as quais, na maioria das vezes, apresentam sentimentos e complexos de rejeição, de modo continuado.

Na fase de confirmação do diagnóstico, é comum o sentimento de negação e dúvida por parte dos pacientes, principalmente quanto aos resultados dos exames e dos argumentos médicos, o que é caracterizado por fase de negação. Conforme os estudos psicanalíticos, essas reações são vistas como uma estratégia de defesa, frustração e fuga da realidade (SOUZA; SANTOS, 2008).

Percebe-se que, mesmo com os avanços tecnológicos que propiciaram o desenvolvimento de técnicas novas de tratamento do câncer, a patologia continua sendo um desafio, a qual exige medidas de enfrentamento e, ainda, maneiras de reduzir os efeitos adversos desencadeados pela terapêutica (MARTINS, 2014).

O diagnóstico do câncer correlaciona-se com os sentimentos negativos de perdas, de privação do estilo de vida, da ausência da independência para a realização das atividades diárias, pois ocasiona uma alteração da rotina propriamente dita do sujeito. Para a compreensão dessa fase, é importante o trabalho dos psicólogos para resgatar a qualidade de vida, assim como promover a autonomia mediante a realização dos tratamentos quimioterápicos (BRASIL, 2012).

No decorrer do tratamento oncológico, o paciente vivencia um sofrimento nas diversas esferas da vida, com foco no agravamento das demandas de caráter emocional, que promovem o aparecimento da tristeza, do sentimento de culpa, da insônia e oscilações do humor. Quando a patologia se encontra em estágio avançado, pode ocorrer a dependência de terceiros para auxiliarem na execução das funções do cotidiano, podendo ocasionar uma série de abalos e sensação da perda das habilidades funcionais (ARAÚJO, 2006).

Para Santana, Zanim e Maniglia (2008), é fundamental que a equipe multidisciplinar reconheça as peculiaridades psíquicas advindas do processo de adoecimento oncológico dos pacientes. Conhecer a parte clínica é fundamental, porém, construir intervenções pautadas pela integralidade do cuidado produz toda a diferença.

É importante que o paciente oncológico seja visto não somente como o portador da neoplasia e do tratamento em questão. É fundamental considerar as potencialidades de cada paciente, que estão muito além do seu diagnóstico clínico. É preciso que haja fortalecimento de suas capacidades emocionais, visando ao aprimoramento e à criação das estratégias em prol da superação dos desafios impostos pela referida doença (ANGERAMI-CAMON, 2010).

O paciente oncológico, na maioria das vezes, em virtude do esgotamento físico e mental, vivencia um prejuízo em relação às suas relações familiares, pois se apresenta como um sujeito inferior e dependente de terceiros, gerando uma série de limitações quanto à execução das atividades do cotidiano (TADDEO *et al.*, 2012).

De acordo com Stumm *et al.* (2008), o processo do enfrentamento do diagnóstico é bastante distinto entre os pacientes. Há casos em que os pacientes reagem de forma negativa, caracterizando-se pelas crises de choro, gritos, isolamento social. Outros enfrentam de forma positiva, pois acreditam em inúmeras estratégias e medidas de cunho paliativo, como também nos parâmetros da religião, à busca da cura.

Oliveira e Paz (2015) argumentam sobre a importância da Psicologia no contexto hospitalar, pois propicia um conhecimento especializado para se trabalhar com as diversas dimensões da vida humana, no que se refere à dor, aos anseios, projetos e dúvidas. Assim, a Psicologia contribui para que não seja apenas um diagnóstico vivenciado, mas que se tenha como propósito abranger a gratidão, o afeto, a esperança e a autonomia humana.

De acordo com Martins (2014), em relação às alterações psicossociais ocasionadas nos tratamentos oncológicos, destacam-se, além da sintomatologia, crises de pânico e ansiedade e o aparecimento das disfunções sexuais em razão das mudanças ocorridas, que dificultam o desejo sexual. O medo de morrer é bastante comum na vivência do tratamento oncológico, fazendo com que ocorra um distanciamento e a anulação dos projetos futuros, pautados pelo agravamento dos sinais clínicos da patologia.

Com base em Panobianco *et al.* (2012), destaca-se a prevalência dos sintomas depressivos, porém devem ser analisados e discutidos nos pacientes oncológicos, em função da ocorrência do tratamento quimioterápico, fazendo com que os integrantes da equipe da saúde possam identificá-los de forma correta e precisa, promovendo a prestação dos cuidados direcionados para uma assistência humanizada desses pacientes.

No estudo feito por Ostacoli *et al.* (2011) com 173 pacientes oncológicos em tratamento, foi identificada a presença de transtornos emocionais, depressivos, de ansiedade, que ocasionam um forte impacto quanto à qualidade de vida do paciente, do cuidador e dos familiares em comparação com as demais pessoas, necessitando-se de uma intervenção profissional no âmbito da Psicologia, dada a especificidade do que é vivido.

Reitera-se que os pacientes oncológicos estão mais predispostos a apresentar fragilidades no campo emocional, pois são típicos os sentimentos de desesperança, descrença, reflexão permeada por pensamentos negativos e questionamento das crenças de cunho espiritual e religioso. Cumpre destacar que a fé, para muitos, é vista como fonte de apoio e sustentação nos momentos mais tenebrosos, que tem como objetivo fortalecer o vínculo de confiança e esperança mediante a vivência do diagnóstico e das ações realizadas no tratamento (SILVA, 2010).

Destaca-se a importância de promover não somente conforto e acolhimento para esses pacientes, como também estimular o processo de desenvolvimento da sua capacidade de escolha e autonomia, visando ao respeito e à aceitação quanto às diferenças existentes no próprio meio. Para isso, torna-se relevante o cuidado humanizado, de forma que contemple as potencialidades dos sujeitos em questão (RENNÓ; CAMPOS, 2014).

Para Rosa (2015), a maioria dos pacientes oncológicos, no momento da confirmação do diagnóstico, sentem-se fragilizados e desesperados. Buscam estratégias de minimização do sofrimento como a religião, que é entendida como uma ferramenta potente para o amparo e a proteção, em circunstâncias posteriores.

A partir dos estágios de agravamento da patologia, quando a medicação não promove o efeito desejado, desencadeando uma série de reações adversas, emerge o estágio terminal dos pacientes. Com isso, torna-se necessária a adoção dos cuidados paliativos, que são medidas que visam a amenizar a dor, assim como promover o conforto no momento do sofrimento físico e mental dos pacientes, em prol da qualidade de vida (TORRES, 2018).

Segundo Hart (2008), é fundamental a consideração do sujeito na visão da integralidade humana, para não ocorrer fragmentação entre o seu corpo e a sua mente, pois a grande maioria das causas das sintomatologias orgânicas são oriundas das disfunções do campo psíquico, que acarretam a somatização de doenças no organismo. Torna-se imprescindível assegurar um espaço para escuta qualificada dos pacientes, que valorize e reconheça todos os seus sentimentos e percepções.

Fontes e Alvim (2008) argumentam que é preciso estimular de forma correta o processo da comunicação no âmbito da oncologia, para que o processo torne-se menos doloroso, com base na troca de conhecimentos e experiências, de acordo com a individualidade humana, que propicia o reconhecimento dos aspectos e fatores que causam uma série de repercussões mediante o decorrer vivencial no cotidiano dos pacientes.

No decorrer do tratamento oncológico, é de extrema importância não apenas o acompanhamento do quadro clínico do paciente, mas também promover um atendimento humanizado, com base nas queixas e no perfil do paciente, para que sejam consideradas as suas peculiaridades como sujeito humano.

8.3 SUPORTE FAMILIAR NO TRATAMENTO DOS PACIENTES ONCOLÓGICOS

De acordo com Ferreira *et al.* (2010), é comum, no decorrer do processo do tratamento oncológico, o desenvolvimento da sintomatologia clínica evidenciada pelas crises de ansiedade e pânico, podendo ocasionar sentimentos de irritabilidade, negação, exclusão e isolamento social. Essa sintomatologia clínica não acompanha apenas o paciente, mas também os familiares. Esses sentimentos nem sempre são expressos de maneira assertiva, contribuindo assim para as dificuldades do convívio familiar.

Quando se tem indicativo de uma hospitalização, isso resulta um fator de aumento dos níveis de estresse e disfunções na saúde mental dos pacientes oncológicos que interfere de forma impactante no cotidiano, além de gerar uma série de transtornos psicológicos em virtude da dependência dos cuidados da vida diária. Reitera-se que a hospitalização pode ser vista pelos pacientes como fator determinante da gravidade da patologia, sendo importante nesse momento a atuação da Psicologia para o esclarecimento e orientação. Situação essa vivenciada pelos familiares como momento traumático, desencadeante de intensa dor psíquica (COSTA; AMORIM; COSTA, 2010).

Ferreira *et al.* (2010) realizaram um estudo que teve como objetivo avaliar se o impacto do diagnóstico oncológico repercute nos familiares do paciente. A pesquisa evidenciou que as maiores dificuldades mencionadas eram oriundas do fator financeiro, pois o paciente era o provedor do sustento da família, o qual foi afastado das suas atividades laborais; com isso teve-se a diminuição do rendimento financeiro.

Ainda conforme os autores citados anteriormente, o suporte familiar é determinante em todo o decorrer do tratamento, principalmente durante a fase de negação, na qual o paciente entende que a doença é vista como um castigo, um preparo para o morrer. Com isso aumentam-se as chances de encarar a doença apenas pelo lado negativo.

Acrescenta-se que o impacto financeiro poderia ser resolvido caso as políticas públicas sociais, com o apoio das instâncias jurídicas, garantissem as concessões de benefícios destinados à subsistência, com o foco na manutenção das despesas mensais dos portadores de câncer, com a finalidade de contribuir para uma melhor qualidade de vida para este e sua família, além de auxiliar de forma progressiva nos fatores psicológicos (SONOBE; BUETTO; ZAGO, 2011).

De acordo com Scheren *et al.* (2010), o familiar responsável por prestar os cuidados com o paciente oncológico vivencia todas as dificuldades e anseios na vida diária. Por isso é fundamental não o ver apenas como um componente familiar, mas sim como um sujeito em todas as suas potencialidades, em razão do cuidado, dos vínculos de afeto, respeito e confiança, essenciais para o sucesso do tratamento.

Reafirma-se a importância dos familiares nos momentos de tratamento, pois o âmbito familiar, na maioria das vezes, é composto por indivíduos interligados não somente pelos laços sanguíneos, mas que também oferecem um suporte de extrema relevância, pois compreendem as manifestações comportamentais, auxiliando-se não apenas nas necessidades biológicas, como também com diálogo e palavras de conforto, que promovem um benefício no processo do sofrimento mental (FRATEZI; GUTIERREZ, 2011).

Os doentes oncológicos, apesar de toda a trajetória marcada por tristezas, desânimos e incertezas, têm elevada preocupação com seus familiares, pois a família desempenha um papel de zelo e proteção para o paciente nesses momentos tão difíceis. Nem sempre é possível, em razão dos recursos financeiros, manter um cuidador em todo o tempo do tratamento (FERREIRA *et al.*, 2010).

Há situações em que a família decide pela contratação de um cuidador para o paciente oncológico. Com isso ocorre um intenso desgaste nos vínculos, pois nem sempre haverá o entendimento sobre a aceitação do cuidador, podendo, na maioria das vezes, essa atitude ser compreendida como maneira de se afastar das responsabilidades e dos deveres exigidos diariamente, ou então a família ser vista como ausente ou não preparada para manter a continuidade do cuidado (SONOBE; BUETTO; ZAGO, 2011).

De acordo com Fratezi e Gutierrez (2011), é de extrema importância que a família, ao contratar um cuidador, conheça o perfil desse profissional por meio de referências dos locais onde já trabalhou, para a identificação das características indispensáveis para a rotina diária de um paciente oncológico. A ausência de um perfil humano e proativo dificulta não somente a realização dos cuidados, como também o olhar crítico mediante uma situação em que se exige uma tomada de decisão rápida.

O impacto financeiro contribui de forma decisiva na continuidade e na garantia de ações que possam promover um bem-estar para o paciente, sendo que, na maioria das vezes, é preciso que algum membro familiar possa assumir os gastos financeiros do tratamento ou então deixar o trabalho para prestar os cuidados; porém, em grande parte das vezes, o responsável pela subsistência familiar é o paciente. O período do adoecimento constitui-se como o pilar de todas as mudanças da vida diária (RENNÓ; CAMPOS, 2014).

Para Klug (2019), o diagnóstico do câncer no âmbito familiar constitui-se não somente pelos aspectos do sofrimento físico, associados à incerteza, mas também aos momentos de dor no convívio com um paciente oncológico. Por isso destaca-se a importância da atuação multidisciplinar do campo da saúde, visando ao equilíbrio e à reorganização das eventuais necessidades e queixas.

Diante das alterações no cenário familiar, geralmente se percebe que seus membros vivenciam uma série de momentos variados, dentre estes as hospitalizações, os gastos com medicações e despesas de cunho individual, que afetam o bem-estar não apenas dos pacientes, mas de todos os sujeitos envolvidos no processo saúde-doença (PEREIRA; BARROS; AUGUSTO, 2011).

Pelo exposto, é imprescindível que a família seja entendida e considerada como um pilar que estrutura a rede de atenção e cuidado ao paciente oncológico. Há manifestações psíquicas atravessadas pela experiência de sofrimento e adoecimento que evidenciam a necessidade de considerar a família enquanto protagonista do cuidado. Assim, cuidar do paciente oncológico implica cuidar da sua família a partir do princípio da integralidade que sustenta a construção das políticas públicas em saúde.

8.4 IMPORTÂNCIA DA PSICOLOGIA NA ONCOLOGIA

A Psicologia iniciou o processo de trabalho no setor oncológico por volta da década de 1970, em razão dos inúmeros fatores emocionais presentes nos pacientes diagnosticados com câncer. Teve-se como objetivo auxiliar na ruptura dos paradigmas, quando bastava apenas a continuidade do tratamento farmacológico, num contexto em que o paciente não era acolhido com as suas queixas e anseios em relação à vivência da patologia (FONSECA; CASTRO, 2016).

Conforme os autores citados anteriormente, a Psicologia no âmbito da saúde tem destacado, em relação às estratégias desenvolvidas, a necessidade do cuidado do paciente oncológico com o acolhimento das queixas e dúvidas dos familiares. O momento da escuta promove o fortalecimento do paciente diante da rotina diária do tratamento como também ameniza os possíveis sinais de desenvolvimento de doenças psicossomáticas, originadas pela sobrecarga emocional, a qual comumente não é vista e tratada devidamente.

Com base nos conhecimentos defendidos por Almeida *et al.* (2018), pode-se afirmar que a Psicologia, como ciência do campo da saúde, abrange inúmeros recursos de compreensão e entendimento; não somente da aceitação do diagnóstico, como das dificuldades vividas ao longo do tratamento, que acarretam uma sobrecarga física e emocional nos pacientes na fase do adoecimento. Para isso a psico-oncologia insere, por meio de uma relação harmoniosa, os conhecimentos do campo psicológico ao saber médico presente no cenário oncológico.

Diante desse cenário, a psico-oncologia tem sido um campo de vasta atuação dos psicólogos como forma de promover uma melhor qualidade de vida, com foco no estado de saúde mental dos pacientes oncológicos, para que sejam reduzidas as possíveis crises e sinais de problemas psíquicos, acarretados pelas dificuldades do campo emocional. Esses profissionais irão acolher os pacientes para trabalharem o entendimento e as queixas presentes no adoecimento, para promoverem a autonomia e o fortalecimento da sintomatologia de fundo emocional e do enfrentamento das dificuldades presentes no processo do tratamento (ALMEIDA *et al.*, 2018).

Com base nos argumentos postulados por Alves, Viana e Souza (2018), é importante a consideração do reconhecimento sobre o desenvolvimento do processo saúde-doença, conforme a subjetividade dos inúmeros aspectos que abrangem o cotidiano do ser humano, para a inserção e a tomada de ações conforme os parâmetros desenvolvidos pela equipe de saúde.

Devido ao impacto psicológico provocado pela doença em todo esse processo de adoecimento, têm sido desenvolvidas novas formas de intervenção dentro da Psicologia, a qual se apresenta com o objetivo de informar, tratar, identificar fatores estressores que podem influenciar no processo de tratamento, bem como planejar de acordo com as necessidades psicossociais do paciente, família e equipe de saúde (FONSECA; CASTRO, 2016).

Meiado e Fadini (2014) afirmam que o trabalho do psicólogo abrange a elaboração de respostas por meio da inovação da prática do modelo em saúde, que tem como foco a valorização do paciente de forma integral, por meio da prática da humanização, para atender e respeitar toda a diversidade e singularidade existente no campo humano.

Sabe-se que a Psicologia vivencia uma série de desafios e obstáculos no cenário hospitalar, onde predominam a visão e a cultura do padrão biomédico, que valoriza e engrandece apenas os moldes que visam às regras e normas pautadas nos aspectos do padrão da medicina, associada à prescrição dos psicofármacos, sem adentrar a capacidade emocional do cuidado do sujeito em tela (CHIATTONE, 2011).

Sebastiani (2011) argumenta sobre a importância de a Psicologia atuar de forma inovadora e dinâmica com os pacientes oncológicos, os quais são carentes de afeto, de apoio e de informações. Quase sempre desacreditam da possibilidade de se ter uma qualidade de vida em razão da gravidade da doença e das ações executadas no tratamento.

De acordo com os recursos existentes no campo da Psicologia, conforme o diagnóstico do câncer, é pautado um conjunto de ações e técnicas dinâmicas que favorecem o desenvolvimento das intervenções que podem auxiliar no enfrentamento das dificuldades vivenciadas pela patologia. Para isso reafirma-se a compreensão da complexidade do trato com o paciente no processo da escuta e das determinações do tratamento psicológico, para a obtenção de informações que possam priorizar toda a singularidade humana (SALMAN; PAULAUSKAS, 2013).

A Psicologia como ciência voltada para a atenção e o cuidado com o ser humano nas suas inúmeras vertentes, com ênfase na execução das medidas presentes no tratamento oncológico, como as sessões de quimioterapia e radioterapia, visa à compreensão quanto aos impactos ocasionados. O atendimento psicológico possibilita a escuta dinâmica, buscando a obtenção das dúvidas, medos e anseios, para que as barreiras criadas pelo campo emocional possam ser diminuídas em prol do fortalecimento emocional do paciente (ALMEIDA *et al.*, 2018).

No decorrer do tratamento, é preciso que seja desenvolvida uma série de medidas e ações voltadas para o encorajamento do momento do adoecimento, visando à obtenção de uma resposta mediante os sentimentos e percepções vivenciados, em decorrência da doença. Mais uma vez, reafirma-se a importância da Psicologia como forma de acolher o paciente e os seus familiares, que vivenciam as mudanças diárias, assim como as dificuldades dos fatores estressantes (MATTOS *et al.*, 2016).

O tratamento psicológico possibilita, por meio da atenção qualificada, ouvir e entender a complexidade do quadro do paciente em todas as suas dimensões, presentes no contexto da sua história de vida. Contribui para que ele não seja visto somente como um portador de uma patologia, mas reconhecido em todas as suas competências e dimensões da vida humana. O diagnóstico do câncer impacta de forma drástica a vivência humana, pois acarreta uma série de alterações na autoimagem corporal, além de proporcionar o medo como figura central e presente em todo o tratamento (ALVES; VIANA; SOUZA, 2018).

Destaca-se a importância de não somente promover conforto e acolhimento para esses pacientes, como também estimular o processo do desenvolvimento da sua capacidade de escolha e autonomia, visando ao respeito e à aceitação quanto às diferenças existentes no próprio meio. Para isso é de extrema importância o cuidado humanizado, de forma que contemple as inúmeras potencialidades dos sujeitos em questão (RENNÓ; CAMPOS, 2014).

Com base no conhecimento da Psicologia, é possível, por meio de estratégias de cunho criativo, a criação de ações pautadas em técnicas que possam intervir no estado emocional desses pacientes, como forma não apenas de um cuidado especializado, mas do reconhecimento da atenção qualificada diante das situações e da singularidade do sujeito (MATTOS *et al.*, 2016).

8.5 CONSIDERAÇÕES FINAIS

Conclui-se, com base no desenvolvimento da temática, sobre a importância da compreensão de todas as fases do diagnóstico oncológico, assim como as suas manifestações entre os indivíduos, as quais variam conforme a subjetividade da história de vida do sujeito nas suas diversas dimensões.

Ressalta-se o quanto a Psicologia é importante no cenário hospitalar, principalmente pelas estratégias e ações desenvolvidas desde a escuta até o acompanhamento do paciente nas inúmeras fases do tratamento do câncer, as quais requerem um olhar e uma atenção qualificada.

O psicólogo contribui para a construção da integralidade do cuidado no âmbito da oncologia. Durante muitos anos, a oncologia foi vista apenas pela necessidade da execução da prescrição médica e dos cuidados feitos na assistência, no que tange à administração da higiene, nutrição e farmacologia. A implantação da assistência psicológica possibilitou grandes avanços no cenário hospitalar, como a valorização da necessidade psíquica dos cuidadores e dos familiares e da atenção especializada para a equipe, no tocante à política pública de atenção à saúde do trabalhador.

8.6 REFERÊNCIAS

ANGERAMI-CAMON, V. A. **Psicologia hospitalar**: teoria e prática. 2. ed. São Paulo: Centage Learning, 2010.

ALMEIDA, B. G. C. *et al.* O processo de saúde-doença e o trabalho do psicólogo na oncologia pediátrica. **GEP NEWS**, Maceió, v. 1, n. 1, p. 185-190, jan./mar. 2018. Disponível em: https://www.seer.ufal.br/index.php/gepnews/article/download/4709/3312. Acesso em: 26 abr. 2021.

ALVES, G. S.; VIANA, J. A.; SOUZA, M. F. S. Psico-oncologia: uma aliada no tratamento de câncer. **Pretextos**: Revista da graduação em psicologia da PUC Minas, Belo Horizonte, v. 3, n. 5, p. 520-537, mar. 2018. Disponível em: http://periodicos.pucminas.br/index.php/pretextos/article/view/15992. Acesso em: 5 fev. 2021.

ARAÚJO, M. M. T. **Quando uma palavra de carinho conforta mais que um medicamento**: necessidades e expectativas de pacientes sob cuidados paliativos. 2006. 153 f. Dissertação (Mestrado em Enfermagem) – Universidade de São Paulo, São Paulo, 2006. Disponível em: https://www.teses.usp.br/teses/disponiveis/7/7139/tde-02102006-144115/pt-br.php. Acesso em: 10 fev. 2021.

BIFULCO, V. A.; FIGUEIREDO, M. T. A. A psico-oncologia e o atendimento domiciliar em cuidados paliativos. *In*: CARVALHO, V. A. *et al.* (org.). **Temas em psico-oncologia**. São Paulo: Summus, 2008.

BRASIL. Ministério da Saúde. Instituto Nacional de Câncer José Alencar Gomes da Silva – Seção de Psicologia. **ABC do Câncer, abordagens básicas para controle do câncer**. Rio de Janeiro, 2012. Disponível em: https://www.inca.gov.br/publicacoes/livros/abc-do-cancer-abordagens-basicas-para-o-controle-do-cancer. Acesso em: 20 fev. 2021.

BRASIL. **Sofrimento psíquico do paciente oncológico**: o que há de específico? Rio de Janeiro, 2014. Disponível em: http://bvsms.saude.gov.br/bvs/publicacoes/cadernos_psicologia_sofrimento_psiquico_paciente_oncologico.pdf. Acesso em: 10 fev. 2021.

CHIATTONE, H. B. C. A. Significação da Psicologia no Contexto Hospitalar. *In*: VASCONCELLOS, E. G. *et al.* **Psicologia da Saúde**: um novo significado para a prática clínica. 2. ed. São Paulo: Cengage Learning Edições, 2011. p. 145-233.

FONTES, C. A. S.; ALVIM, N. A. T. A relação humana no cuidado de enfermagem junto ao cliente com câncer submetido à terapia antineoplásica. **Acta Paulista de Enfer-**

magem, São Paulo, v. 21, n. 1, p. 77-783, mar. 2008. Disponível http://www.scielo.br/scielo.php?script=sci_arttext&pid=S0103=21002008000100012-&lng=en&nrm-iso. Acesso em: 18 fev. 2021.

FERREIRA, N. M. L. *et al.* Câncer e família: compreendendo os significados simbólicos. **CienCuid Saúde**, Maringá, v. 9, n. 2, p. 269-277, abr./jun. 2010. Disponível em: https://periodicos.uem.br/ojs/index.php/CiencCuidSaude/article/download/8749/6076. Acesso em: 26 dez. 2020.

FONSECA, R.; CASTRO, M. M. A importância da atuação do psicólogo junto a pacientes com câncer: uma abordagem psicooncológica. **Psicologia e Saúde em Debate**, Patos de Minas, v. 2, p. 54-72, out. 2016. Disponível em: https://core.ac.uk/download/pdf/268414483.pdf. Acesso em: 10 abr. 2021.

FONTES, C. A. S.; ALVIM, N. A. T. Cuidado humano de enfermagem a cliente com câncer sustentado na prática dialógica da enfermeira. **Revista de Enfermagem da Universidade Estadual do Rio de Janeiro**. Rio de Janeiro, v. 16, n. 2, p. 193-199, abr./jun. 2008.

FRATEZI, F. R.; GUTIERREZ, B. A. O. Cuidador familiar do idoso em cuidados paliativos: o processo de morrer no domicílio. **Ciência e Saúde Coletiva**, Rio de Janeiro, v. 16, n. 7, p. 3241-3248, jul. 2011. Disponível em: https://www.scielo.br/j/csc/a/XnZpFwTPnkRY3y8ySwPqDvz/?lang=pt&format=pdf. Acesso em: 10 set. 2021.

HART, C. F. B. Perdas e processo de luto. **Câncer**: uma abordagem psicológica. Porto Alegre: AGE, 2008.

KLUG, J. D. **Psico-oncologia**: à escuta do sujeito frente ao adoecimento por câncer. 2019. 36 f. Monografia (Graduação em Psicologia) – Universidade Regional do Noroeste do Estado do Rio Grande do Sul, Santa Rosa, 2019. Disponível em: https://bibliodigital.unijui.edu.br:8443/xmlui/bitstream/handle/123456789/5803/J%c3%a9ssica%20Daiana%20Klug.pdf?sequence=1&isAllowed=y. Acesso em: 14 ago. 2021.

MARTINS, A. M. Relações de Gênero e a atuação de Psicólogos na Oncologia: subsídios para a Saúde Masculina. **Revista Psico**, Porto Alegre, v. 45, n. 1, p. 7-14, jan./mar. 2014. Disponível em: https://revistaseletronicas.pucrs.br/ojs/index.php/revistapsico/article/view/11998/11393. Acesso em: 28 jan. 2021.

MATTOS, K. *et al.* Estratégias de enfrentamento do câncer adotadas por familiares de indivíduos em tratamento oncológico. **Rev. Psicol. Saúde**, Campo Grande, v.

8, n. 1, p. 1-06, jun. 2016. Disponível em: http://pepsic.bvsalud.org/scielo.php?script=sci_arttext&pid=S2177-093X2016000100001&lng=pt&nrm=iso. Acesso em: 2 maio 2021.

MEIADO, A. C.; FADINI, J. P. O papel do psicólogo hospitalar na atualidade: um estudo investigativo. **Revista Científica das Faculdades Integradas de Jaú**, Jaú, v. 11, n. 1, p. 1-15, 2014. Disponível em: http://www.fundacaojau.edu.br/revista11/artigos/7.pdf. Acesso em: 6 maio 2021.

OLIVEIRA, I. A.; PAZ, C. E. D. O. Atuação do psicólogo junto ao paciente oncológico infantil e seus familiares. **Revista Científica da Faculdade de Educação e Meio Ambiente**, Ariquemes, v. 6, n. 1, p. 172-192, jul. 2015. Disponível em: http://www.faema.edu.br/revistas/index.php/Revista-FAEMA/article/view/303. Acesso em: 8 fev. 2021.

OSTACOLI, L. *et al.* Distúrbio Pós-Traumático de Stress, qualidade do sono, ansiedade, depressão e qualidade de vida em pacientes oncológicos em tratamento quimioterápico. **Journal of Nursing and Health**, Pelotas, v. 1, n. 2, p. 311-24, jul./dez. 2011. Disponível em: https://periodicos.ufpel.edu.br/ojs2/index.php/enfermagem/article/view/3444. Acesso em: 3 mar. 2021.

PANOBIANCO, M. S. *et al.* Prevalência de depressão e fadiga em um grupo de mulheres com câncer de mama. **Revista Eletrônica de Enfermagem**, Goiânia, v. 14, n. 3, p. 532-40, set. 2012. Disponível em: https://revistas.ufg.br/fen/article/view/14409. Acesso em: 12 jan. 2021.

PEREIRA, T. T. S. O.; BARROS, M. N. S.; AUGUSTO, M. C. N. A. O Cuidado em Saúde: o paradigma biopsicossocial e a subjetividade em foco. **Mental**, Barbacena, v. 9, n. 17, p. 523- 536, jul./dez 2011. Disponível em: http://pepsic.bvsalud.org/pdf/mental/v9n17/02.pdf. Acesso em: 30 mar. 2021.

RENNÓ, C. S. N.; CAMPOS, C. J. G. Comunicação interpessoal: valorização pelo paciente oncológico em uma unidade de alta complexidade. **Revista Mineira de Enfermagem**, Belo Horizonte, v. 18, n. 1, p. 106-115, fev. 2014. Disponível em: http://www.reme.org.br/artigo/detalhes/912. Acesso em: 10 jan. 2021.

RODRIGUES, F. S. S.; POLIDORI, M. M. Enfrentamento e resiliência de pacientes em tratamento quimioterápico e seus familiares. **Revista Brasileira de Cancerologia**, Rio de Janeiro, v. 58, n. 4, p. 619-27, ago. 2012. Disponível em: https://rbc.inca.gov.br/site/arquivos/n_58/v04/pdf/07-artigo-enfrentamento-resiliencia-pacientes-tratamento-quimioterapico-familiares.pdf. Acesso em: 3 jan. 2021.

ROSA, S. L. **A doença**: aspectos psicológicos envolvidos no processo de adoecimento e o psicólogo hospitalar na órbita da doença. 2015. 38 f. Monografia (Graduação em Psicologia) – Universidade Regional do Noroeste do Rio Grande do Sul, Santa Rosa, 2015. Disponível em: https://bibliodigital.unijui.edu.br:8443/xmlui/bitstream/handle/123456789/3306/Psicologia.pdf?sequence=1&isAllowed=y. Acesso em: 3 mar. 2021.

SALMAN, L. A. K. **Humanização em Unidade de Terapia Intensiva**. 2013. 15f. Trabalho de Conclusão de Curso (Especialização em Medicina Intensiva Adulta) – Instituto Terzius e Faculdade Redentor, Rio de Janeiro, 2013. Disponível em: https://docplayer.com.br/10705064-Humanizacao-em-unidade-de-terapia-intensiva-1.html. Acesso em: 14 abr. 2021.

SANTANA, J. J. R. A.; ZANIM, C. R.; MANIGLIA, J. V. Pacientes com câncer: enfrentamento, rede social e apoio social. **Paidéia**, Ribeirão Preto, v. 18, n. 40, p. 371-384, jan. 2008. Disponível em: http://www.scielo.br/scielo.php?script=sci_arttext&pid=S0103-863X2008000200013&lng=en&nrm=iso. Acesso em: 5 jan. 2021.

SCANNAVINO, C. S. S. *et. al.* Psico-oncologia: atuação do psicólogo no hospital de câncer de Barretos. **Psicologia USP**, São Paulo, v. 24, n. 1, p. 35-53, jan./abr. 2013. Disponível em: http://www.scielo.br/pdf/pusp/v24n1/v24n1a03.pdf. Acesso em: 1 jan. 2021.

SCHEREN, F. *et al.* Nutrição enteral no domicílio: orientações do enfermeiro e aplicabilidade na ótica do familiar. **Rev. Enferm.**, UFPE, Pelotas, v. 4, n. 2, p. 252-60, abr./jun. 2010. Disponível em: https://pesquisa.bvsalud.org/portal/resource/pt/bde-20214. Acesso em: 8 abr. 2021.

SEBASTIANI, R. W. Histórico e evolução da Psicologia da saúde numa perspectiva latino-americana. *In*: SEBASTIANI, R. W. **Psicologia da Saúde**: um novo significado para a prática clínica. 2. ed. São Paulo: Cengage Learning Edições, 2011.

SILVA, L. C. **O cuidado na vivência do doente de câncer**: uma compreensão fenomenológica. Maringá: Eduem, 2009.

SILVA, F.; BERVIQUE J. A. Psico-Oncologia: lidando com a doença, o doente e a morte. **Revistas Científicas Eletrônicas de Psicologia**, Garça, v. 3, n. 5, p. 1-10, nov. 2005. Disponível em: https://portalidea.com.br/cursos/5272ec2c65cb62f576b48776d11a4800.pdf. Acesso em: 18 jan. 2021.

SILVA, V. C. E. **O impacto da revelação do diagnóstico de câncer na percepção do paciente**. 2010. 219 f. Dissertação (Mestrado em Enfermagem) – Universidade de São Paulo, São Paulo, 2010. Disponível em: https://www.teses.usp.br/teses/disponiveis/22/22132/tde-11052005-112949/publico/SILVA_VCE.pdf. Acesso em: 20 jan. 2021.

SIMINO, G. P. R.; SANTOS C. B.; MISHIMA S. M. Acompanhamento de usuários, portadores de câncer, por trabalhadores da saúde da família. **Rev Latino Am Enferm**, Ribeirão Preto, v. 18, n. 5, p. 1-9, set./out. 2010. Disponível em: http://www.scielo.br/pdf/rlae/v18n5/pt_04.pdf. Acesso em: 18 fev. 2021.

SONOBE, H. M.; BUETTO, L. S.; ZAGO, M. M. F. O conhecimento dos pacientes com câncer sobre seus direitos legais. **Revista da Escola de Enfermagem USP**, São Paulo, v. 45, n. 2, p. 342-348, 2011. Disponível em: https://bdpi.usp.br/bitstream/handle/BDPI/3581/art_SONOBE_O_conhecimento_dos_pacientes_com_cancer_sobre_2011.pdf;sequence=1. Acesso em: 10 abr. 2021.

SOUZA, M. G. G.; SANTOS, F. H. E. O olhar que olha o outro: um estudo com familiares de pessoas em quimioterapia antineoplásica. **Revista Brasileira de Cancerologia**, Rio de Janeiro, v. 54, n. 1, p. 31- 41, jan./mar. 2008. Disponível em:http://www.inca.gov.br/rbc/n_54/v01/pdf/artigo_5_pag_31a42.pdf. Acesso em: 2 fev. 2021.

STUMM, F. *et al.* Vivência de uma equipe de Enfermagem nos cuidados a pacientes com câncer. **Cogitare Enfermagem**, Curitiba, v. 13, n. 1, p. 1-8, jan./mar. 2008: Disponível em: http://www.redalyc.org/articulo.oa?id=483648978010. Acesso em: 10 jan. 2021.

TADDEO, P. S. *et al.* Acesso, prática educativa e empoderamento de pacientes com doenças crônicas. **Ciência & Saúde Coletiva**, Rio de Janeiro, v. 17, n. 11, p. 2913-2930, abr. 2012. Disponível em: http://www.scielo.br/scielo.php?script=sci_arttext&pid=S0103-65642013000100003&lng=en&nrm=iso. Acesso em: 20 fev. 2021.

TORRES, A. A. Cuidados paliativos: a atuação do psicólogo com pacientes com câncer sem expectativa de vida. **Pretextos**: Revista da Graduação em Psicologia da PUC Minas, Belo Horizonte, v. 3, n. 6, p. 361-376, set. 2018. Disponível em: http://periodicos.pucminas.br/index.php/pretextos/article/view/15930. Acesso em: 10 fev. 2021.

VIEIRA, C. P.; LOPES, M. H. B. M.; SHIMO, A. K. K. Sentimentos e experiências na vida das mulheres com câncer de mama. **Revista da escola de enfermagem da USP**, São Paulo, v. 41, n. 2, p. 311-316, jul. 2007. Disponível em: http://www.ee.usp.br/reeusp/upload/pdf/719.pdf. Acesso em: 26 jan. 2021.

9

SAÚDE MENTAL DOS TRABALHADORES DA SAÚDE NA PANDEMIA DA COVID-19 NO BRASIL: DESAFIOS, PERSPECTIVAS E INTERVENÇÕES

Rodrigo Valadares
Larissa Isaura Gomes

9.1 CONSIDERAÇÕES INICIAIS

A pandemia por Covid-19 constitui-se em uma emergência em saúde pública de interesse internacional, cuja complexidade não tem sido vivida desde a II Guerra Mundial, segundo dados da World Health Organization (WHO, 2020). Há uma interface entre o contexto geral da pandemia e os seus desdobramentos para o campo da saúde mental dos trabalhadores da saúde durante e após a crise pandêmica.

A centralidade deste estudo recai na compreensão da saúde mental dos trabalhadores de saúde em tempos de pandemia da Covid-19, no Brasil. Na relação dialética entre o uno e o diverso, o singular e o plural, o específico e o geral, deu-se a constituição desta pesquisa, cuja finalidade precípua é a identificação das repercussões psíquicas advindas desse contexto para a saúde mental dos trabalhadores e, consequentemente, para a construção da política pública de saúde, além de constituir-se em um instrumento de denúncia e de luta para investimentos nas políticas públicas de atenção aos trabalhadores da saúde.

Desde dezembro de 2019, as mídias e as notícias mundiais anunciavam a preocupação com a Covid-19, doença causada pelo vírus Sars-CoV-2. O fato é que a proporção alcançada foi inimaginável e, por vários momentos, incontrolável, o que repercutiu na vida como um todo nos países do mundo. Segundo dados publicados pelo Ministério da Saúde (BRASIL, 2020), em março do referido ano já estavam confirmados casos em todos os continentes.

No Brasil, na data de 25 de fevereiro de 2020, houve o registro do primeiro caso. As estimativas nacionais ultrapassam milhares de casos, seguidos por um número expressivo de óbitos, o que conferiu ao Brasil a segunda posição no ranking mundial em números absolutos. Em relação a esse registro de casos, cumpre ainda destacar o quanto essa realidade encontra-se subnotificada, sobretudo no início, seja pela dificuldade em mapear o que se apresentava ou ainda pela ausência de esquemas de testagem e monitoramento (CAVALCANTE *et al.*, 2020).

Segundo a World Health Organization

> A saúde mental é definida como um estado de bem-estar, no qual cada indivíduo realiza seu próprio potencial, pode lidar com o estresse normal da vida, pode trabalhar de maneira produtiva e é capaz de contribuir com sua comunidade. (WHO, 2014, s/p).

Na população em geral, momentos de crise epidêmica e pandêmica repercutiram de modo direto nas experiências de saúde mental. A exemplo disso, pode-se mencionar as repercussões da epidemia de Zica, causada pelo vírus zica (ZIKV), transmitida por mosquitos do gênero Aedes. Freire *et al.* (2018) discutem acerca da saúde mental das gestantes e suas famílias frente a esse contexto, o que reafirma a interface entre um momento crítico na saúde mental e seus desdobramentos para a saúde psíquica de toda a sociedade.

Se para a população em geral os desdobramentos de uma pandemia ou epidemia para a saúde mental são drásticos, cumpre repensar a situação enfrentada pelos trabalhadores da saúde na linha de frente assistencial. As repercussões são ainda mais intensas, dada a realidade desafiante a que esses trabalhadores estão expostos, podendo nomear profissionais infectados, e muitos deles com suas vidas ceifadas, a escassez de recursos para os atendimentos aos suspeitos e contaminados, a vulnerabilidade em decorrência da falta de equipamentos de proteção individual (TEIXEIRA *et al.*, 2020).

Dantas (2021) discute acerca das dimensões territoriais e populacionais do Brasil, que são de natureza continental. Tudo isso demanda um exército significativo de trabalhadores para prestarem a assistência à população. Realidade desafiante que requer equipes capacitadas de gestores, com pensamento estratégico e inovador.

O Brasil foi reconhecido como o "celeiro da morte". Fatores como a inércia de um governo genocida, conjugado com a ausência de condições estruturais, a saber, a testagem por PCR — sigla em inglês para *polymerase chain reaction* para identificar as pessoas acometidas pela doença intensificou a subnotificação de óbitos por Covid-19, o que estabelece o desafio relativo ao real número de mortes por essa causa (FRANÇA *et al.*, 2020, p. 23).

Como o número de suspeitos e contaminados no mundo e no Brasil aumentou exponencialmente, os trabalhadores da linha de frente da saúde foram expostos a sobrecargas exaustivas de trabalho, o que fez demandar, na mesma proporção, uma assistência especializada no campo da saúde mental, dada a exaustão e o sofrimento psíquico mediante tantas exigências a eles impostas (FIOCRUZ, 2020).

Orellana *et al.* (2020) discutem acerca dos determinantes sociais que atravessam a manifestação e distribuição de casos da Covid-19 em nosso país. As regiões norte e nordeste foram mais assoladas pela pandemia da Covid-19, deflagrando precariedade na assistência à saúde, o que ocasionou um elevado número de mortes, além da recorrente subnotificação e do excesso de mortes naturais, o que sugere a necessidade de revisão da causalidade das mortes nos períodos iniciais da pandemia.

Amarante (2007), referência consolidada para a área da saúde mental, esclarece que a esta precisa ser entendida com um olhar polissêmico que diz respeito ao estado mental dos sujeitos e das coletividades, e não unicamente à ausência de doenças, necessariamente. Dantas (2021) acrescenta que os profissionais da saúde lidam cotidianamente com o desgaste emocional, uma vez que precisam lidar com fatores estressantes do ambiente de trabalho, que se intensificam em momentos de epidemias e pandemias.

Conforme a Organização Pan-Americana da Saúde (OPAS, 2016), nos períodos supracitados, há a iminência ou intensificação da desesperança, do desespero, do medo exacerbado de repetição dos fenômenos, medo da própria morte e da morte de pessoas próximas, medo de ser infectado e de infectar os outros, enfrentamento de medidas de isolamento social, que podem facilitar o surgimento do estresse pós-traumático, sintomas depressivos e ansiosos e de comportamento suicida.

Segundo dados do Ministério da Saúde (BRASIL, 2021), as profissões mais acometidas pela incidência de contágio da Covid-19 foram de técnicos e auxiliares de enfermagem, enfermeiros e médicos. Propiciar espaços de acolhimento e escuta qualificada a esses profissionais torna-se indispensável para que o cuidado em saúde mental seja de fato efetivado.

É responsabilidade do Estado prover a assistência psicológica aos trabalhadores da saúde. Em tempos de crise pandêmica mundial, essa necessidade tornou-se ainda mais latente. Saidel *et al.* (2020) contribuem a esse respeito e destacam a importância de que estudos, pesquisas e divulgações acerca dessa temática sejam permanentes, para que intervenções qualificadas possam de fato ser construídas. A ciência brasileira vive um panorama de reincidentes ataques, o que reafirma mais uma vez a necessidade de que estudos em prol da saúde dos trabalhadores sejam tipificados como pautas prioritárias, pelas autoridades sanitárias.

Para Faro (2020), em momentos de crise, são necessários esforços emergenciais de diferentes áreas do conhecimento, entre elas a Psicologia. Esta possui uma especificidade dentro do campo da saúde mental, capaz de aferir, interpretar e propor intervenções que repercutem no todo. A responsabilidade pelas ações em saúde mental precisa ser compartilhada com todas as áreas do conhecimento, não sendo exclusiva da Psicologia. As contribuições da referida área são substanciais, sobretudo pela articulação e mobilização dos demais segmentos envolvidos.

The Lancet (2020) enfatiza uma questão que precisa ser prioritária para todo o mundo: a criação de respiradores e EPIs, na velocidade da necessidade humana. O mesmo não acontece com os trabalhadores da saúde. Eles existem e trabalham na contramão do sistema coletivo. Enquanto é orientado a todos para ficarem em casa, aos trabalhadores da saúde é solicitado justamente o inverso: que eles estejam preparados para salvar vidas, em turnos de trabalho exaustivos e praticamente intermitentes.

De natureza qualitativa, este estudo foi construído a partir de um levantamento bibliográfico em bases de dados científicos, a saber: Scientific Eletronic Library Online (SciELO), Centro Latino Americano e do Caribe de Informações em Ciências da Saúde (Bireme), Biblioteca Virtual da Saúde (BVS), Portal Domínio Público, Literatura Latino Americana em Ciências da Saúde (Lilacs), Medical Literature Analysis and Retrieval System (Medline) e em sites dos periódicos da área de universidades federais e na biblioteca virtual da Faculdade Cidade de Coromandel (FCC), a partir dos critérios de inclusão e exclusão previamente definidos.

Os critérios de inclusão foram: a) estar em Língua Portuguesa ou Inglesa; b) ter sido produzido em 2020 e 2021, período de eclosão da pandemia por Covid-19, exceto para as obras clássicas ou referência para a temática; c) conter no título e nas palavras-chave ao menos um dos seguintes descritores isolados ou combinados: pandemia, Covid-19, profissionais da saúde, SUS, saúde mental, trabalhador da saúde, entre outros. Como critérios de exclusão, aplicou-se o contrário ao aqui disposto.

Após o levantamento dos artigos, o que aconteceu de modo gradual, uma vez que as produções foram sendo construídas e publicadas em tempo concomitante com o desenvolvimento da pandemia, realizou-se a análise, a leitura do título; em seguida, das palavras-chave para uma primeira seleção. A seguir, foi feita a leitura dos resumos, com a finalidade de identificar a compatibilidade entre os objetivos do presente estudo com as pesquisas que foram desenvolvidas pelos autores dos artigos. Após a seleção final, procedeu-se à leitura dos artigos na íntegra, com a realização de resenhas, resumos e fichamentos deles.

Objetivou-se analisar a saúde mental dos trabalhadores da saúde em tempos da pandemia por Covid-19, identificar as repercussões psicológicas advindas desse processo e mapear as estratégias interventivas no âmbito da saúde mental dos trabalhadores.

Uma vez apresentado o cenário epidemiológico da pandemia por Covid-19, dar-se-á a explanação das seções temáticas: a primeira delas versa sobre os desdobramentos psicológicos advindos da pandemia e a segunda seção possui natureza interventiva e trata das possibilidades de atuação voltada para o cuidado com os trabalhadores da saúde.

9.2 A PANDEMIA PSICOLÓGICA EM PARALELO À PANDEMIA POR COVID-19: o sofrimento mental dos trabalhadores da saúde

A emergência e o pico da pandemia por Covid-19 repercutiram diretamente na saúde mental de toda a população mundial, não sendo diferente com os trabalhadores da saúde. Ainda que a centralidade das intervenções recaia no controle da dimensão biológica estritamente em si, o impacto na saúde mental pode configurar-se em um fator limitante para que o país supere uma crise pandêmica como a de Covid-19. Garantir uma assistência efetiva às necessidades de saúde mental que diminua o sofrimento psíquico a que as pessoas estão expostas reflete o cuidado e o zelo para com a saúde integral da população, além de constituir-se em uma estratégia potente para o cuidado em rede.

Trabalhadores da saúde atuantes na linha assistencial, isto é, na oferta dos atendimentos diretos aos suspeitos e contaminados por Covid-19 lidam com realidades permeadas por adversidades e complexidades que impactam, de modo intenso e exaustivo, a sua saúde mental. Como evidência concreta desse fenômeno, tem-se a emergência e o agravamento de transtornos mentais comuns, transtorno de estresse pós-traumático, síndrome de *Burnout* e demais variantes existentes, além de alterações no sono (FIOCRUZ, 2020).

Cada trabalhador da saúde lida, ao seu próprio modo, com as repercussões advindas da pandemia por Covid-19, mas o denominador comum é de que a pandemia afeta a saúde mental de todos os profissionais. Nesse sentido, compreender a experiência de cada trabalhador torna-se relevante, o que pode justificar a importância do desenvolvimento de pesquisas de campo a esse respeito.

Os comportamentos individuais e coletivos bem como a dinâmica da vida social e das relações interpessoais começaram a ser regidos por medidas restritivas, uma vez que foi anunciada a contaminação comunitária por Covid-19. Quarentena, distanciamento social, isolamento, restrições quanto ao toque e à proximidade física, a impossibilidade de se reunir e aglomerar, inequidade do acesso às vacinas e tantas outras especificidades constituem uma realidade comum a todos os cidadãos, que no caso dos trabalhadores da saúde é acrescido pelas especificidades do trabalho (TEIXEIRA *et al.*, 2020).

A ruptura de conexões físicas e sociais produz impactos negativos para a saúde mental das pessoas. O medo de infectar a si e aos outros, a iminência do colapso do sistema de saúde, o número crescente de óbitos, a escassez na oferta de equipamentos de proteção individual, a sobrecarga de trabalho, sobretudo diante da contaminação dos pares dos plantões, além do registro de óbitos também entre os profissionais da linha de frente são variáveis relevantes no tocante à compreensão da saúde mental dos trabalhadores da saúde em tempos da pandemia por Covid-19. Ho *et al.* (2020) esclarecem que a vivência de uma pandemia desemboca experiências e emoções negativas, o que requer a estruturação de uma rede de atenção qualificada à população.

Pesquisadores evidenciam um aumento no uso de determinadas substâncias ou ainda do tabagismo entre os profissionais que cuidam dos pacientes com Covid-19. Métodos de enfrentamento à pandemia não saudáveis precisam ser compreendidos em sua significância para que possam incentivar a sua substituição por comportamentos e práticas de cuidado (DANTAS, 2020).

Lidar com a morte dos pacientes é uma realidade que, fora dos contextos pandêmicos, mobiliza emocionalmente a equipe por inteiro. Em tempos da pandemia por Covid-19, o cenário ficou ainda mais caótico com as medidas restritivas de impossibilidade das famílias de velar e enterrar os seus entes queridos, o que também representou uma sobrecarga para os profissionais que acompanharam todo o processo do cuidado, evidenciando frustração e impotência diante dos fatos (TEIXEIRA *et al.*, 2020; FIOCRUZ, 2020).

Estigmas e estereótipos foram frequentemente atribuídos aos profissionais da saúde atuantes da linha de frente, que de fato estão mais expostos às possibilidades de contaminação, dada a natureza do trabalho desenvolvido. Tal situação é, por vezes, extensiva às famílias e ao círculo social desses profissionais que, além de lidarem com um trabalho exaustivo, estão à mercê de julgamentos e retaliações, representados por proibições de uso de serviços e espaços públicos (PEUKER; MODESTO, 2020). No México, por exemplo, os profissionais da saúde foram proibidos de fazer uso do transporte público. Em muitos países, os profissionais foram intimados a desocupar os apartamentos em que moravam, com a alegação de que poderiam contaminar os demais moradores. Diárias em hotéis também foram negadas, justificadas pelo receio da contaminação.

Brooks *et al.* (2020) apresentam uma reflexão que se faz muito pertinente ao estudo em questão. Considerar que as sequelas da pandemia são muito maiores que o número de mortes torna-se essencial para a compreensão do todo. As sequelas estão sobretudo no campo da vivência individual, pois por detrás dos números há histórias de vida que precisam ser consideradas.

Khoo e Lantos (2020) discutem o conceito de sofrimento moral, que constitui a necessidade da tomada de decisão diante de uma dualidade. Para os profissionais da saúde, essa vivência é corriqueira, pois a todo momento são desafiados com escolhas; a escolha do paciente que ocupará uma vaga em um leito de UTI constitui, por exemplo, uma dessas realidades. E tudo isso possui um efeito cumulativo na saúde do trabalhador. No auge da crise da pandemia por Covid-19, essa necessidade foi constante, o que deixou marcas para a subjetividade dos trabalhadores da saúde.

9.3 INTERVENÇÕES EM SAÚDE DO TRABALHADOR EM TEMPOS DA PANDEMIA POR COVID-19

As intervenções em saúde do trabalhador em tempos de pandemia por Covid-19 encontram um alicerce teórico-metodológico muito pertinente na Psicologia enquanto ciência e profissão. Compete a tal área do conhecimento promover contribuições efetivas para a saúde, além de articular as demais ciências a se mobilizarem em prol do coletivo.

A Rede de Atenção Psicossocial (Raps) constitui-se em uma estratégia de cuidado potente. Possibilita aos trabalhadores da saúde uma escuta qualificada e sensível às peculiaridades vividas no trabalho, bem como a interface advinda da unidade saúde-trabalho-vida (DANTAS, 2020). O fortalecimento da Raps precisa ser meta prioritária no âmbito das políticas públicas, pois cuidar de quem cuida é o pilar essencial para que haja, em segunda instância, um atendimento humanizado e de qualidade destinado à população.

A resiliência para as adversidades do trabalho é uma das habilidades importantes para a saúde mental no trabalho, sobretudo em tempos da pandemia por Covid-19, desde que assentada em políticas de atenção à saúde dos trabalhadores. Essa é uma estratégia que propicia o cuidado terapêutico a partir da realidade enfrentada no cotidiano do trabalho (DANTAS, 2020).

Os conceitos de suporte social e de estratégias coletivas de enfrentamento encontram uma aplicabilidade muito pertinente para a efetivação da proteção dos trabalhadores que estão expostos a intensas e exaustivas cargas de trabalho. A exposição dos trabalhadores da saúde a episódios e eventos adversos pode repercutir de modo negativo para a saúde mental deles (LIMA; ASSUNÇÃO, 2011).

Dantas (2020) propõe um enfrentamento solidário que esteja estruturado para além das experiências traumáticas. A ênfase no número de contaminados, óbitos e adoecimento é constante. Por isso, repaginar a situação de modo a produzir espaços saudáveis com e apesar da dor torna-se imprescindível. Não se trata de mascarar ou romantizar a realidade, mas de considerar que também existe vida para além desses contextos nefastos e de permanentes ameaças. Assim, nem um otimismo irrealista ou emoções negativas expressam a realidade do momento e podem denotar sofrimento, seja pela falta ou ainda pelo excesso no campo comportamental.

Ainda que haja situações traumáticas e de difícil manejo na rotina dos trabalhadores da saúde, torna-se imprescindível considerar que há também a emergência do sentimento de gratidão decorrente das intervenções de sucesso e do reconhecimento de que foi possível ajudar um ser humano e sua respectiva família. Essa devolutiva contribui para a autoestima dos trabalhadores, além de reafirmar o sentimento de pertencimento ao grupo e ao trabalho. Esse fenômeno é entendido por Brooks *et al.* (2020) como crescimento pós-traumático. Essa pode ser uma das estratégias de cuidado a ser construída com os trabalhadores: exercitar a gratidão e o reconhecimento pelo que foi logrado êxito. E a partir desses pontos de reconhecimento produzir saúde mental.

Prado *et al.* (2020) discutem acerca da necessidade de se reduzir impactos negativos da pandemia e promover saúde mental. Ao encontro do que foi abordado pelos autores, Folkman (2012, s/p) também reafirma que são "[...] necessários mecanismos que auxiliem na redução dos impactos que agravam o estresse crônico, bem como a promoção do bem-estar mental". Essa alternativa vem ao encontro de um SUS comprometido com a integralidade do cuidado. De fato, a pandemia por Covid-19 desencadeou uma ênfase quase que totalitária nos aspectos negativos: morte, luto, escassez de leitos, entre outras dimensões. Os prejuízos foram imensos. É chegado o momento de instituir ações no âmbito da promoção da saúde e várias são as alternativas em saúde: projetos que incentivem a prática esportiva e a construção de práticas vitais saudáveis na promoção da saúde são algumas das possibilidades existentes, dentro do vasto campo da saúde.

Universidades e instituições de saúde criaram plataformas para acolhimento e atendimento on-line das demandas de saúde mental da população, em virtude da pandemia por Covid-19, o que foi também disponibilizado aos profissionais da saúde. Essa iniciativa representou um primeiro ponto do cuidado que precisa encontrar subsídio no fortalecimento de toda a rede de atenção psicossocial. Houve estratégias de sucesso em alguns municípios, em que psicólogos foram recrutados para desenvolver projetos específicos para os trabalhadores da saúde, com ênfase no cuidado individualizado e coletivo, em virtude da exaustão decorrente do enfrentamento da pandemia por Covid-19. Também foram disponibilizados plantões psicológicos presenciais com escuta qualificada, focada na necessidade emergencial de cada profissional e abordagens grupais, com destaque para as rodas de conversas, e grupos focais propiciaram o cuidado terapêutico de equipes tão acometidas mentalmente pelos impactos da pandemia. Muitas dessas experiências podem compor a dinâmica de trabalho das instituições, dados os resultados alcançados no cuidado com os trabalhadores (VIANA, 2020).

Diante do exposto, importa considerar que as intervenções no âmbito da saúde mental dos trabalhadores da saúde sejam construídas dentro de uma proposta de política pública, assegurando a continuidade dos serviços, projetos e ações desenvolvidos. A saúde mental do trabalhador sempre teve um status secundário e as crises sanitárias cumprem também um papel de evidenciar as mazelas e as fragilidades do sistema. E a saúde mental foi focada desde o princípio como um dos gargalos da pandemia por Covid-19, haja vista a situação de adoecimento dos trabalhadores da saúde.

9.4 CONSIDERAÇÕES FINAIS

A pandemia por Covid-19 acometeu o mundo como um todo e reconfigurou os modos de viver, trabalhar, existir e se relacionar, constituindo um marco de interesse internacional. Os trabalhadores da saúde que atuam na parte assistencial, isto é, que integram a linha de frente dos atendimentos à população foram duplamente acometidos, pois, enquanto as medidas restritivas do "fique em casa" foram direcionadas ao mundo, os trabalhadores da saúde precisaram realizar justamente o movimento contrário para salvar vidas.

Inseridos em rotinas exaustivas e muitas vezes na acumulação de vínculos empregatícios, no contexto da pandemia os trabalhadores foram expostos a uma multiplicidade de situações estressantes, sendo os fatores psicológicos delas advindas demandas latentes para intervenções emergenciais em saúde do trabalhador. O fato é que os trabalhadores da saúde são a principal tecnologia para a efetivação do cuidado dentro da política pública de saúde. A pandemia por Covid-19 intensificou o adoecimento psíquico dos trabalhadores que enfrentaram desafios complexos e altamente estressores, além das angústias, incertezas e dúvidas no âmbito do presente e do futuro.

A Psicologia enquanto ciência e profissão possui um contributo relevante para essa discussão, na medida em que fomenta a consideração da singularidade e da subjetividade de cada trabalhador. De fato, cada trabalhador lidou e tem lidado a seu modo com a pandemia. Isso vem ao encontro do interesse de fortalecimento de uma política pública, que dia após dia vem lutando para sobreviver em meio a um cenário de constantes ataques e aviltamentos da esfera política. Em um contexto de retrocessos e desmonte da política de atenção à saúde dos trabalhadores, os desafios relacionados à saúde mental no país permanecem frequentes e crescentes, o que demanda atenção e investimentos das autoridades sanitárias de todo o país, bem como luta e mobilização constante dos trabalhadores.

9.5 REFERÊNCIAS

AMARANTE, P. **Saúde mental e atenção psicossocial**. Rio de Janeiro: Fiocruz, 2007.

BRASIL. Ministério da Saúde. **Painel coronavírus**. Brasília, 2020. Disponível em: https://covid.saude.gov.br/. Acesso em: 9 ago. 2021.

BRASIL. Secretaria de Vigilância em Saúde. **Boletim epidemiológico especial doença pelo coronavírus Covid-19**. Brasília, 2020. Disponível em: http://saude.gov.br/images/pdf/2020/ July/08/Boletim-epidemiologico-COVID-21-corrigido-13h35.pdf. Acesso em: 10 ago. 2020.

CAVALCANTE, J. R. *et al.* COVID-19 no Brasil: evolução da epidemia até a semana epidemiológica 20 de 2020. **Epidemiologia e Serviços de Saúde**. Brasília, v. 29, n. 4, p. 1-13, jul. 2020. DOI: https://doi.org/10.5123/S1679-49742020000400010. Disponível em: http://scielo.iec.gov.br/pdf/ess/v29n4/2237-9622-ess-29-04-e2020376.pdf. Acesso em: 12 out. 2021.

DANTAS, E. S. O. Saúde mental dos profissionais de saúde no Brasil no contexto da pandemia por Covid-19. **Interface**, Botucatu, v. 25, Supl. 1, p. 200-203, jan. 2021. DOI: https://doi.org/10.1590/Interface.2002. Disponível em: https://www.scielo.br/j/icse/a/rCWq43y7mydk8Hjq5fZLpXg/. Acesso em: 14 ago. 2021.

DANTAS, E. S. O. Saúde mental dos profissionais de saúde no Brasil no contexto da pandemia por Covid-19. **Interface**: Comunicação, Saúde, Educação, Botucatu, v. 25, n. 1, p. 1-9, jan. 2021. Disponível em https://www.scielo.br/j/icse/a/rCWq43y7mydk8Hjq5fZLpXg/. Acesso em: 12 nov. 2021.

FARO, A. *et al.* COVID-19 e saúde mental: a emergência do cuidado. **Estudos de Psicologia**, Campinas, v. 37, p. 1-14, maio 2020. DOI: https://doi.org/10.1590/1982-0275202037e200074 Disponível em: https://www.scielo.br/j/estpsi/a/dkxZ6QwHRPhZLsR3z8m7hvF/?lang=pt. Acesso em: 14 set. 2021.

FOLKMAN, S. Stress, Health, and Coping: synthesis, commentary, and future directions. **Oxford University Press**. set. 2012. http://dx.doi.org/10.1093/

FRANÇA, E. B. *et al.* Óbitos por COVID-19 no Brasil: quantos e quais estamos identificando?. **Revista Brasileira de Epidemiologia**, São Paulo, v. 23, p. 1-7, e200053, jun. 2020. https://doi.org/10.1590/1980-549720200053 Disponível em: https://www.scielo.br/j/rbepid/a/75zrygtRM8GMdgKYhTLfmpH/?format=pdf&lang=pt Acesso em: 5 set. 2021.

FREIRE, I. M. *et al.* Síndrome congênita do Zika vírus em lactentes: repercussões na promoção da saúde mental das famílias. Cad. Saúde Pública, Rio de Janeiro, v. 34, n. 9, p. 1-5, maio. 2018. Disponível em: https://www.scielosp.org/article/ssm/content/raw/?resource_ssm_path=/media/assets/csp/v34n9/1678-4464-csp-34-09-e00176217.pdf. Acesso em: 25 ago. 2021.

FUNDAÇÃO OSWALDO CRUZ – FIOCRUZ. **Saúde mental e atenção psicossocial na pandemia Covid-19**: orientação aos trabalhadores dos serviços de saúde. Rio de Janeiro: Fiocruz, 2020.

HO, C. S.; CHEE, C. Y; HO, R. C. Mental health strategies to combat the psychological impact of COVID-19 beyond paranoia and panic. **Annals Academy Medical of Singapure**, v. 49, n. 3, p. 1-3, mar. 2020. Disponível em: https://pubmed.ncbi.nlm.nih.gov/32200399/. Acesso em: 12 set. 2021.

KHOO, E. J.; LANTOS, J. D. Lessons learned from the COVID-19 pandemic. **Acta Pædiatrica**, v. 109, n; 7, p. 1-3, jul. 2020. Disponível em: https://shortest.link/2KGQ. Acesso em: 10 out. 2021.

ORELLANA, J. D. Y. *et al.* Excesso de mortes durante a pandemia de COVID-19: subnotificação e desigualdades regionais no Brasil. **Cadernos de Saúde Pública**, Rio de Janeiro, v. 37, n. 1, e00259120, fev. 2021. https://doi.org/10.1590/0102-311X00259120. Disponível em: http://cadernos.ensp.fiocruz.br/csp/artigo/1292/excesso-de-mortes-durante-a-pandemia-de-covid-19-subnotificacao-e-desigualdades-regionais-no-brasil Acesso em: 5 set. 2021.

ORGANIZACIÓN MUNDIAL DE LA SALUD – OMS. Organización Panamericana de la Salud – OPAS. **Prevención de la conducta suicida**. Washington: OPAS, 2016. DOI: oxfordhb/9780195375343.013.0022. Disponível em: https://www.oxfordhandbooks.com/view/10.1093/oxfordhb/9780195375343.001.0001/oxfordhb-9780195375343-e-022. Acesso em: 13 out. 2021.

PEUKER, A. C.; MODESTO, J. G. Estigmatização de profissionais de saúde. **Sociedade Brasileira de Psicologia**, 2020. Disponível em: https://shortest.link/2KGN. Acesso em: 13 fev. 2021.

PRADO, A. D. *et al.* A saúde mental dos profissionais de saúde frente à pandemia do COVID-19: uma revisão integrativa. **REAS/EJCH**, v. 46, n. 4128, p. 1-9, jun. 2020. Disponível em: https://repositorio.ufu.br/bitstream/123456789/29539/1/sa%c3%bademental profissionais.pdf. Acesso em: 13 set. 2021.

SAIDEL, M. G. B. *et al.* Intervenções em saúde mental para profissionais de saúde frente a pandemia de Coronavírus. **Rev Enferm UERJ**, Rio de Janeiro, v. 28, p. 1-6, maio 2020. Disponível em: https://pesquisa.bvsalud.org/portal/resource/pt/biblio-1097213. Acesso em: 12 set. 2021.

SURJUS, L. T. L. S. *et al.* (org.). **Atenção Psicossocial e COVID-19**: fortalecimento coletivo para garantir o cuidado. Santos: Universidade Federal de São Paulo, 2020. Disponível em: https://shortest.link/2Sie. Acesso em: 17 set. 2021.

TEIXEIRA, C. F. S. *et al.* A saúde dos profissionais de saúde no enfrentamento da pandemia de Covid-19. **Ciência & Saúde Coletiva**, Rio de Janeiro, v. 25, n. 9, p. 3465-3474, set. 2020. DOI: https://doi.org/10.1590/1413-81232020259.19562020 Disponível em: https://www.scielo.br/j/csc/a/6J6vP5KJZyy7Nn45m3Vfypx/?lang=pt. Acesso em: 19 jan. 2021.

THE LANCET. Editorial COVID-19: protecting health-care workers. **The Lancet**, v. 395, p. 922, 21 mar. 2020.

VIANA, D. M. V. D. Atendimento psicológico online no contexto da pandemia de covid-19: online psychological care in the context of COVID'S pandemic 19. **Cadernos ESP**, Fortaleza, v. 14, n. 1, p. 74-9, jul. 2020. Disponível em: //cadernos.esp.ce.gov.br/index.php/cadernos. Acesso em: 15 out. 2021.

WORLD HEALTH ORGANIZATION – WHO. **Mental health**: strengthening our response. Fact sheet 220. Geneva: WHO, 2014. Disponível em: http://www.who.int/mediacentre/factsheets/fs220/en/. Acesso em: 20 out. 32021.

WORLD HEALTH ORGANIZATION – WHO. **Situation report – 63**: Coronavirus disease 2019 (COVID-19) Geneva: WHO, 2020 Disponível em: https://www.who.int/docs/default-source/coronaviruse/situation-reports/20200323- sitrep-63-covid-19.pdf?sfvrsn=d97cb6dd_2. Acesso em: 9 ago. 2020.

10

CONTRIBUIÇÕES DO BRINCAR PARA O DESENVOLVIMENTO DA CRIANÇA

Rosimar da Silva Rocha
Charles Magalhães de Araújo

10.1 CONSIDERAÇÕES INICIAIS

Compreender a relevância do brincar para o desenvolvimento das crianças, em especial das pequenas, é fundamental para uma prática pedagógica efetiva e envolvente. A infância vem sofrendo grandes modificações, com um encurtamento de sua duração na contemporaneidade. As crianças estão se tornando adolescentes cada vez mais precocemente, e dessa forma o brincar também passa a ter diferentes significados na sociedade (NAVARRO; PRODÓCIMO, 2012).

É na infância que acontecem interações entre o mundo e o meio em que a criança vive, ocorrendo uma aprendizagem significativa. As brincadeiras devem ser privilegiadas na infância, pois nessa etapa da vida a criança tem mais facilidade para aprender quando a prática está associada ao lúdico (TEIXEIRA; VOLPINI, 2014).

As crianças usam brinquedos para expressar suas emoções e para construir o mundo à sua maneira, fazendo questionamentos sobre o universo dos adultos. Elas nascem em um ambiente guiado por regras sociais e seu ego deve se adaptar a essas normas. No entanto, no jogo ocorre um processo oposto, pois nele estão as regras apenas do mundo infantil. Essa não é uma tentativa de escapar da realidade, mas uma forma de aprender mais e mais sobre elas mesmas. No jogo, as crianças constroem e reconstroem um mundo particular, garantindo seu próprio espaço. A imaginação compensa a pressão da vida diária das crianças e uma simples fantasia, por exemplo, torna-a super-herói (MELO; VALLE, 2005).

As crianças brincam na maior parte do seu tempo, porém, não é incomum se observar adultos correndo atrás para repreendê-las: "não corra", "parem com essas brincadeiras" etc. A pessoa adulta tem uma cultura de mobilização e vive imersa em tal realidade, sempre recomendando às crianças para andarem devagar, para falarem baixo e, se possível, permanecerem sentados na maioria dos ambientes em que frequentam, até mesmo na escola (NAVARRO; PRODÓCIMO, 2012).

De acordo com Cordazzo e Vieira (2007), a brincadeira é uma atividade predominante da infância e vem sendo explorada no campo científico com o intuito de caracterizar as suas peculiaridades; identificar suas relações com o desenvolvimento da criança, no que se refere ao seu desenvolvimento integral; além de objetivar por meio do ato de brincar intervir nos processos de educação e aprendizagem das crianças.

Conforme Santos, Martins e Gimenez (2019), torna-se necessário que uma nova postura seja adotada pelos educadores, fazendo-se relevante adotar práticas pedagógicas voltadas para o ato do brincar verdadeiro, desligando-se da ideia de que é só na teoria que se aprende. É preciso considerar o lúdico como ferramenta de ensino e de aprendizagem, que contribui para o desenvolvimento intelectual e cognitivo da criança.

Segundo Kishimoto (2010) é a partir da conexão com o adulto que a criança inicia sua relação com o brinquedo e com as brincadeiras. Nessa interação entre adultos, brincadeiras e crianças, é que elas se tornam capazes de ampliar suas percepções de mundo, se abrindo para novas descobertas e experiências. Nesse contexto, é importante partir dos conhecimentos trazidos pelas crianças e estimular o seu cognitivo para que ela possa ampliar seus conhecimentos e construir laços com as pessoas à sua volta, interagindo com o ambiente que a cerca e ampliando o debate.

Esta pesquisa tem por finalidade apresentar evidências com base em pressupostos teóricos e em resultados de pesquisas sobre as contribuições que a brincadeira oferece ao desenvolvimento infantil da criança, bem como sua aprendizagem em seu contexto social. Sendo assim, o objetivo geral de estudo foi compreender as contribuições do brincar para o desenvolvimento da criança.

A metodologia para o estudo fundamentou-se numa revisão de literatura. A pesquisa buscou nas bases de dados da SciELO e do Google Acadêmico artigos e livros que tratassem do assunto para nortear o trabalho. Os artigos, teses e dissertações foram selecionados de acordo com o assunto abordado, prezando-se sempre pelos mais recentes.

A pesquisa é relevante, considerando-se que a brincadeira é um ato natural das crianças e deve ser incentivada. Por meio do brincar, um mundo de estimulações se abre: elas socializam, desenvolvem a cognição, aprendem as regras e a convivência social e conseguem se desenvolver de forma dinâmica e harmoniosa. Com as brincadeiras, os pequenos aprendem a expressar o que sentem de forma funcional. A prática contribui para o desenvolvimento infantil e vai se refletindo até a fase adulta.

10.2 O BRINCAR

É de suma relevância que se entenda o brincar como uma atividade dinâmica e favorável ao desenvolvimento da criança em todos os momentos de sua vida. As crianças brincam de diferentes maneiras em cada contexto. Assim como para diferentes gerações os hábitos mudam, existem diferentes formas de brincar, que variam de tempo para tempo, lugar para lugar, culturas para culturas. Diante disso, deve-se entender que as características das brincadeiras mudam, dependendo de quem brinca, quando e onde brinca (VALÉRIO, 2016).

Conforme Silva (2013), o brincar é uma atividade que faz parte do universo infantil, relacionando-se ao cotidiano das crianças há séculos. Nesse contexto é fundamental a valorização do ato de brincar no espaço educacional infantil. A valorização do brincar ganhou espaço no âmbito escolar e no cenário da educação infantil, após o rompimento do pensamento romântico, quando passou a ter função socializadora e integradora.

Por meio do ato de brincar, as crianças são capazes de ultrapassar a realidade, transformando-a a partir da sua imaginação e do faz de conta, expressando, dessa forma, o que teriam dificuldades de realizar com o uso de palavras. Nesse sentido, o brincar vai além de uma atividade de lazer, pois se torna uma forma de estabelecer relações, de produzir conhecimentos e construir explicações (SILVA, 2013).

De acordo com Cunha (2007, p. 177), "[...] quando a criança brinca e compete, ela cria experiências que irão ajudá-la a amadurecer emocionalmente". Assim, o brincar é uma atividade essencial para o desenvolvimento da identidade e da autonomia infantil. Estimular as brincadeiras desde cedo é permitir à criança comunicar-se por meio de gestos e sons. Representar determinado papel da brincadeira faz com que ela desenvolva a imaginação e o emocional (CUNHA, 2007).

Ao brincar, a criança ativa sua inteligência, seu raciocínio e se torna mais criativa, abrindo portas para se desenvolver intelectualmente e assimilar novos conhecimentos, além de tornar-se uma pessoa mais humanizada em termos de valores éticos e morais (DIDIER; TELES, 2012). Sendo assim, em acordo com Didier e Teles (2012, p. 26), "O brincar possibilita várias aprendizagens independente da área do conhecimento".

Aranha (2016) aponta que o brincar é um instrumento pedagógico essencial ao desenvolvimento infantil. Deve-se considerar que por meio da brincadeira a criança aprende a interagir, desenvolve a psicomotricidade e aprende sobre os conceitos e os conteúdos que estão sendo mediados.

Valério (2016) declara que o lúdico traz benefícios inesgotáveis e como tal é de grande relevância que os pais não se esqueçam de definir na agenda da criança um espaço diário para não fazer nada, pois é daí que surge o espaço para o brincar. Entretanto, o ato lúdico fica relegado para o segundo plano e a preocupação básica dos pais é saber se os filhos estudaram ou não, sem perceberem que nenhuma criança desenvolverá de forma integral seu potencial se a brincadeira não fizer parte do seu cotidiano escolar e familiar.

Segundo Aranha (2016), é quase impossível pensar em uma criança que não aprecia o ato de brincar ou que não tenha contato com a fantasia e a imaginação. Geralmente, toda criança cria, desde cedo, diferentes formas para poder se ocupar e o simples fato de manusear algum material para ela já pode ser considerado como uma brincadeira de descobrir o mundo. Nesse contexto, Brougére (2010) descreve que a criança constrói sua cultura lúdica brincando, pois por meio da prática ela vai adquirindo um conjunto de experiências, que são acumuladas desde as primeiras brincadeiras. É por meio da brincadeira que a criança pode encontrar o seu eu, ela faz da brincadeira a sua vida, pois vive em um mundo imaginário em que tal ação é a representação da sua realidade ou a fuga para um mundo fictício criado por ela.

Sommerhalder e Alves (2011, p. 16) pontuam sobre o sentido das palavras:

> Brincar, jogar, brinquedo. Essas palavras têm um sentido bem conhecido de todos nós, especialmente quando criança. Elas representam a possibilidade de imaginarmos ser quem não somos, de estarmos em lugares e planetas diferentes, o prazer de satisfazer o desejo mesmo que de forma ilusória, de viver o suspense do inesperado, de viver a loucura sem ser louco, de divertir-se.

Para Leal (2017), quando a criança brinca, ela transita entre o mundo real e o mundo imaginário. Nesse sentido, ela pode ser quem quiser, fazer o que quiser e estar onde quiser estar. Dessa forma, a criança estimula sua fantasia e desenvolve sua imaginação, se divertindo e sendo feliz.

Ao se falar sobre o brincar, não se pode deixar de lado trabalhos de estudiosos que se dedicaram à pesquisa sobre essa temática. Assim, para Leal (2017), o brinquedo é a principal atividade das crianças, estando relacionada a essa atividade a mudança mais significativa no desenvolvimento psicológico do sujeito. O processo psicológico de preparação da criança para as atividades do dia a dia e a transição para um nível superior de desenvolvimento.

O brincar livre e feliz permite que a criança entre em um mundo ficcional, onde pode reproduzir os relacionamentos que observa na vida diária, experimentar diferentes papéis simbolicamente estabelecidos e exercer a sua capacidade de generalizar e abstrair (MELO; VALLE, 2005).

Estudos realizados por Queiroz, Maciel e Branco (2006) mostraram que no ato de brincar as crianças absorvem o mundo à sua maneira, sem afetar a realidade. Isso porque elas interagem com os objetos não pela natureza destes, mas de acordo com a função que lhes atribuem. Brincar não significa apenas ter uma diversão básica, mas uma comunicação consigo e com o mundo. A partir da brincadeira, a criança pode desenvolver habilidades importantes como a atenção, a memória, a imitação, a imaginação e a criatividade, trazendo aspectos da sua personalidade, da sua emoção, da sua inteligência, de suas habilidades motoras e sociais.

Segundo Vygotsky (2007), o brincar se modifica de acordo com a realidade e o meio em que a criança está inserida, não seguindo padrões. Os brinquedos têm significados diferentes, e é no imaginário da criança onde acontece o que ela verdadeiramente deseja ser.

Antunha (2010) aponta que é importante as crianças terem o espaço para brincar e também o contato com a criação da brincadeira, como a criação da casinha, da escolinha. Quanto ao tempo que as crianças têm para brincar, também se deve considerar um período suficiente para que o jogo possa surgir, desenvolver-se e ser finalizado.

Para Queiroz, Maciel e Branco (2006), o brincar envolve uma atitude positiva perante a vida. Brincando é possível fazer inúmeras coisas, não apenas pensar ou desejar, mas fazer uma experiência com associações entre o corpo, o objeto, o tempo e o espaço. Assim como a vida, o brincar sempre tem começo, meio e fim.

No passado, as crianças precisavam de criatividade para criar seus próprios brinquedos. A carência de jogos possibilitou a elas mais oportunidades para descobrir, criar e procurar materiais para construí-los.

Dessa forma, os brinquedos são considerados não estruturados, pois é por meio da imaginação da criança e dos materiais que ela criará as ferramentas necessárias para a sua diversão. Atualmente, os brinquedos já vêm prontos, como é o caso das bonecas, dos carrinhos, dos ursinhos, das bolas, entre outros (MELO; VALLE, 2005).

Brincar ajuda a crescer e, portanto, promove a saúde. O não brincar, por parte da criança, pode significar algum problema e dificultar seu desenvolvimento. Se o adulto proíbe a brincadeira da criança, ele atrapalha tanto o desenvolvimento da infância quanto a educação dada pelos pais. A ludicidade é de grande importância para ambos (LEME, 2005).

A brincadeira proporciona à criança mais contato com o lúdico, de forma que ela mesma possa descobrir e aprender sobre a realidade em que está inserida, tornando-a determinada, levando-a a desenvolver sua criatividade e possibilitando-lhe inventar cenários imaginários com regras ocultas ou explícitas do seu mundo real. Nesse contexto, o faz de conta é de suma relevância no desenvolvimento infantil (CERISARA, 2002; SIAULYS, 2005). Sabe-se que a opinião das crianças sobre as atividades ao brincar tem influência cultural. A função psicológica do desenvolvimento pessoal está associada à organização histórica do grupo social onde ela está inserida (FERLAND, 2006).

Como o jogo é uma atividade estruturada, em termos de promoção do crescimento infantil, as sugestões educacionais para crianças estágio do desenvolvimento já reconhecem a prática como essencial na sala de aula (LEME, 2005). Antunha (2010) estabelece uma relação entre jogos e brincadeiras e a atividade cerebral em crianças. De uma perspectiva mais científica, muitos aspectos dos jogos infantis estão relacionados ao funcionamento do sistema nervoso.

Ferland (2006) aponta que os jogos podem acompanhar o crescimento da criança, pois são criados para todas as etapas, considerando as características de cada uma. Os bebês descobrem e entendem seus corpos, por exemplo, por meio de jogos com adultos, a partir da sensação e manipulação de objetos. Entre 18 e 36 meses, as crianças mostram-se interessadas em jogos de decoração e construção; já aos 5 anos, as crianças já começam a fazer jogos de forma independente, selecionando objetos e materiais e explorando conforme necessário. Elas recorrem à ficção e às experiências pelas quais passaram para recriar uma vida interessante sob o seu ponto de vista.

Moyles (2002) fala que o jogo está relacionado ao desenvolvimento social e emocional, incluindo vários aspectos como a empatia, que pode ser bem desenvolvida em atividades em grupo, obtendo ótimos resultados. O sentimento de compaixão, por sua vez, está diretamente relacionado à simpatia e à sensibilidade.

Segundo Valério (2016), os jogos são divididos em quatro tipos: de repetição, de imitação, de construção e de agrupamento. Assim como está claro pelo nome, os jogos de repetição se dão pelo fazer de determinada ação repetidas vezes, enquanto os jogos de imitação são realizados pela ação de imitar o que é pedido. Os jogos de construção são aqueles em que se constrói algo significativo, a partir da análise e da compreensão das regras. Por fim, os jogos de agrupamento consistem na percepção do mundo ao seu redor e de áreas específicas para selecionar e, literalmente, agrupar.

O ato de brincar sempre significa libertação. Por meio da brincadeira, as crianças criam o seu próprio mundo, enfrentam a dura realidade sem esperança de solução, revivem situações do dia a dia e recriam o mundo ao seu redor sem sofrer as pressões enfrentadas no cotidiano. Conclui-se, dessa forma, que a criança usa sua imaginação como uma válvula de escape do mundo. Além disso, pelo brincar, novos conhecimentos são adquiridos e o desenvolvimento da criança pode se tornar melhor do que o esperado, pois alguns aprendizados são levados durante toda a sua vida, como uma base de suas ações (MELO; VALLE, 2005).

Ao brincar a criança vai criando a experiência sobre como se relacionar com o mundo de maneira ativa e sobre como tomar decisões. Até mesmo em um simples convite para jogo, ela já tem a oportunidade de desenvolver a autonomia, a criatividade e a responsabilidade quanto às suas próprias ações, a partir da escolha entre aceitar ou não o convite (NEIVA, 2005).

De acordo com Antunha (2010), as atividades são uma forma de educar as crianças para saberem se colocar no lugar do outro. No jogo, desenvolve-se a interação face a face com uma ou mais pessoas, trabalhando o comportamento cognitivo e simbólico. Sabendo que por meio da interação com seus pares a criança desempenhará um papel no mundo adulto mais tarde, já se começa a fazê-la pensar sobre as suas ações e a desenvolver habilidades físicas, linguísticas e intelectuais para se comunicar. Portanto, os jogos ou brinquedos possuem um papel de comunicação mais amplo do que a linguagem, pois permitem o diálogo entre pessoas de diferentes culturas.

Sabe-se que, para haver sentido, o brincar é modificado em todas as fases do crescimento da criança, sendo sempre essencial que dê à criança a oportunidade de explorar todas as fases do jogo. A importância dos brinquedos reside na exploração e aprendizagem especial do mundo externo, pois utiliza e estimula os sentidos, as funções sensoriais, as funções motoras e as emocionais. Os jogos têm enorme função social, desenvolvem conhecimentos e fornecem às crianças oportunidades de explicar e vivenciar as condições emocionais e os conflitos na vida diária (RIBEIRO; SOUZA, 2011).

Brincar é uma atividade educacional que afeta as emoções das crianças. Ela conduz ao amadurecimento mental, proporcionando o desenvolvimento da integridade e do conhecimento. As atividades recreativas são de grande valor para as crianças, além de ferramenta que deve ser fornecida como recurso no processo de ensino (LEME, 2005).

Os jogos são parte indispensável à vida do ser humano e são vividos principalmente na infância. É nessa fase que as brincadeiras começam a ter sentido e, por meio delas, a criança passa a se sentir satisfeita com seus interesses, necessidades e desejos específicos, pois expressam a forma como ela reflete, comanda, quebra, destrói e reconstrói o mundo. Diante disso, a brincadeira é uma das formas mais eficazes para os alunos participarem das atividades escolares, pois é carregada de significados e proporciona momentos agradáveis. Essa é uma boa forma de trabalhar com estudantes, fazendo-os refletir e descobrir o mundo ao seu redor a partir de habilidades lúdicas, que associam a aprendizagem à felicidade e ao entretenimento (DALLABONA; MENDES, 2004).

Assim, Lomenso (2008 *apud* ALMEIDA, 2013) destaca que, entre as tantas possibilidades que produzem cultura, um dos meios mais atuais na vida da criança é o brincar. Por meio do brincar, a criança reproduz sua compreensão do mundo e a integra em uma cultura lúdica.

Para Neiva (2005), o brincar é indispensável para as crianças, podendo ser considerado até mesmo como uma forma de linguagem e de expressão, pois pelo lúdico ela pode expressar seus desejos e vontades mais profundos, não sendo o brincar apenas em vão. A percepção de jogos apenas como uma distração e/ou passatempo vem sendo desconstruída, uma vez que é por meio de jogos e brinquedos que as crianças se desenvolvem e aprendem.

10.3 BRINQUEDO, BRINCADEIRA E JOGO

De acordo com Cordazza e Vieira (2007), os termos brinquedo, brincadeira e jogos muitas vezes têm suas definições confundidas, uma vez que os seus significados variam de acordo com o idioma usado. Crepaldi (2010) declara que é importante definir o conceito dos termos jogo, brinquedo e brincadeira, pois, embora a palavra jogo seja abrangente e polissêmica, muitos estudiosos chegam a um consenso e definem esses termos apoiados em características de atividades, situações e comportamentos dos indivíduos e grupos num dado período e contexto social, podendo ser considerados sinônimos (SILVA, 2020).

Sabe-se que a palavra "jogo" originou-se do latim *ludus, ludere,* que indica movimento rápido, associado naquele período aos jogos públicos. Depois de ser integrada à linguagem do romance, a palavra *"ludus"* foi substituída por *iocus* e *iocare,* também se referindo à representação de pontos turísticos, cerimônias de iniciação e a jogos de azar, que mudam com o tempo, mostrando movimento, leveza e futilidade. Outros povos usam palavras diferentes para definir essas atividades, mas se pode dizer que há quase um consenso entre os estudiosos: o que é jogo e/ou a definição de jogo é feita por quem joga ou brinca, ou seja, está diretamente relacionada ao comportamento de indivíduos ou a grupos de indivíduos. O mesmo acontecerá com o termo brinquedo, mas se verifica que seu uso está mais comumente associado a um objeto, industrializado ou não, porém que dê suporte à ação de jogar e/ou brincar (RIBEIRO; SOUZA, 2011).

Conforme Silva (2020), muitas são as dificuldades existentes na conceituação e diferenciação dos termos brinquedo, brincadeira e jogo, mas autores como Brougére (2004), Kishimoto (2002, 2008, 2010), Silva (2003) e Wajskop (2001) afirmam que tais palavras tendem a ser confundidas, uma vez que seu uso varia de acordo com o idioma usado. Em Português, a palavra que indica a ação lúdica infantil é diferenciada pelos verbos brincar e jogar, considerando-se que o brincar indica atividade lúdica não estruturada, enquanto o jogar é caracterizado pela atividade que envolve os jogos de regras propriamente ditos. Nesse raciocínio, o brinquedo seria um instrumento culturalmente criado.

A partir da utilização de brinquedo na brincadeira como instrumento educativo, possibilita-se a diversão, o prazer e até o desprazer, mas sempre contribuindo para a ampliação de seu conhecimento (KISHIMOTO,

2001). Entende-se que o brinquedo estabelece uma relação de transição entre a ação da criança com objetos e suas ações com significados. Nesse contexto, o brinquedo, nas suas diversas formas, ajuda no processo de desenvolvimento psicomotor, isto é, no desenvolvimento da motricidade fina e ampla; e também no desenvolvimento de habilidades do pensamento, como a imaginação, a interpretação, a tomada de decisão, a criatividade, entre outros (SILVA, 2020).

Wajaskop (2001) afirma que a brincadeira é o lúdico em ação, é a ação expressa por meio do jogo ou do brinquedo, porém, esse fato não é via de regra, ou seja, não são fatores determinantes para tal ação. Por meio da brincadeira, a criança cria e recria, inventa e usa a sua imaginação. Considerando que a brincadeira é uma ação que ocorre no plano da imaginação, implica-se que aquele que brinca tenha domínio da linguagem simbólica. Dessa forma, é preciso haver consciência da diferença existente entre a brincadeira e a realidade imediata que lhe fornece conteúdo para sua realização no espaço ou por meio de objetos específicos (ALMEIDA, 2009).

10.4 BRINCADEIRA E DESENVOLVIMENTO DA IMAGINAÇÃO

Segundo Queiroz, Maciel e Branco (2006), na faixa etária de 3 a 7 anos, o faz de conta está entre as brincadeiras realizadas que mais desperta o interesse das crianças e, por isso, tem sido estudada em detalhes. Acredita-se que o faz de conta seja uma atividade complexa e constituinte do sujeito, diferente daquelas que caracterizam o cotidiano da vida real. Como na ação de bebês esconderem o próprio rosto com o intuito de "desaparecer", sabe-se que o sentido não é algo real, mas inventado para poder brincar.

Queiroz, Maciel e Branco (2006) declaram ainda que alguns pesquisadores, como Piaget (1978) e Oliveira (1996), que trabalharam com teorias do desenvolvimento cognitivo, destacam a relevância do faz de conta na comunicação integrada para o desenvolvimento do pensamento infantil. Nesse contexto, ressaltam que ela:

> [...] está intimamente ligada ao símbolo, uma vez que por meio dele, a criança representa ações, pessoas ou objetos, pois estes trazem como temática para essa brincadeira o seu cotidiano (contexto familiar e escolar) de uma forma diferente de brincar com assuntos fictícios, contos de fadas ou personagens de televisão. (PIAGET, 1978 *apud* QUEIROS *et al.*, 2006, p. 76).

Diante disso, Queiroz, Maciel e Branco (2006) ressaltam que o pensamento da criança pequena não é suficientemente preciso e maleável para comunicar um conjunto de ideias, então, o símbolo assume a função de mediador, dando oportunidade à criança de expressar seu pensamento.

Entre os autores estudados, Vigotsky (2007) também tratou do tema brincar. Para ele, a brincadeira de faz de conta cria uma zona de desenvolvimento proximal, pois no momento em que a criança representa um objeto por meio de outro, ela passa a se relacionar com o significado a ele atribuído, e não mais com ele em sua totalidade. Assim, a atividade de brincar pode ajudar a se passar de ações concretas com objetos para ações com outros significados, possibilitando avançar em direção ao pensamento abstrato. Tanto Piaget quanto Vygotsky concebem o faz de conta como atividade muito importante para o desenvolvimento.

Santos (2014) afirma que o brincar é fundamental no desenvolvimento da criança de modo geral. Dessa forma, os jogos e as brincadeiras vão surgindo e evoluindo com a criança. Eles oportunizam experiências, a formação de identidade, a interação lúdica e afetiva e são eficazes para a construção de conhecimentos que facilitam a aprendizagem, a imaginação e o cognitivo.

Segundo Cordazzo e Vieira (2007), no período da infância a brincadeira é a principal atividade das crianças. Conforme afirmação dos autores citados, isso não se dá apenas pela frequência de uso que as crianças fazem do brincar, mas, sobretudo, pela influência que esta exerce no desenvolvimento infantil. No decorrer da brincadeira, mudanças importantes no desenvolvimento da criança acontecem no aspecto psíquico infantil. Nesse sentido, a brincadeira é o caminho de transição para níveis mais elevados de desenvolvimento.

De acordo com Tomé *et al.* (2017), a brincadeira ajuda no desenvolvimento da comunicação, pois até brincando sozinha com o faz de conta, a criança imagina que está conversando com alguém ou com seus próprios brinquedos. Desse modo, a linguagem é desenvolvida com ampliação do vocabulário e o exercício da pronúncia das palavras e frases.

A partir de jogos, que também são uma forma de brincar, de dar prazer e de se divertir, a criança exercita o desenvolvimento intelectual, por meio da possibilidade de testar, especialmente, a relação de causa e efeito. Na vida real, a criança é constantemente impedida pelo adulto de determinadas ações devido aos riscos. Porém, no jogo ela pode vivenciar essas situações e testar as mais variadas possibilidades de ações. Ao se propor um jogo em grupo, é necessário fazer um planejamento que aproveite todas as possibilidades e que diminua as limitações existentes. Além de a criança exercitar técnicas e estratégias, ela também treinará o convívio social e as diversificadas formas de lidar com os conflitos sociais que surgem durante a execução da brincadeira. Outro fator positivo para o desenvolvimento é o uso da brincadeira ou dos jogos entre pares de idades semelhantes. É importante considerar que é entre os jogos com pares semelhantes, seja na condição social ou cognitiva, que o desenvolvimento possui a sua expressão máxima de sentido (MELO; VALLE, 2005).

Jean Piaget (1998, p. 25 *apud* ALMEIDA, 2003, s/p), por exemplo, se refere ao jogo como uma importante atividade na educação das crianças, uma vez que lhes permite o desenvolvimento afetivo, motor, cognitivo, social e moral, além de favorecer a aprendizagem de conceitos. "Os jogos não são apenas uma forma de desafogo ou entretenimento para gastar a energia das crianças, mas meios que enriquecem o desenvolvimento intelectual".

Para Queiroz, Maciel e Branco (2006), ao brincar a criança, além de conjugar materiais diferentes, como areia, pedra, papel e outros, ela ainda é capaz de criar construções sofisticadas da realidade e desenvolver seu potencial criativo. Nesse contexto, ela transforma a função dos objetos para atender a seus desejos. Na imaginação da criança e na brincadeira do faz de conta, um pedaço de pau pode virar um cavalo; a areia molhada pode se transformar em um bolo e em doces para festas de aniversário imaginárias; cadeiras podem virar trem, em que a criança tem a função de condutor, sempre imitando os adultos, e assim por diante.

Conforme Cerisara (2002), a criança pode dar outros sentidos aos objetos e jogos por meio da brincadeira, seja a partir da sua própria imaginação ou ação, seja na trama de relações que estabelece com os amigos com os quais produz novos sentidos e os compartilha.

Nesse sentido, a brincadeira é de essencial relevância no desenvolvimento infantil, considerando-se que a criança pode produzir e criar novos significados para suas brincadeiras. Quando pequena, a criança é capaz de romper com a relação de subordinação ao objeto, atribuindo-lhe um novo significado, o que expressa seu caráter ativo no curso de seu próprio desenvolvimento (VYGOTSKY, 2007).

10.5 CONSIDERAÇÕES FINAIS

A partir do estudo realizado, concluiu-se que o brincar é fundamental no desenvolvimento integral da criança. Por meio do brinquedo e da brincadeira, a criança desenvolve sua imaginação e ressignifica a sua vida.

O brincar proporciona experiências, formação de identidade, interação lúdica e afetiva, desenvolvimento intelectual e cognitivo, contribuindo para o desenvolvimento geral. Por meio das brincadeiras, jogos e brinquedos, a criança tem oportunidade de se desenvolver, pois, além de ter a curiosidade, a autoconfiança e a autonomia estimuladas, ainda desenvolve a linguagem, a concentração e a atenção. A prática contribui para que a criança se torne um adulto eficiente e equilibrado.

O processo lúdico é uma atividade prazerosa que promove a interação social e contribui efetivamente para a aprendizagem. Por meio da ludicidade, a criança começa a expressar-se com maior facilidade, a ouvir, a respeitar, a discordar de opiniões, exerce sua liderança e é liderada, compartilha sua alegria de brincar. Nesse sentido, o brincar engloba muito significado nos diversos contextos humanos, do cultural ao biológico, pois é uma atividade livre, alegre e de grande valor social. Possibilita o desenvolvimento corporal, estimula a vida psíquica e a inteligência, contribui para a adaptação em grupos, prepara a criança para viver em sociedade, tornando-a participativa e questionadora das relações às quais são expostas.

10.6 REFERÊNCIAS

ALMEIDA, A. Ludicidade como instrumento pedagógico. **Cooperativa Fitnnes**: CDOF, Belo Horizonte, v. 2, n. 1, p. 1, 26, 2 nov. 2009. Disponível em: https://www.cdof.com.br/recrea22.htm. Acesso em: 11 jun. 2021.

ANTUNHA, E. L. G. Jogos Sazonais: coadjuvantes do amadurecimento das funções cerebrais. *In*: OLIVEIRA, V. B. O. (org.). **O brincar e a criança do nascimento aos seis anos**. 9. ed. Petrópolis: Vozes, 2010. p. 52- 89.

ARANHA, M. L. **A importância da ludicidade e da psicomotricidade para a educação infantil**. 2016. 33 f. TCC (Graduação em Pedagogia) – Centro de Educação da Universidade Federal da Paraíba, João Pessoa, 2016. Cap. 1. Disponível em: https://repositorio.ufpb.br/jspui/bitstream/123456789/1770/1/MLA12122016. Acesso em: 10 jun. 2021.

BRASIL. Secretaria de Educação Básica. Diretoria de Apoio à Gestão Educacional. **Pacto nacional pela alfabetização na idade certa**: vamos brincar de construir as nossas e outras histórias: ano 2, unidade 4. Brasília, 2012. Disponível em: https://wp.ufpel.edu.br/obeducpacto/files/2019/08/Unidade-4-1.pdf. Aceso em: 10 jun. 2021.

CERISARA, A. B. De como o Papai do Céu, o Coelhinho da Páscoa, os anjos e o Papai Noel foram viver juntos no céu. *In*: KISHIMOTO, T. M (org.). **O brincar e suas teorias**. São Paulo: Pioneira-Thomson Learning, 2002, p. 123-138.

CORDAZZO, S. T. D.; VIEIRA, M. L. A brincadeira e suas implicações nos processos de aprendizagem e de desenvolvimento. **Estud. Pesqui**. Psicol., Rio de Janeiro, v. 7, n. 1, p. 1-26, 25 jun. 2007. Disponível em: http://pepsic.bvsalud.org/scielo.php?script=sci_arttext&pid=S1808428120070001000009. Acesso em: 23 maio 2021.

CREPALDI, R. **Jogos, brinquedos e brincadeiras**. Curitiba: IESDE Brasil S.A., 2010. 188p.

CUNHA, N. H. S. **Criar para brincar**: a sucata como recurso pedagógico – atividades para a psicomotricidade. São Paulo: Aquariana, 2007.

DALLABONA, R. S., MENDES, S. M. S. O lúdico na Educação Infantil: jogar, brincar, uma forma de educar. **Revista de divulgação técnica cientifica de ICPG**, São Paulo, v. 1 n. 4, p. 1-6, jan./mar. 2004. Disponível em: http://www.icpg. com.br/hp/revista/download.exec.phprpa_chave=9c43efdaddd644423707. Acesso em: 19 mar. 2021.

DIDIER, M. T.; TELES, R. T. O ensino de história(s) e de matemática: em ritmo dos jogos e das brincadeiras. *In*: BRASIL. Secretaria de Educação Básica. Diretoria de Apoio à Gestão Educacional. **Pacto nacional pela alfabetização na idade certa**: vamos brincar de construir as nossas e outras histórias: ano 2, unidade 4. Brasília: MEC/SEB, 2012.

FERLAND, F. **Vamos brincar?** Na infância e ao longo de toda a vida. 1. ed. Lisboa: Climepsi Editores, 2006.

FERNANDES, F. **O folclore em questão**. 2. ed. São Paulo: Martins Fontes, 2003.

KISHIMIOTO, T. **Os jogos tradicionais infantis**. Rio de Janeiro: Vozes, 2001. p. 16, 108.

KISHIMOTO, T. M. (org.). **O brincar e suas teorias**. São Paulo: Cengage Learning, 2010.

KISHIMOTO, T. M. Froebel e a concepção de jogo infantil. *In*: KISHIMOTO, T. M. (org.). **O brincar e suas teorias**. São Paulo: Pioneira Thomson Learning, 2002.

KISHIMOTO, T. M. *et al.* Brinquedo, gênero e educação na brinquedoteca. **Proposições**, Campinas, v. 19, n. 3, p. 209-223, 2008.

KISHIMOTO, T. M. **Brinquedos e brincadeiras na educação infantil**. Belo Horizonte. Perspectivas Atuais. 2010. Disponível em: file:///C:/Users/Leonardo/Downloads/2.3_brinquedos_brincadeiras_tizuko_morchida. pdf. Acesso em: 18 jun. 2021.

LEAL, P. M. F. **O brincar na educação infantil e o desenvolvimento integral da criança**. 2017. 80 f. Dissertação (Mestrado em Educação) – Universidade do Vale do Sapucaí, Pouso Alegre, 2017. Cap. 1. Disponível em: http://www.univas.edu.br/me/docs/dissertacoes2/144.pdf. Acesso em: 10 jun. 2021.

LEME, M. S. S. Aquisição do conhecimento. **Boletim Psicologia**, São Paulo. v. 55 n. 123, p. 233-239, dez. 2005. Disponível em: http://pepsic.bvsalud.org/scielo.php?script=sci_arttext&pid=S000659432005000200008. Acesso em: 18 jun. 2021.

LOMENSO, T. **A Importância do Brincar na Educação Infantil**. 2008. TCC (Graduação em Pedagogia). 45 f. – Instituto Superior de Educação Vera Cruz São Paulo, 2008. Disponível em: https://documents.tips/documents/ise-tcc-thaisylomenso.html. Acesso em: 12 mar. 2021.

MELO, L.; VALLE, E. O brinquedo e o brincar no desenvolvimento infantil. **Psicologia Argumento**, Curitiba, v. 23, n. 40, p. 43-48, jan./mar. 2005. Disponível em: https://www2.faccat.br/portal/sites/default/files/A%20IMPORTANCIA%20DO%20BRINCAR.pdf. Acesso em: 12 mar. 2021.

MOYLES, J. **Só brincar?** O papel do brincar na educação infantil. Porto Alegre: Artmed, 2002.

NAVARRO, M. S.; PRODÓCIMO, E. Brincar e mediação na escola. **Revista Brasileira de Ciências do Esporte**, São Paulo, v. 34, n. 3, p. 633-648, set. 2012. Disponível em: https://www.scielo.br/scielo.php?script=sci_arttext&pid=S010132892012000300000. Acesso em: 8 abr. 2021.

NEIVA, A. R. Universidade Candido Mendes – Pós-Graduação-Projeto **A vez do Mestre**. Artigo. Publicado em: 2005. Disponível em: http://www.avm.edu.br/monopdf/6/ALESSANDRA%20RIBEIRO%20NEIVA.pdf. Acesso em: 8 de abr. 2021.

OLIVEIRA, V. B. de (org.). **O brincar e a criança do nascimento aos seis anos**. Petrópolis: Vozes, 2000.

PEDROSA, M. I. **Emergência de Significados entre crianças nos anos iniciais da vida**. 1996. 20 f. TCC (Graduação em Psicologia) – Departamento de Psicologia, Universidade Federal de Pernambuco, Recife, 1996. Cap. 2. Disponível em: http://www.anpepp.org.br/acervo/Colets/v01n04a05.pdf. Acesso em: 16 maio 2021.

PIAGET, J. **A psicologia da criança**. Rio de Janeiro: Bertrand Brasil, 1998.

QUEIROZ, N. L. N.; MACIEL, D. A.; BRANCO, A. U. **Brincadeira e desenvolvimento infantil**: um olhar sociocultural construtivista. Paidéia. Brasília, v. 34, n. 16, p. 169-179, 10 dez. 2006. Disponível em: https://www.scielo.br/j/paideia/a/yWnWXkHcwfjcngKVp6rLnwQ/?lang=pt&format=pdf. Acesso em: 10 jun. 2021.

RIBEIRO, K. L.; SOUZA, S. P. **Jogos na educação infantil**. 2011. 45 f. TCC (Licenciatura em Pedagogia) – Escola Superior de Ensino Anísio Teixeira, 2011. Disponível em: https://silo.tips/download/escola-superior-de-ensino-anisio-teixeira-pedagogia-katiuce-lucio-ribeiro-selma. Acesso em: 10 maio 2021.

SANTOS, F. X.; MARTINS, I. C.; GIMENEZ, R. O brincar e os contextos físicos escolares: uma reflexão sobre a educação infantil no município de São Paulo. **Revista @Ambienteeducação**. São Paulo, v. 12, n. 1, p. 177-191, 2 abr. 2019. Disponível em: https://publicacoes.unicid.edu.br/index.php/ambienteeducacao/article/view/690/647. Acesso em: 10 maio 202.

SANTOS, M. P. **O brincar na escola**: Metodologia Lúdica: vivencial Coletâneas de jogos, brinquedos e dinâmicas. Petrópolis: Vozes, 2010.

SANTOS, S. M. P. **Brinquedo e infância**: um guia para pais e educadores. Rio de Janeiro: Vozes, 2014.

SIAULYS, M. O. C. **Brincar para todos**. Brasília: MEC/SEESP, 2005.

SILVA, K. J. **Os benefícios do brincar para o desenvolvimento intelectual e social da criança**. 2013. 26 f. TCC (Graduação em Pedagogia) – Centro de Educação da Universidade Federal da Paraíba, Itabaiana, 2013. Cap. 1. Disponível em: https://repositorio.ufpb.br/jspui/bitstream/123456789/4246/1/KJS26032014.pdf. Acesso em: 10 maio 2021.

SOMMERHALDE, A.; ALVES, F. D. **Jogo e a educação da infância**: muito prazer em aprender. Curitiba: CRV, 2011.

SOUSA, P. A. R. **A Importância do Brincar**: brincar e jogar na infância. 2015. 71 f. Dissertação (Mestrado em Pedagogia) – Escola de Estudo e Desenvolvimento Humano, Lisboa, 2015. Cap. 4. Disponível em: https://comum.rcaap.pt/bitstream/10400.26/21557/1/Tese%20Patr%C3%ADcia%20Sousa%20-ref..pdf. Acesso em: 16 maio 2021.

TEIXEIRA, H. C.; VOLPINI, M. N. A importância do brincar no contexto da educação infantil: creche e pré-escola. **Cadernos de Educação**: ensino e sociedade, Bebedouro, v. 1, n. 1, p. 76-88, 4 dez. 2014. Disponível em: https://www.unifafibe.com.br/revistasonline/arquivos/cadernodeeducacao/sumario/31/04042014074001.pdf. Acesso em: 8 abr. 2021.

VALÉRIO, J. S. A importância do brincar no desenvolvimento da criança. **Psicóloga Clínica**. São Paulo, v. 8, n. 2, p. 1-26, 15 dez. 2016. Disponível em: https://www.psicologia.pt/artigos/ver_opiniao.php?a-importancia-do-brincar-no-desenvolvimento-da-crianca&codigo=AOP0394#:~. Acesso em: 16 abr. 2021.

VYGOTSKY, L. **A formação social da mente**. São Paulo: Martins Fontes, 2007.

WAJASKOP, G. **Brincar na Pré-escola**. 4. ed. São Paulo: Cortez, 2001.

ZANLUCHI, F. B. **O brincar e o criar**: as relações entre atividade lúdica, desenvolvimento da criatividade e Educação. Londrina: [*s.n.*], 2005.

11

GRAVIDEZ NA ADOLESCÊNCIA: CONSEQUÊNCIAS NA VIDA DA ADOLESCENTE

Vanilda Martins da Silva
Charles Magalhães de Araújo

11.1 CONSIDERAÇÕES INICIAIS

De acordo com Carmo *et al.* (2014), a adolescência é a fase da vida em que acontece a transição da infância para a fase adulta, sucedendo alterações biopsicossociais relativas ao desenvolvimento físico, ao amadurecimento sexual e à obtenção da capacidade reprodutiva e possibilitando o desenvolvimento de uma identificação adulta introduzida no círculo social. As modificações a que são expostos induzem esses adolescentes a cederem a vários tipos de procedimentos, que podem variar de acordo com a genealogia, a crença, a cultura, a nacionalidade e o sistema de ideias de cada pessoa.

Segundo Spindola e Silva (2009), na fase da adolescência começa-se a procura pelo relacionamento afetuoso e a descoberta da sexualidade e de novas percepções corporais entre os jovens. Nessa situação de extraordinárias mutações, ocorrem os contatos sexuais iniciais, e por essa razão os adolescentes se expõem às contaminações sexualmente transmissíveis (IST) e às gravidezes não desejadas.

Para apreender os prováveis aspectos etiológicos vinculados ao desenvolvimento das gestações, nessa faixa de idade, é necessário compreender a complicação e os vários motivos desses fatores, que tornam as adolescentes, de maneira especial, mais indefesas a essa ocorrência (DEPRÁ *et al.*, 2011).

Dados publicados pelo Instituto Brasileiro de Geografia e Estatística (IBGE), entre 1990 e 2001, apontam que a taxa de fertilidade entre adolescentes de 10 a 14 anos foi dobrada, apresentando a taxa de fecundidade de mulheres entre 15 e 19 com acréscimo de 26%. Já a fertilidade de mulheres adultas obteve uma curva decrescente, sistêmica e expressiva (IBGE, 2019).

Carmo *et al.* (2014) salientam que diversos são os fatores abarcados nesse amplo apontador de episódios de gravidez na adolescência, tais como a intervenção dos meios sociais, de comunicação e da mídia em geral; a redução de preconceitos e inibições sexuais; a carência de diálogo com os pais e educadores; menstruação precoce; necessidade de liberdade social. Dessa forma, a gravidez pode ser analisada como uma passagem da adolescência para a vida adulta.

Segundo Brasil (2010), assegurar os direitos reprodutivos dos adolescentes constitui uma forma de garantir opção para aqueles que desejam ou não engravidar, projetam ou já até vivenciam uma gestação. Conclui-se que precisam ser oportunizadas, com ingresso facilitado, atuações educativas sobre o tema saúde sexual, como os procedimentos contraceptivos e o planejamento familiar. A atenção ao pré-natal, ao nascimento e ao puerpério são essenciais para preencher as necessidades das adolescentes gestantes, seus companheiros e suas famílias.

O presente trabalho encontra-se dividido em três seções: a primeira seção analisa os impactos da gravidez sobre a vida da adolescente; a segunda seção pondera sobre o apoio oferecido à jovem mãe; a terceira seção trata das questões sociais relacionadas à gravidez precoce em adolescentes que não estão preparadas biologicamente, nem psicologicamente para conviver com o acontecimento da gravidez, do parto e do puerpério, fazendo-se necessário refletir sobre a realidade atual das consequências na vida dessas jovens mães.

Outro aspecto relevante é a necessidade de apoio à adolescente nesse período da vida, tornando-se necessário buscar compreender como o parceiro, a família, a escola e os serviços de saúde oferecem tal assistência. Assim, é importante haver uma reflexão a respeito da Educação Sexual como forma preventiva, a fim de que se compreenda sobre o assunto, tanto por parte da família quanto pelos diferentes meios de informação a que os adolescentes recorrem.

Este trabalho tem como objetivo refletir sobre a gravidez na adolescência e analisar as suas consequências para as jovens. Para que os objetivos fossem atendidos, foi realizada uma pesquisa bibliográfica em diversas obras, como livros, artigos científicos, periódicos, com embasamento nas seguintes palavras-chave: gravidez, adolescentes e educação sexual.

11.2 IMPACTOS DA GRAVIDEZ SOBRE A VIDA DA ADOLESCENTE

Papalia e Olds (2000) citam que a adolescência é o período do desenvolvimento humano compreendido entre a infância e a idade adulta, principalmente ao considerar as mudanças corporais, psicológicas e emocionais.

De acordo com Erikson (1976), na adolescência acontece a formação da identidade, definindo-se quem se é, quais são os valores e qual a direção será tomada na vida, ou seja, é o período de construir o autoconceito, composto por valores, crenças e objetivos.

Considerando que a gravidez na adolescência é vista como uma experiência não desejada, ela limita a possibilidade de exploração da identidade e de uma organização e planejamento para o futuro profissional (DIAS; TEIXEIRA, 2010).

Os autores afirmam ainda que a gravidez na adolescência é inicialmente vista como uma condição geradora de prejuízos para a mãe e para o filho, relacionando-a ao aborto espontâneo, à mortalidade infantil (e materna) e ao abandono, além de tratá-la como problema de saúde pública, com suas causas e consequências.

Sendo uma fase entre a infância e a vida adulta, marcada por alterações e novidades, a adolescência vivida e marcada também pela gravidez torna-se um período de transformações fisiológicas e psicossociais consideráveis. É um fator gerador de diversos problemas e causador de fatores consideráveis, como o aborto inseguro e o aparecimento de doenças sexualmente transmissíveis, uma vez que é na adolescência que ocorre, com mais frequência, o começo da atividade sexual (BRASIL, 2015).

Para East e Chien (2010), a gravidez pode suscitar sentimentos problemáticos nos familiares, desde o desgosto com o conhecimento do diagnóstico, o desengano dos pais pela não precaução, o desencanto pela suspensão de planos e projetos para a vida da adolescente, até o consentimento e a alegria pela vinda de uma criancinha. Além do mais, a gestação gera um grau expressivo de transformações familiares, que podem ser entendidas de diversos modos por seus componentes.

Conforme Moreira *et al.* (2008), a gravidez é um período de várias transformações, marcado por mudanças do corpo e dos níveis de hormônios, que agora precisam manter o bebê. É uma etapa repleta de vulnerabilidade, insegurança e ansiedade sentida pelas futuras mães. Inúmeras preocupações começam a surgir, questionamentos sobre a saúde da criança e sobre como será o parto assolam as adolescentes, deixando-as aflitas, mais irritáveis e instáveis emocionalmente.

A experiência de uma gravidez não projetada na adolescência abrange muitas alterações para a grávida e seu espaço familiar. Pode conduzir a uma inadequação, fazendo com que os familiares e a jovem tenham que reestruturar seus planos de vida e provocando, na maioria dos casos, a suspensão dos estudos e a abdicação do trabalho. Entretanto, a maternidade na adolescência pode apresentar outras probabilidades, pois os sentidos conferidos a essa vivência estão subordinados ao contexto doméstico e social do qual a adolescente faz parte (RESTA *et al.*, 2010).

Conforme Ribeiro *et al.* (2000), a gravidez na adolescência pode levar a necessidades físicas, psicológicas e sociais excessivas, acarretando várias ocorrências que interferirão e afetarão o desenvolvimento da mãe e do bebê. A gestação nessa fase pode ocasionar uma série de perigos relacionados a acontecimentos adversos na vida, que devem ser analisados como um processo e não apenas uma única possibilidade (POLETTO; WAGNER; KOLLER, 2004).

Diversos são os fatores associados e que podem acarretar o episódio da gravidez na adolescência: a liberdade apresentada nos meios sociais de comunicação, da mídia, a redução de preconceitos, a inibição sexual, a carência de diálogo com os pais e educadores, a desestrutura familiar, o avanço da menarca, a necessidade de liberdade social. Dessa forma, a gravidez também vem sendo analisada como um ritual de passagem da adolescência para a vida adulta (CARMO *et al.*, 2014).

Para Levandowski, Piccinini e Lopes (2008), do ponto de vista psicológico, a gravidez na adolescência se relaciona ao conceito da possibilidade de perigo, haja vista que a situação acarreta possíveis danos à vida de uma forma geral, uma vez que é estar em uma fase de várias transformações biológicas e psíquicas e a maternidade.

As mudanças emocionais e cognitivas que adolescentes experimentam durante esse período de desenvolvimento tornam mais difícil para as mulheres jovens executar com afeto e alegria sua função de mãe. Na maioria dos casos, elas não têm condições emocionais suficientes para compreender e suportar as necessidades do dia a dia e os desapontamentos que surgem no percurso da maternidade (SILVA; SALOMÃO, 2003).

Conforme Bigras e Paquette (2007), as respostas das mães adolescentes às necessidades de seu filho muitas vezes geram riscos para o desenvolvimento infantil. Isso porque é tarefa difícil, que gera insegurança pela incapacidade das jovens exercitarem as habilidades maternas, uma vez que há uma compreensão inadequada e imatura dos adolescentes sobre o desenvolvimento infantil.

Schwanke e Pinto (2010) citam que a gravidez na adolescência é capaz de causar muitas mudanças no cotidiano e na vida das pessoas que convivem com a mãe e o bebê. A mãe muda as suas atitudes e comportamentos, começando a se preocupar com gravidez, casamento, parto e outros cuidados necessários, deixando de lado os seus planos e o decorrer natural de sua vida.

As autoras salientam ainda que, quando acontece uma gestação na adolescência, há uma série de perdas, como a confiança da família e as expectativas futuras. Existe também a possibilidade de perder o companheiro pelo fato de este não aceitar a gravidez por precisar assumir responsabilidades e não estar preparado, gerando então problemas psicológicos, como autoestima baixa, estresse e depressão na jovem mãe.

A gestação na adolescência pode ser um período marcado por apoio ou por estresse para a gestante. Nesse aspecto, entende-se que a gravidez precoce na adolescência não provoca somente dificuldades individuais, mas influencia todo o contexto de existência da adolescente. A família se torna uma referência-chave para a disposição ou a desordem do processo, bem como a carência ou a presença do companheiro pode ser um fator decisivo na aquiescência e condução da maternidade (JARDIM; BRÊTAS, 2006).

Levandowski, Piccinini e Lopes (2008) mencionam que a gravidez na adolescência requer um cuidado muito grande, uma vez que as chances de riscos obstétricos aumentam, como o nascimento acontecer bem antes da data prevista, tornando o momento mais difícil, precisando ficar mais tempo no hospital e havendo risco de morte.

Segundo Oliveira (1998), associadas à gravidez na adolescência, algumas complicações podem comprometer a saúde de mães e bebês, como: imaturidade anatômica e fisiológica, resultando em uma maior incidência de baixo peso ao nascer; parto prematuro; toxemia da gravidez (principalmente na primeira gravidez), que pode levar à pré-eclâmpsia e eclâmpsia; problemas de parto, ou prematuros ou de longa duração; inflamações urogenitais; anemia, porque a gestante está crescendo; atraso no desenvolvimento uterino.

Cunha (2006) aponta que a chegada de um bebê não se limita a variáveis psicológicas e bioquímicas, pois os fatores socioeconômicos também são relevantes. Enquanto antigamente a gravidez era solucionada com um casamento precipitado, hoje é caracterizada como uma questão que comprometerá o futuro da jovem.

11.3 TIPOS DE APOIO OFERECIDOS À JOVEM MÃE

De acordo com Pratta e Santos (2007), a influência da conjuntura social e familiar associada às peculiaridades da prematuridade emocional e da precipitação, que de modo geral são comuns na fase da adolescência, pode levar a procedimentos avaliados de risco, como a iniciação prematura da atividade sexual e a falta de conhecimento da devida proteção no decorrer do ato sexual.

As redes de apoio social são especialmente importantes na gravidez e no pós-parto, pois oferecem novas opções para o cuidado regular de bebês e crianças pequenas, haja vista que a gravidez é uma situação em que a mulher deve se adaptar a uma nova vida, conciliando as exigências de um bebê; a interação conjugal, que passa a envolver um terceiro membro; a vida profissional e social (RAPOPORT; PICCININI, 2006).

Para Schwartz *et al.* (2011), o apoio social às adolescentes grávidas é muito importante, pois, além de oferecer uma proteção, ajuda no enfrentamento dos desafios da gravidez e do parto (eventos que muitas vezes podem implicar sofrimento).

Durante a gravidez, é possível que a jovem mãe passe por momentos de instabilidade emocional. Dessa maneira, o apoio da família, dos amigos e do parceiro é essencial, podendo reduzir consideravelmente as chances de desenvolvimento da depressão (LIMA *et al.*, 2016).

O suporte advindo dos amigos é de grande relevância para a adolescente, porém, ao saberem da gravidez, muitas das pessoas mais próximas começam a se distanciar, despertando uma série de problemas como fobias, frustrações, infelicidade, desânimo e constrangimentos, suscitando, sobretudo, o adoecimento mental (SCHWARTZ; VIEIRA; GEIB, 2011).

Justo (2000) afirma que é imprescindível que as jovens mães possam ser auxiliadas a partir do apoio de profissionais, como médicos e equipe psicossocial e que sejam assistidas adequadamente pelos serviços de saúde e por uma família participante.

O suporte emocional do companheiro é extremamente relevante para que a adolescente se sinta mais segura, além de ser um momento em que o casal pode estar mais unido por meio de uma conexão mais profunda.

Esse apoio faz com que seja elevada a motivação e facilita a compreensão do parto (OLIVEIRA *et al.*, 2009).

A gravidez na adolescência é um processo difícil que necessita de apoio e reflexão nos âmbitos familiares, sociais, econômicos e culturais. Existe a necessidade de desenvolvimento e participação de planos sociopolíticos com profissionais engajados e comprometidos com planos de pesquisa e intervenção, visando apoiar mais adolescentes e suas famílias (BRANDÃO, 2010).

O apoio emocional durante o parto é importante para que as mulheres possam suportar melhor a dor e a ansiedade. Assim sendo, quem está acompanhando também necessita de atenção e assistência por parte da equipe de saúde. As mães adolescentes precisam, além desse apoio, de orientações adequadas durante a gestação, sobre como aprender habilidades para desempenhar com eficácia o papel e as funções de mãe. É preciso também ressaltar que, nessa fase, a imaturidade psicológica característica da idade associada à maternidade efetiva pode ser difícil de ser conduzida, fazendo com que haja negligência dos cuidados necessários com a criança. Devido à falta de experiência, a saúde da criança pode ficar comprometida (SANTOS *et al.*, 2015).

Conforme Pinto e Marcon (2012), foi constatado que, além de ajudar, orientar e estimular a encontrar a melhor forma de cuidar dos filhos, o apoio prestado pela família também ajuda as jovens a assumirem o papel de mães e a adquirirem conhecimentos sobre o cuidado para com a criança.

Em estudo realizado, adolescentes relatam sobre o apoio da família, destacando especialmente a participação dos pais. Esse tipo de suporte foi relatado por meninas mais jovens, que possuem uma relação muito boa com os pais (GODINHO *et al.*, 2000).

Godinho (2013) menciona que o apoio familiar é necessário porque as jovens ainda em formação não estão devidamente preparadas para serem mães. Torna-se importante haver o "gerenciamento" do processo e o envolvimento de profissionais preparados para promover de forma saudável o desenvolvimento da gravidez e o crescimento do bebê.

Uma rede formada pela família, pelo educador, pelos profissionais da saúde oferece suporte para a adolescente grávida com o intuito de contribuir em todos os aspectos; físico, mental e social. Visa colaborar para o desenvolvimento pessoal da jovem, dando autonomia para que ela possa enfrentar as dificuldades que surgirem no decorrer da gestação e tomar decisões pertinentes no momento certo (COSTA *et al.*, 2015).

De acordo com Dessen *et al.* (2000), antes e depois do nascimento do bebê, a mãe tem uma série de novas tarefas. Nesse momento, diante das necessidades financeiras e de descanso da mãe, que passa a cuidar do pequeno e a fazer as demais tarefas domésticas, o apoio social é de uma representatividade primordial.

O conjunto de apoio social é formado pela família, pela escola, pelos amigos e pela sociedade em geral, tendo a última o dever de prestar serviços de saúde, ajudando as adolescentes grávidas a procurarem um apoio estrutural mais eficaz (SLUZKI, 2010).

Seron e Milan (2008) citam que a família, principalmente a "mãe da mãe", pode representar um suporte essencial, pois na maioria das vezes é ela a pessoa mais próxima e com grande significado e exemplo para a jovem gestante.

No decorrer da gravidez, a jovem necessita de cuidado, de acolhimento e de instrução, considerando as mudanças em sua rotina, a vulnerabilidade e as dificuldades a que fica sujeita. Uma gestação na adolescência gera várias repercussões e desencadeia fatores, desde o bem-estar até a possibilidade mínima de um trabalho (MOURA; GOMES, 2014).

Para Maranhão *et al.* (2018), uma relação pautada na confiança e na boa convivência entre as mães jovens e os membros da sua família beneficia ambas as partes, proporcionando apoio emocional e financeiro, que são imprescindíveis para a segurança das adolescentes e de seus filhos.

Santos *et al.* (2014) mencionam que, com a falta de apoio do pai da criança, a adolescente pode se sentir mais vulnerável, convivendo com a ansiedade associada ao desamparo nesse período. A falta de alguém para poder contar, para enfrentar conflitos familiares pode se tornar um tormento, causando dor e angústia, e prejudicando o desenvolvimento e o entendimento da gestação.

Conforme Schwartz *et al.* (2011), o suporte social fornece acolhimento ao indivíduo e proteção contra quaisquer eventos de vida que possam gerar sofrimento. Na ocorrência de uma gestação na adolescência, esse apoio é um recurso significativo de cuidado para tais jovens.

11.4 A QUESTÃO SOCIAL DA GRAVIDEZ NA ADOLESCÊNCIA

A adolescência é uma etapa da vida assinalada por dúvidas, desconfianças, incertezas, conflitos, rompimentos de preconceitos, descobertas a respeito de si e da própria sexualidade. Além do mais, fica manifesta a descoberta das limitações que lhe são próprias, a curiosidade por conhecimentos novos, a indigência de integrar-se ao meio social, a procura pela liberdade, o incremento da individualidade e acepção da identidade sexual (MOLINA *et al.*, 2015).

De acordo com Dias *et al.* (2010), muitas mudanças acontecem nessa etapa da vida e em múltiplos aspectos como no social, no afetivo, no familiar, e até mesmo no econômico. A gravidez, por sua vez, pode suscitar sentimentos conflitantes e extremos nos familiares, desde o desgosto ao saber da notícia, a insatisfação dos pais pela não precaução, o desencanto pela suspensão de planos e projetos para a vida da adolescente; até o consentimento e a alegria pela vinda de um novo ser.

Quanto aos problemas psicológicos e sociais relacionados à gravidez prematura, pontuam-se como os principais deles: o isolamento das adolescentes por medo de serem rejeitadas socialmente ou criticadas; a rejeição do bebê pela mãe devido à imaturidade perante a grande responsabilidade; o sentimento de culpa que deixa as novas mães mais tristes, inseguras e com baixa autoestima; a rejeição e não aceitação da família, que acaba causando conflitos. Há comprovação de que, em alguns casos, os reflexos da gravidez prematura se estendem por toda vida, uma vez que filhos de mães e pais adolescentes podem sofrer maior taxa de fracasso escolar, problemas de aprendizagem e de inclusão social (TABORDA *et al.*, 2014).

Nesse ponto de vista, a gestação que acontece na adolescência é ponderada como um dos fatores primordiais de vulnerabilidade que podem comprometer com seriedade o desenvolvimento da adolescente. Segundo Costa *et al.* (2016), há uma ligação mútua de causa e efeito com a indigência e a escolaridade baixa, sendo analisadas entre outras importantes fragilidades que estabelecem limites às chances que as adolescentes podem ter no decorrer de toda a sua vida.

Grandes modificações fisiológicas e psicológicas complicadas acontecem em um curto espaço de tempo, podendo refletir de forma negativa tanto na saúde do corpo como na mente das jovens. Esse reflexo pode estar ligado, sobretudo, por haver uma transformação considerável da aparência física e, consequentemente, uma alteração e sensibilização na autoestima (DAMACENA *et al.*, 2018).

Entretanto, como expõem Cremonese *et al.* (2017), uma renda familiar baixa não é o único motivo que explica a gestação na adolescência, haja vista que esse problema é decorrente de vários fatores. Desse modo, a gravidez na adolescência pode ocorrer em situações marcadas pela vulnerabilidade presente na sociedade em geral e ainda pela ausência de oportunidades.

Para Pandin *et al.* (2009), o avanço de episódios de gravidez na adolescência tem sido assinalado como sendo um "problema social", uma vez que os jovens precisariam estar se preparando para entrar na idade adulta, de maneira especial em relação aos estudos e ao ingresso adequado no mercado de trabalho. O que se percebe, na maioria das gestações não projetadas, é que elas acontecem fora de uma relação matrimonial estável, tendendo a tornar mais graves as condições socioeconômicas da população. Esse fator deve provocar séria inquietação e despertar a atenção do meio social e dos serviços de saúde na procura por novos modelos de apresentação e informação dos processos contraceptivos.

Por essas razões e conforme Damascena *et al.* (2018), a gestação na adolescência é marcada como um fator capaz de desestruturar a vida de uma adolescente, gerando empecilhos no prosseguimento dos estudos, e consequentemente no ingresso no mercado de trabalho.

Além disso, Neves *et al.* (2015) afirmam que algumas peculiaridades individuais e circunstâncias sociodemográficas representam fatores de precipitação na gestação, tais como a biografia maternal de gestação na adolescência, a condição conjugal incerta, a informação precária a respeito da utilização de métodos contraceptivos, a ausência de consultas ginecológicas precedentes à gravidez. Entretanto, ainda que a gravidez na adolescência advenha com mais frequência em pessoas de renda baixa, ela pode acontecer em todas as classes sociais.

Pode-se observar que a maior parte das adolescentes interrompem seus estudos ao descobrirem a gravidez, em razão dos sintomas que são causados por ela ou já são alunas que evadiram devido a gestações anteriores. Essa circunstância, como explicam Ferreira *et al.* (2014), se delonga com o surgimento da criança, tendo em vista a necessidade de cuidados destinados a ela. Dessa forma a escola vai sendo deixada de lado, o que reflete de modo negativo na forma de viver, com decorrências inadequadas a respeito da vida acadêmica, profissional e da integração social.

No Brasil, segundo Silva *et al.* (2011), evidencia-se que exista uma expressiva quantidade de adolescentes que desistem da escola no período da gestação ou depois do nascimento da criança, em razão do constrangimento e da pressão tanto por parte dos diretores, dos professores e colegas quanto por parte da própria família. Tais fatores resultam na perda de oportunidades, ocasionando uma intervenção contraproducente sobre a vida profissional. Surge, consequentemente, uma ocasião em que a adolescente se encontra em extrema indigência de apoio, quer seja dos familiares ou dos diferentes meios sociais em que está inserida.

11.5 CONSIDERAÇÕES FINAIS

A adolescência é a fase em que acontece a passagem da infância para a vida adulta. A gravidez na adolescência associada a essas transformações fisiológicas e psicossociais correspondentes a esse período de vida traz consigo diversos problemas e inseguranças. A gravidez precoce pode também associar-se ao aborto inseguro e às doenças sexualmente transmissíveis.

Tal acontecimento acarreta impactos na vida da adolescente, que já vivencia um período complicado de processos e mudanças, assinalado por alterações físicas, psicológicas e sociais. Sabendo que a adolescente não está preparada biologicamente nem psicologicamente para conviver e lidar com a gravidez, com o parto e o puerpério, faz-se necessário refletir sobre a realidade das consequências sobre a vida da jovem mãe.

Conclui-se que a gravidez precoce, ocorrida durante a adolescência, não provoca somente dificuldades individuais, mas influencia em todo o contexto de existência da mãe. A família torna-se ainda mais referência-chave para apoio ou para desordem desse processo, assim como a carência ou presença do companheiro, componente decisivo na aquiescência e condução da maternidade.

11.6 REFERÊNCIAS

BIGRAS, M.; PAQUETTE, D. Estudo pessoa-processo-contexto da qualidade das interações entre mãe-adolescente e seu bebê. **Ciência & Saúde Coletiva**, Rio de Janeiro, v. 12, n. 5, p. 1167-1174, mar. 2007. Disponível em: https://www.scielo.br/scielo.php?pid=S1413-81232007000500013&script=sci_arttext. Acesso em: 20 fev. 2021.

BRANDÃO, A. P. M. **Vivências do trabalho de parto e parto**: estudo comparativo entre adolescentes e mulheres adultas. 2010. 128 f. Dissertação (Mestrado em Ciências de Enfermagem) – Instituto de Ciências Biomédicas Abel Salazar, Porto, 2010. Disponível em: https://repositorio- aberto.up.pt/bitstream/10216/26616/2/TESE%20MESTRADO%20PAULA.pdf. Acesso em: 11 abr. 2021.

CARMO, *et al.* Analise quantitativa sobre gravidez na adolescência em um município mineiro. **Cogitare Enfermagem**, Campinas, v. 19, n. 4, p. 801-807, out./dez. 2014. http://dx.doi.org/10.5380/ce.v19i4.35901. Disponível em: https://revistas.ufpr.br/cogitare/article/view/35901. Acesso em: 8 set. 2020.

COSTA, G. P. O. **Conhecimentos, atitudes e práticas sobre contracepção para adolescentes**. 2013. 104 f. Tese (Doutorado em Ciências da Saúde) – Universidade Federal do Rio Grande do Norte, Natal, 2013. Disponível em: https://repositorio.ufrn.br/jspui/handle/123456789/13332. Acesso em: 8 jun. 2021.

COSTA, R. F. *et al.* Redes de apoio ao adolescente no contexto do cuidado à saúde: interface entre saúde, família e educação. **Revista da Escola de Enfermagem**, São Paulo, v. 49, n. 5, p. 741-747, jul. 2015. http://dx.doi.org/10.1590/s0080-623420150000500005. Disponível em: https://www.revistas.usp.br/reeusp/a%20rticle/view/106686/105304. Acesso em: 13 abr. 2021.

CREMONESE, L. *et al.* Social support from the perspective of postpartum adolescents. **Escola Anna Nery**, Rio de Janeiro, v. 21, n. 4, p. 1-8, 10 ago. 2017. http://dx.doi.org/10.1590/2177-9465-ean-2017-0088. Disponível em: https://www.scielo.br/j/ean/a/dZS9gS3zC6B7rYYFFVXzCLj/?format=pdf&lang=pt. Acesso em: 9 jun. 2021.

CUNHA, S. M. Efeito da gravidez na adolescência sobre os resultados perinatais em maternidades de nível terciário no ano de 2003 no estado do Ceará – Brasil. **Revista Brasileira de Ginecologia e Obstetrícia**, Fortaleza, v. 28, n. 7, p. 431-431, jul. 2005. Disponível em: https://www.scielo.br/scielo.php?script=sci_arttext&pid=S0100-72032006000700009&lng=pt&nrm=iso&tlng=pt. Acesso em: 20 jan. 2021.

DAMACENA, L. C. A. *et al.* Gestação na adolescência e autoestima. **Revista de enfermagem e atenção à saúde**, Uberaba, v. 7, n. 3, p. 39-49, out/dez. 2018.

DESSEN, M. A. *et al.* Rede social de apoio durante transições familiares decorrentes do nascimento de filhos. **Psicologia**: teoria e pesquisa, Brasília, v. 16, n. 3, p. 221-231, dez. 2000. DOI: http://dx.doi.org/10.1590/s0102-37722000000300005. Disponível em: https://www.scielo.br/pdf/ptp/v16n3/4809.pdf. Acesso em: 13 abr. 2021.

DIAS, A. C. Garcia.; TEIXEIRA, M. A. P. Gravidez na adolescência: um olhar sobre um fenômeno complexo. **Paidéia**, Ribeirão Preto, v. 20, n. 45, p. 123-131, abr. 2010. DOI: https://dx.doi.org/10.1590/S0103-863X2010000100015. Disponível em: https://www.scielo.br/scielo.php?script=sci_arttext&pid=S0103-863X2010000100015. Acesso em: 19 fev. 2021.

DIAS, F. L. A. *et al.* Riscos e vulnerabilidades relacionados à sexualidade na adolescência. **Revista enfermagem UERJ**, Rio de Janeiro, v. 18, n. 3, p. 456-461, jul/set. 2010. Disponível em: http://www.facenf.uerj.br/v18n3/v18n3a21.pdf. Acesso em: 9 jun. 2021.

ERIKSON, E. H. **Identidade, juventude e crise**. Tradução de A. Cabral. Rio de Janeiro: Zahar, 1976.

FERREIRA, E. B. *et al.* Causas predisponentes à gestação entre adolescentes. **Revista de pesquisa**: cuidado é fundamental [on-line], Rio de janeiro, v. 6, n. 4, p. 1571-1579, out/dez. 2014. DOI: https://dx.doi.org/10.9789/2175-5361.2014.v6i4.1571-1579. Disponível em: https://www.redalyc.org/pdf/5057/505750770024.pdf. Acesso em: 9 jun. 2021.

GODINHO, R. A. *et al.* Adolescentes e grávidas: onde buscam apoio?. **Rev. Latino-Am. Enfermagem**, Ribeirão Preto, v. 8, n. 2, p. 25-32, abr. 2000. Disponível em: https://www.scielo.br/pdf/rlae/v8n2/12414. Acesso em: 11 abr. 2021.

JARDIM, D. P.; BRÊTAS, J. R. da S. Orientação sexual na escola: a concepção dos professores de Jandira-SP. **Revista Brasileira de Enfermagem**, Brasília, v. 59, n. 2, p. 157-162, abr. 2006. DOI: https://dx.doi.org/10.1590/S0034-71672006000200007. Disponível em: http://www.scielo.br/scielo.php?script=sci_arttext&pid=S003471672006000200007&l ng=en&nrm=iso. Acesso em: 12 set 2020.

LEVANDOWSKI, D. C.; PICCININI, C. A.; LOPES, R. C. S. Maternidade adolescente. **Estudos de Psicologia**, Campinas, v. 25, n. 2, p. 251-263, jun. 2008. DOI: https://dx.doi.org/10.1590/S0103-166X2008000200010. Disponível em: https://www.scielo.br/scielo.php?pid=S0103-166X2008000200010&script=sci_arttext. Acesso em: 20 fev. 2021.

LIMA, T. N. F. A. *et al.* Redes de apoio social às mães adolescentes. **Revista de Enfermagem UFPE**, Recife, v. 6, n. 10, p. 4741-4750, dez. 2016. DOI: https://dx.doi.org/10.5205/reuol.8200-71830-3-SM.1006sup201605. Disponível em: https://periodicos.ufpe.br/revistas/revistaenfermagem/article/download/11252/12868. Acesso em: 2 abr. 2021.

MARANHÃO, T. A. *et al.* Atitudes e reações familiares e sociais diante da gravidez na adolescência. **Revista de Enfermagem UFPE**, Recife, v. 12, n. 4, p. 840-848, abr. 2018. DOI: https://doi.org/10.5205/1981-8963-v12i4a234547p840-848-2018. Disponível em: https://periodicos.ufpe.br/revistas/revistaenfermagem/article/view/234547. Acesso em: 20 fev. 2021.

MOLINA, M. C. C. *et al.* Conhecimento de adolescentes do ensino médio quanto aos métodos contraceptivos. **O Mundo da Saúde**, São Paulo, v. 39, n. 1, p. 22-31, 31 jan. 2015. DOI: http://dx.doi.org/10.15343/0104-7809.201539012231. Disponível em: http://bvsms.saude.gov.br/bvs/periodicos/mundo_saude_artigos/Conhecimento_adol escentes_ensino.pdf. Acesso em: 9 jun. 2021.

MOREIRA, T. M. M. *et al.* Conflitos vivenciados pelas adolescentes com a descoberta da gravidez. **Rev. Esc. Enferm**, São Paulo, v. 42, n. 2, p. 312-320, jun. 2008. Disponível em: https://www.nescon.medicina.ufmg.br/biblioteca/imagem/2976.pdf. Acesso em: 20 fev. 2021.

MOURA, L. N. B.; GOMES, K. R. O. Planejamento familiar: uso dos serviços de saúde por jovens com experiência de gravidez. **Ciência e Saúde Coletiva**, Rio de Janeiro, v. 19, n. 3, p. 853-863, mar. 2014.

OLIVEIRA, M. W. Gravidez na adolescência: dimensões do problema. **Cadernos CEDES**, Campinas, v. 19, n. 45, p. 48-70, jul. 1998. DOI: https://dx.doi.org/10.1590/S0101-32621998000200004. Disponível em: https://www.researchgate.net/publication/26356687_Gravidez_na_adolescencia_Dim ensoes_do_problema. Acesso em: 20 fev. 2021.

OLIVEIRA, S. C. *et al.* A participação do homem/pai no acompanhamento da assistência pré-natal. **Cogitare Enfermagem**, Curitiba, v. 14, n. 1, p. 73-78, 12 maio 2009. DOI: http://dx.doi.org/10.5380/ce.v14i1.14118. Disponível em: https://revistas.ufpr.br/cogitare/article/view/14118. Acesso em: 17 abr. 2021.

PANDIN, M. F. R. *et al.* Brief report: A socio-demographic profile of multiparous teenage mothers. **Journal of Adolescence**, London, v. 32, n. 3, p. 715-721, jun. 2009. DOI: https://dx.doi.org/10.1016/j.adolescence.2009.01.008. Disponível em: https://pubmed.ncbi.nlm.nih.gov/19261325/ Acesso em: 17 abr. 2021.

PAPALIA, E. D.; OLDS. W. S. **Desenvolvimento Humano**. 7. ed. Porto Alegre: Artmed, 2010.

PINTO, K. R. T. F.; MARCON, S. S. A família e o apoio social recebido pelas mães adolescentes e seus filhos. **Ciência Cuidado Saúde**, Londrina, v. 1, n. 11, p. 153-159, jan. 2012. Disponível em: https://periodicos.uem.br/ojs/index.php/CiencCuidSaude/article/view/17070/pdf. Acesso em: 11 abr. 2021.

POLETTO, M.; WAGNER, T. M. C.; KOLLER, S. H. Resiliência e desenvolvimento infantil de crianças que cuidam de crianças: uma visão em perspectiva. **Psicologia**: teoria e pesquisa, Brasília, v. 20, n. 3, p. 241-250, dez. 2004. DOI: http://dx.doi.

org/10.1590/s0102-37722004000300005. Disponível em: https://www.scielo.br/scielo.php?script=sci_arttext&pid=S0102-37722004000300005. Acesso em: 19 fev. 2021.

PRATTA, E. M. M.; SANTOS, M. A. Família e adolescência: a influência do contexto familiar no desenvolvimento psicológico de seus membros. **Psicologia em Estudo**, Maringá, v. 12, n. 2, p. 247-256, maio/ago. 2007. DOI: http://dx.doi.org/10.1590/S1413-73722007000200005. Disponível em: http://www.scielo.br/scielo.php?script=sci_ar ttext&pid=S141373722007000200005&lng=en&nrm=iso. Acesso em: 9 set. 2020.

RAPOPORT, A.; PICCININI, C. A. Apoio social e experiência da maternidade. **Rev. Bras. Crescimento Desenvolv. Hum**, São Paulo, v. 16, n. 1, p. 85-96, abr. 2006. Disponível em: http://pepsic.bvsalud.org/scielo.php?script=sci_arttext&pid=S0104- 12822006000100009#back. Acesso em: 1 abr. 2021.

RIBEIRO, E. R. O. *et al.* Comparação entre duas coortes de mães adolescentes em município do Sudeste do Brasil. **Revista de Saúde Pública**, São Paulo, v. 34, n. 2, p. 136-142, out. 2000. DOI: https://doi.org/10.1590/S0034-89102000000200006.Disponível em: https://www.scielo.br/pdf/rsp/v34n2/1948.pdf. Acesso em: 19 fev. 2021.

SANTOS, A. L. *et al.* Participação de avós no cuidado aos filhos de mães adolescentes. **Reme**: Revista Mineira de Enfermagem, Belo Horizonte, v. 19, n. 1, p. 55-59, mar. 2015. DOI: http://www.dx.doi.org/10.5935/1415-2762.20150005. Disponível em: https://cdn.publisher.gn1.link/reme.org.br/pdf/v19n1a05.pdf. Acesso em: 11 abr. 2021.

SANTOS, C. C. *et al.* A vivência da gravidez na adolescência no âmbito familiar e social. **Revista de Enfermagem da UFSM**, Santa Maria, v. 4, n. 1, p. 105-112, jan/mar. 2014. DOI: https://doi.org/10.5902/217976929860. Disponível em: https://periodicos.ufsm.br/reufsm/article/view/9860. Acesso em: 11 abr. 2021.

SCHWANKE, M.; PINTO, A. B. A percepção dos adolescentes residentes no município de Alto Bela Vista – SC sobre a gravidez na adolescência. **Ágora**: Revista de Divulgação Científica, v. 16, n. 2, p. 150-160, 2010. DOI: https://doi.org/10.24302/agora.v16i2esp..106. Disponível em: http://www.periodicos.unc.br/index.php/agora/article/view/106. Acesso em: 20 fev. 2021.

SCHWARTZ, T. *et al.* Apoio social a gestantes adolescentes: desvelando percepções. **Ciência & Saúde Coletiva**, Passo Fundo, v. 5, n. 16, p. 2575-2585, jun. 2011.

Disponível em: https://www.scielo.br/pdf/csc/v16n5/a28v16n5.pdf. Acesso em: 2 abr. 2021.

SERON, C.; MILAN, R. G. A construção da identidade feminina na adolescência: um enfoque na relação mãe e filha. **Psicol Teor**, São Paulo, v. 13, n. 1, p. 154-64, mar. 2011.

SILVA, D. V.; SALOMÃO, N. M. R. A maternidade na perspectiva de mães adolescentes e avós maternas dos bebês. **Estudos de Psicologia**, Natal, v. 8, n. 1, p. 135-145, abr. 2003. DOI: https://doi.org/10.1590/S1413-294X2003000100015. Disponível em: https://www.scielo.br/scielo.php?pid=S1413- 294X2003000100015&script=sci_abstract&tlng=es. Acesso em: 20 fev. 2021.

SILVA, J. M. B. *et al.* Percepção de adolescentes grávidas acerca de sua gravidez. **Revista Baiana de Enfermagem**, Salvador, v. 25, n. 1, p. 23-32, jan. 2011. Disponível em: http://www.portalseer.ufba.br/index.php/enfermagem/article/viewArticle/5234. Acesso em: 5 mar. 2021.

TABORDA *et al.* Consequências da gravidez na adolescência para as meninas considerando-se as diferenças socioeconômicas entre elas. **Cad. saúde colet.**, Rio de Janeiro, v. 22, n. 1, p. 16-24, mar. 2014. Disponível em: http://www.scielo.br/scielo.php?script=sci_arttext&pid=S1414462X2014000100016&l ng=en&nrm=iso. Acesso em: 8 fev. 2021.

SOBRE OS AUTORES

Adrielly Marques Silva

Graduada em Psicologia pela Faculdade Cidade de Coromandel (FCC). Atua como psicóloga e coordenadora na Associação Socioassistencial de Coromandel-MG. Trabalha ainda como psicóloga clínica na Clínica Escola de Psicologia da FCC.

Orcid: 0000-0002-7485-9577

Charles Magalhães de Araújo

Mestre em Ciências Sociais pela Universidade Federal de Uberlândia (UFU) e graduado em Psicologia pela Sociedade de Ensino Superior de Patos de Minas (Sespa). Docente nos cursos de graduação e pós-graduação na Faculdade Cidade de Coromandel (FCC). Psicólogo na Secretaria de Justiça e Segurança Pública (Sejusp/MG) – Presídio Sargento Jorge.

Orcid: 0000-0002-9145-1514

Daniela Cândida Teixeira dos Santos

Licenciada em Pedagogia pela Faculdade Cidade de Coromandel (FCC), especialista em Educação Infantil e Psicopedagogia (FCC) e graduada em Psicologia (FCC). Atua na educação infantil da Rede Municipal de Coromandel/MG desde 2012.

Orcid: 0000-0003-3228-2156

Eduarda Dornelas da Silva

Graduada em Psicologia pela Faculdade Cidade de Coromandel (FCC). Cursa especialização em Psicologia Comportamental e Cognitiva pela Faculdade Futura.

Orcid: 0000-0003-4227-2867

Erika Janainy de Moura Ferreira Nunes

Graduada em Psicologia e em Pedagogia pela Faculdade Cidade de Coromandel (FCC). Cursou pós-graduação *lato sensu* em Coordenação Pedagógica e Supervisão Escolar pela Universidade Cândido Mendes. Atua como pedagoga na Rede Municipal de Ensino como concursada no cargo de professora de educação básica desde 2013.

Orcid: 0000-0002-8627-3020

Igor Farney Fonseca

Graduado em Psicologia pela Faculdade Cidade de Coromandel (FCC-MG), cursa pós-graduação *lato sensu* em Terapia Cognitivo-Comportamental (TCC) pela Sanar (UniAmérica). Possui experiência como policial penal de Minas Gerais (2012/2020). Atualmente trabalha na Indústria e Comércio de Rações Coromandel e é presidente da Associação Esportiva e Social "Espinha Dorsal" de Coromandel/MG na gestão 2022.

Orcid: 0000-0002-5382-5300

Jéssica Cristina Dias dos Santos

Graduada em Psicologia pela Faculdade Cidade de Coromandel (FCC). Atua em Clínica na Abordagem TCC.

Orcid: 0000-0002-0312-1815

Jhonatan Novaes de Souza

Graduado em Psicologia na Faculdade Cidade de Coromandel. Cursa especialização em Psicologia Jurídica e em Teoria Psicanalítica pela Faveni. Atua na área da Psicologia como estagiário no TJMG.

Orcid: 0000-0001-5210-2509.

Juliana de Cássia Costa

Graduada em Psicologia pela Faculdade Cidade de Coromandel (FCC). Graduada em Pedagogia pela Unifucamp. Especialista em Didática e Metodologia do Ensino Superior pela FCC. Graduanda em Biblioteconomia pela Universidade Santa Cecília (UniSanta). Atuou como professora regente de turma na Secretaria Municipal de Coromandel/MG durante dois anos e na Rede de Ensino Estadual pela Secretaria de Educação de Minas Gerais durante nove anos. Após isso, de 2017 até atualmente encontra-se lotada em cargo efetivo, como professora regente de turma na Rede Estadual de Minas Gerais, na cidade de Coromandel, MG.

Orcid: 0000-0003-4765-3888

Larissa Isaura Gomes

Doutoranda em Psicologia pela Universidade Federal de Minas Gerais (UFMG). Mestra em Saúde pela Universidade Federal de Uberlândia (UFU). Especialista em Gestão Pública e em Gestão Pública da Saúde pela Universidade Federal de Uberlândia (UFU). Especialista em Psicologia Jurídica pela Universidade Cândido Mendes (UCAM-RJ). Graduada em Psicologia pela Universidade de Uberaba (Uniube). Atualmente é coordenadora do Curso de Psicologia e da Clínica Escola de Psicologia da Faculdade Cidade de Coromandel (FCC), instituição em que atua também como docente, em seus diferentes cursos de graduação e pós-graduação *lato sensu*, desde 2017. Ingressou para o serviço público municipal em Coromandel em 2012, no cargo de psicóloga.

Orcid: 0000-0002-0357-2616

Luciana de Araújo Mendes Silva

Doutora e mestra em Promoção de Saúde pela Universidade de Franca (Unifran), especialista em Didática e Metodologia do Ensino Superior pela Faculdade Cidade de Coromandel (FCC), especialista em Histologia Humana e graduada em Biologia, ambos pelo Centro Universitário do Cerrado (Unicerp). Atua no ensino superior desde 2001, tendo experiência como docente em cursos de graduação e especialização. Já coordenou cursos de pós-graduação *lato sensu* e Núcleo de Incentivo a Pesquisa. Atualmente ministra aulas na FCC e da Faculdade Patos de Minas (FPM). Tem escrito e/ou orientado especialmente em temas como: promoção de saúde e trabalho, Síndrome de *Burnout*, criação de ambientes saudáveis, educação ambiental, didática, planejamento e metodologia do ensino. Para além dos muros da vida acadêmica formal, tem se dedicado a consultoria e mentoria a graduandos, mestrandos e doutorandos que se encontram na fase de elaboração de trabalhos acadêmico-científicos de graduação e pós-graduação *lato* e *stricto sensu*.

Orcid: 0000-0003-0311-1323

Rodrigo Valadares

Mestre em Saúde pela Universidade Federal de Uberlândia (UFU). Especialista em Terapia de Família pela Universidade Cândido Mendes; especialista em Ética e Filosofia Política pela UFU; especialista em Educação, Pobreza e Desigualdade Social pela UFMG. Graduando em Psicologia pela Faculdade Cidade de Coromandel (FCC). Graduado em Serviço Social pela Unit. Graduado em Direito pela Fucamp. Assistente social judicial do Tribunal de Justiça do Estado de Minas Gerais (TJMG). Servidor público municipal em Coromandel lotado na Gestão Municipal de Saúde como assistente social. Atua também como: psicólogo clínico; docente na FCC e na supervisão de estágio de pós-graduação para Psicólogo Jurídico (Coest).

Orcid: 0000-0001-5662-0549

Rosimar da Silva Rocha

Graduada em Psicologia pela Faculdade Cidade de Coromandel (FCC).

Orcid: 0000-0002-3608-8855

Vanilda Martins da Silva

Graduada em Psicologia pela Faculdade Cidade de Coromandel (FCC). Atua na área de vendas no município de Coromandel/MG.

Orcid: 0000-0001-9226-8714